青年招行说

——听他们讲是什么成就了招行

招微君◎编

【下册】

长江出版传媒
长江文艺出版社

图书在版编目（C I P）数据

青年招行说：听他们讲是什么成就了招行. 下 / 招微君编. -- 武汉 : 长江文艺出版社， 2018.7
ISBN 978-7-5702-0344-4

Ⅰ. ①青… Ⅱ. ①招… Ⅲ. ①招商银行－银行史 Ⅳ. ①F832.97

中国版本图书馆 CIP 数据核字(2018)第 060023 号

责任编辑：李 艳　　责任校对：陈 琪
封面设计：八牛设计　　责任印制：邱 莉 杨 帆

出版：长江出版传媒 | 长江文艺出版社
地址：武汉市雄楚大街 268 号　　邮编：430070
发行：长江文艺出版社
电话：027—87679360
http://www.cjlap.com
印刷：湖北新华印务有限公司

开本：787 毫米×1092 毫米　1/16　印张：22.375　插页：2 页
版次：2018 年 7 月第 1 版　　2018 年 7 月第 1 次印刷
字数：269 千字

定价：58.00 元

站在时间的路口

31年前，招商银行以一纸“允许试办”的批复，开启了一段光荣与梦想之旅。自此，一家名不见经传、偏居蛇口一隅的小银行，被改革开放的滚滚洪流裹挟，深度参与到中国金融体制变革当中，以敢为天下先的服务意识和创新精神，为中国贡献了一家真正意义的商业银行。

今年恰逢深圳改革开放40周年，常有人问，为什么是深圳？为什么是招行？我的答案是——人。那是拥有理想情怀的一群人，也是敢于突破、勇于拓荒的一群人，这些开拓者的精神潜移默化地“感染”了招行的后来者们，也吸引着越来越多的志同道合者加入招行的事业。

因此，从2015年11月开始，我们做了一件很有意义的“小事”：在《招银e报》上创办“百人访谈录”栏目。两年时间里，栏目组同事访谈了100名招行人，试图从他们的故事中，感悟招行的发展和个性的魅力。访谈范围覆盖全行30多家分行，20多个部门，共计40余万字。该项目在《招银e报》上收获了来自全行员工的1.3万条评论，200万次点击。读百人故事，学百人事迹，传承百人精神，成为一种招行新时尚。

去年，“百人访谈录”前50篇文章已集结成《青年招行说》上册，公开出版。一经发行，不仅招行员工、客户，同业和其他各界的不少读者朋友也被招行、招行人“圈粉”。今年下册的集结出版，算是为其划上一个完美的句号。

百篇访谈结束，但百人精神仍在延续。展卷一览，目光所及处，当中有些是身经百战的杰出管理者或某个领域的专家，深语经营之道，远见卓识令人仰止；有些或许年轻，却感性不失睿智，朝气不失沉稳。正是这些既平凡又伟大的招行人成就了招行的今天，他们的故事就是招行的故事，他们身上体现的精神便是招行人的精神。

何谓招行人的精神？是无畏与勇气，是拼搏与奋进，是责任与担当，是既脚踏实地又仰望星空……我们似乎可以归纳总结出很多积极又热血的形容词，但更需关注的是这些可贵品质后的招行人。在这里，一个个丰满的、有血有肉的招行人作为独立个人，他们的行动和思考被记录、被传颂。他们因付出而可爱，因奋斗而赢得尊敬，这些沉淀了招行文化基因的故事和思想正熠熠闪光。

展望未来，在科技高速迭代的当下，招行已然处于战略转型的关键时刻，立足长远，以科技敏捷带动业务敏捷，并致力于打造"最佳客户体验银行"，是招行实现"换道超车"的必经之路。而我一直坚信，招行要在差异化经营道路上越走越自信，一支不断成熟而成型、专注而专业的队伍，比业务本身更加重要。

掩卷极目，站在改革开放40周年的时间路口，一种不动声色的力量正直击内心，那便是青年招行拔节生长所爆发出来的蓬勃朝气与向上的勇气。

是为序。

田惠宇

2018年5月8日于深圳

目录

目录

打造“专业银行”

迎“风”而立

金融科技银行

幕后也精彩

风险管理创造价值

与招行共成长

不一样的红

一切始于服务

服务是招商银行的立行之本。二十世纪九十年代，始于沈阳分行的“牛奶咖啡”革命，让招行从同业中脱颖而出，奠定了“全国最佳零售银行”的基础。

但服务并非简单的鞠躬敬礼、端茶送水，它背后反映的是经营机构的综合管理能力。员工价值观、员工满意度、员工技能与整个服务的流程设计与管理水平，决定了服务的质量与水准。

任莉：巾帼行长的七宗“最”

◎张　涛　吴　睿

访谈人物：现总行巡视员，原西安分行行长　任　莉

编者按：她是招商银行西安分行的第一批员工，参与并见证了分行二十年砥砺奋进的发展历程；她是带领西安招行人在黄土高坡创造佳绩的巾帼英雄；她也是蜚声陕西银行业的风云人物……由来巾帼甘心受，何必将军是丈夫。二十年来，任莉与分行一路同行，相伴成长。本期百人访谈为您揭秘这位“女掌门”的七宗“最”。

王晏蓉

二十年往事一幕幕浮现。任行长，感谢您为招商银行付出的点点滴滴，在西安树立了招商银行的金字招牌，您为我们建立了客户经理的标准，您让我们懂得了银行经营不是百米冲刺而是马拉松赛跑！

感谢您教会我们如何对待工作如何对待生活，您让我们以您为榜样学会事业家庭平衡！感谢您带给我们家一般的温暖，大家同甘共苦、亲如手足！感谢您对我们的无私培养和教导，又鼓励我们去远方翱翔！

每天八点左右，任莉的身影会准时出现在西安分行41楼的办公间。她的办公室位于一大一小两个会议室之间，不出差、不去基层的日子里，任莉的主要活动范围就在这三个房间。在这里，任莉会见员工、批改文件、主持会议、做出决策……日复一日，年复一年，铺在长廊里那略微泛白的墨绿色地毯，也便成了“年轮”一样的存在，默默地记录着任莉的足迹和她背后的故事。

最难忘：创业路上的艰辛与温暖

1996年，招商银行正式进驻陕西，成为古城西安第一家新型股份制商业银行。也正是在那一年，任莉成为西安分行46名拓荒者之一。对于像招行这样的商业银行，古城的人们起初并不买账。回忆起那段最初的日子，任莉每每感慨良多，“现

在看来，当时客户们的质疑有点不可思议，但却有着它的时代背景。”一开始，这样的不信任此起彼伏——

“招商银行是正规银行吗？”

“银行都是坐等客来，你们怎么还自己上门宣传？”

“真的是银行的工作人员吗？”

“客户真把我们当成骗子了，但跑得多了，一来二去，还真‘骗’来不少客户。”当年大家集体拓客的场景，剔除那层艰辛的背景色，任莉现在想想也觉得挺好玩。

创业期的西安分行，搭建客群、树立品牌成为第一要务。作为市场营销人员，白天，任莉顶着烈日严寒，骑着自行车穿行在古城的大街小巷，一次次开展陌生拜访；晚上，则整理材料，捧着厚厚的电话黄页筛选目标客户。

三年后的1999年，任莉被委以筹建小寨支行的重任。为了尽快打开局面，每逢周末她都自己带队，扛着开卡设备，在街头摆摊宣传。“一次是分行创建，一次是小寨支行创建，这期间发生的很多事情，让我终生难忘。”任莉分享了一个发生在街头的小故事。

那是一个冬天，她和她的团队在小寨支行对面的“好又多”超市进行宣传。西安的冬日，最低温度超过零下十度，寒冷的空气和凛冽的北风让大家不停搓手跺脚，实在冻得不行了，便轮换着进超市暖和一会。可能是温度过低，外宣的电脑突然“罢工”了。任莉急中生智，毫不犹豫地脱下带着体温的棉衣，包裹在主机上。那一刹那，身边的同事既感动于这位女行长的敬业，也坚定了和她并肩前行的决心。“当时也不知道哪里来的冲动，就那么做了，说不出原因。”或许是年轻气盛，又或许是责任使然，多年后，任莉早已忘了当时脱掉棉衣后的身体有多冷。

很多小寨支行的员工也都记得，当年，支行第一次拿下一个4000多人代发工资项目的场景。这是支行零售业务的一个里程碑事件。但更让大家不能忘怀的是，任务顺利完成后的那个深夜，是他们的“任行长”一直陪伴左右，并和其他管理干部分头把所有员工一一送回了家。这位温柔、坚毅的行长让艰辛又难忘的创业之路饱含希望与温暖。

匿名

在陕北地区冬季拓展我们就常遇到这种情况，后来就在外宣包里放了一把电吹风。新带实习生不理解为什么，我们逗新人说“业务办累了，好吹个帅气的发型回行里啊。”

江传启

2004年的春夏之交，总行相关部门和各分行条线领导来到西安，全行学习推广小寨支行的先进管理经验。当时小寨支行的行长是任行长，她的经验交流稿我现在仍保存在电脑里，电脑更换几次我都一直保留。我想说的是：十年磨一剑，历史铸忠诚。任行长及她带领的团队是我们西安分行的骄傲，也是招行系统的荣耀。

最坚定：永远的客户经理

世事变迁，很多事情都在产生变化，但有一个信念在任莉心中是最为坚定的，那就是“我永远是一名客户经理”。在招行二十年的职业生涯中，任莉从事过批发、零售、风险各条线等十余个岗位，但谈起最喜欢的岗位，“客户经理”的回答应声而出。

“我是客户经理出身，最喜欢下地干活，愿意跟客户成为好朋友。无论是以前当支行行长，还是现在做分行行长，我都把自己当成拼杀在一线的客户经理。”任莉给了自己一个清晰的定位。

作为资深客户经理，任莉经常与员工分享客户营销的“六维空间理论”——若想营销某一客户，最多通过六个关系人便能对接上目标客户。西安分行众多团队长和客户经理一起实践和验证着这一做法，近几年分行新开户每年都创新高。任莉经常讲“没有难做的客户，只要精诚所至，定能金石为开。”她的这种思维模式和方法，使团队营销客户的信心倍增。

在成为分行行长后，任莉依旧保持着当年做客户经理的两个习惯：一是记录客户生日并在生日当天送上祝福；二是周末必有一天陪客户。西安当地许多大企业的领导，都把她当成自己最好的朋友之一。“几天不见客户，心里就会发慌，生怕错过了市场机会。”这在别人看来类似强迫症的习惯，任莉却习以为常，并甘之如饴。

最善变：创新是一生的追求

“因您而变，因势而变”，不断创新是招行的文化基因，也是任莉和她的团队不断取得成功的法宝之一。

担任分行零售分管行长期间，任莉准确判断并一直紧抓代发工资、信用卡和财富管理三大核心。彼时,代发工资在总行尚未考核,但任莉认识到代发对于客群和存款的重要性,建立了市场客户经理队伍,推出了代发客户系列活动,投入大量资源支持代发营销;同样的,信用卡也不像今天这么普及的时候,她便亲自牵头营销了“真爱”“世纪金花”等联名信用卡,并与信用卡中心一起联合投入资源组织活动,在西安市场上一度创造了招行信用卡刷卡金额市场占比近50%的奇迹;其时,很多银行还在存款和理财之间纠结,任莉便及时为全行厘清思路,大力发展财富业务,使得分行财富管理中收多年来处于高速增长态势……

在总行提出“一体两翼、轻型银行”的发展战略后,任莉对分行干部员工如是说:“这是西安分行补齐短板、弯道超越的好机会。我们只要做好四个加法——投行+商行、表内+表外、融资+融智、批发+零售,就一定能把西安分行打造成轻型银行的典范。”“四个加法”的理念也迅速在分行传播开来,随之而来的是投行资管和同业业务的双轮驱动。系统首笔创新型跨境并购融资、全国首单真实出表的资产支持证券等创新项目的相继落地,让分行曾经的“短板”批发业务跻身总行前十。

在说到“创新”话题时,任莉眼睛亮了一下,颇为自豪地告诉笔者,“我还是分行创新俱乐部的主任,俱乐部的重大活动我都会参加。分行还有一些创新成果已经在兄弟分行乃至总行推广使用,比如早几年我们推行的‘窗口多媒体交互系统’。”

作为行长,任莉的目光不只局限在某一处。在全力推动“微创新”的同时,她也在思索着更具规模效应的“大创革”。2016年8月,恰逢西安城市一卡通有限责任公司(长安通)需要完成非实名账户向实名制账户升级,任莉敏锐地察觉到这一重要契机,并不遗余力地进行推动,最终顺利取得了与长安通开展战略合作的机会,成功落地全行首笔城市一卡通合作业务,为大众客群异业引流这一课题提供了新解。

晁虹

印象中见过任行长3次,每一次任行长都是那么的和蔼可亲。第一次任行长来我们分行视察的时候,经过我的身边,微笑着对我说“你好,辛苦了”,一下子紧张的我,突然感觉心里暖暖的。第二次任行长来我们分行帮助我们营销客户,拜访客户从早到晚,不怕辛苦,作为一名客户经理,我很受鼓舞。第三次是任行长给我们开会,在会上任行长的讲话让我受益匪浅。

最温情：知冷知热的贴心人

在采访多名曾经与任莉共事过的干部员工时，他们都认为，任莉既是一名睿智大气的领导，也是一名循循善诱的导师，更是一位知冷知热的贴心人。低调、包容、热心、简单，是分行员工形容任莉频率最高的词。

袁刚

可亲可敬的任行长，第一次找我谈话的时候，起初她的威严让我有些害怕，但当她跟我谈起工作、生活的时候，她的关切之情和悉心教导之意瞬间让我觉得，她就是我的家长，在教我如何一步步踏实地走接下来的路。谢谢您。

无论是做支行行长还是做分行行长，任莉似乎都没有赫赫威严的领导架子。举个最简单的例子，无论是哪个员工的短信、微信，她都会及时回复；在单位，哪怕是早上碰到保洁阿姨，她也会问好或点头微笑。

任莉也极少斥责员工。出了问题，她从不当着众人面严厉批评，而是单独与员工一起分析原因、寻找解决途径，“每当员工出现工作失误忍不住想批评的时候，总是想到任行长。以前我犯错的时候，她能包容我、理解我，我为什么不能包容员工呢？”一位支行行长这样说。

“广大一线员工是招行业绩的创造者。我们各级干部既是管理者，更是服务者，既要做引导员工成长的引路人，更要做关心了解员工工作生活的贴心人。”任莉用实际行动诠释着一名优秀管理者是如何养成的。

“以前在支行，总共几十个员工，我连他们家里人的名字都叫得出。现在，西安分行员工近两千人，要让每一个人感受到分行的关爱，我们要从制度上想办法。”作为分行管理者，任莉迅速调整工作方式。分行人力资源部的同事最先丰富“从制度上想办法”的内涵：每周固定的行长接待日；每年一个贯穿全年的员工或团队成长建设的主题，此外，分行本部对一线员工服务的细化要求也逐步制度化、常态化。

在营造互助、关爱文化的同时，任莉致力于打造西安分行“简”的文化。“我们首先在选人、用人、考评的关键环节做到‘简’，就能引导全行树立‘简’的文化。”现在，西安分行的员工都知道任莉提出的三个“简”，即选人标准“简明”——德才兼备；用人方式“简单”——公平、公正、公开；考评方法“简易”——大数据支撑。在这种“简”的文化中，一批八零后乃至九零后走上了管理岗位，有的甚至已经成为部门、团队、支行的“一把手”。

最严厉：守住合规风险底线

对待员工，任莉是一名知冷知热的贴心人，但对待风险，她则冷面无私，极为严厉。“银行最重要的是经得起时间的考验，每个员工都有合规意识和能力才能守住底线。”这是任莉对合规最生动的诠释。20年来，无论哪个工作岗位，面对风险合规，她从来都是零容忍。

虽然每年都承担着巨大的业绩压力，但大会小会上，总能听见任莉不厌其烦地提到“合规经营”“审批独立”等几个关键词。西安分行的干部员工都知道，请任行长去营销客户她一定乐意，请她去干涉授信审批则免谈。任莉喜欢以开车比喻银行经营，没有油门，汽车就没有存在的意义，但没有刹车，生命就失去了保障。对于银行这部车而言，风险条线是刹车，市场条线是油门，没有市场条线的拼杀，就没有优异的业绩，没有风险条线的管控，银行就失去了安全的保障。二者相辅相成，我们才能稳健前行。

匿名

“请任行长去营销客户她一定乐意，请她去干涉授信审批则免谈。”

对这句话印象深刻，任行长为西安分行风险管理创造了独立审贷的空间，赞！

“2013年，国际油价进入下行通道，我们就提示全行关注该类企业，并在2014年底全部终止了和相关企业的授信合作。当时有人不理解，放着钱为什么不赚，我说咱们等等再看。2015年初，西安爆发了以某公司为首的民营成品油批发企业资金链断裂风险，涉及风险敞口近50亿元，我们能够全身而退，正是基于风险意识下，对经济和行业形势的判断。”谈到风险，任莉的表情严肃起来，“西安分行也经历过不良资产高企的压力，所以今年总行提出打好资产质量保卫战，我们有着清醒的认识和充分的思想准备。”

正是得益于审慎的经营策略和良好的风险文化，西安分行

杨小锋

作为风控条线人员，我更能感受到任行长“油门”与“刹车”理论在实际工作中的价值。任行长为西安分行良好的资产质量打下坚实的基础，为全行资产质量做出重要贡献，也让西安分行的员工受益，为任行长点赞。

保持了良好的资产质量，并连年在陕西银监局监管评级中名列股份制银行第一。

最幸福：不做“女强人”

“我可不做‘女强人’。”谈起家庭，任莉脸上洋溢着幸福的笑容，“家里人非常理解支持我的工作。当然了，我把全家人也哄得很高兴。”

作为一家分行的掌门人，在繁忙的工作之余，任莉会在周末抽出时间陪陪已经90岁的父母。在任莉眼中，母亲是“老美女”，父亲是“老帅哥”，而自己则是父母的开心果。在外雷厉风行、纵横驰骋的巾帼英雄，在家也是一位贤良淑德的好妻子。她会自己做做家务，时不时小露一手的“麻什”，是丈夫的最爱。

说起她的掌上明珠，任莉既有愧疚，更感自豪。愧疚的是，进招行时孩子只有4岁，就被送到了全托幼儿园，周末才能接回家。直到现在，孩子研究生毕业了，算一算，陪孩子的时间确实少之又少。但令任莉自豪的是，她跟孩子相处得像朋友，自己对工作的投入付出、做事情的执着态度，在潜移默化中也影响着孩子，她说，“放养”的好处是使孩子更加独立自强。

最遗憾：难得两全法

于笔者而言，事业上，任莉是成功的。在她带领下，西安分行总资产、自营存款、零售AUM、对公托管资产、同业理财均历史性跨越千亿大关；在本地市场，无论政府部门、同业机构还是社会公众，提到招商银行，都交口称赞；在总行系统，西安分行多次获得优秀分行荣誉；任莉本人也获得客户和员工的一致认可。生活上，任莉是幸福的。老人健康、家庭和睦、孩子出息。然而出乎意料，访谈中，任莉却在有意无意间谈到了自己的遗憾。

“在招行二十年了，虽然数不清经历了多少次成功的喜悦，但每每回首过往，我总感到很多遗憾。”任莉顿了顿语调，“首先觉得亏欠孩子，在她成长的过程中陪伴的时间很少，现在她长大了总说自己的开心和愉悦，从来不讲困难和挫折，让人有不被需要的失落；二是觉得亏欠员工，他们工作负荷大，很多员工需要当面沟通交流，但我也不能和大家一一面谈；也总觉得亏欠客户，他们给予招行许多支持和帮助，总想请更多的客户吃吃饭、聊聊天表达感谢，但时间却十分有限……”一桩桩的遗憾事，展现着这位分行一把手的感性与亲近。

成文之际，笔者再次回视这位讲述了那么多故事、分享了那么多经历、成就了那么多事业的巾帼行长，敬佩之情油然而生。由来巾帼甘心受，何必将军是丈夫。“每一位招行人用真心、真情、真诚，打造出招行响当当的优质服务金字招牌。”这是任莉在西安分行二十周年时的行庆致辞，既是西安分行成功秘诀，也是任莉以女子之身在金融战场上酒剑刀马，独当一面的法宝。

王蜀雁

1997 年作为刚毕业的大学生，我有幸进入招行，记得 1998 年分行开会时，某位分行行长在会上提到了时任客户经理的任行长，他说任行长每天骑着自行车去拜访客户，一个月要拜访几百个客户。从那时起，我就把任行长当作榜样来学习。“点点滴滴，造就非凡”，这句话用在任行长以及西安分行，都是十分恰当的。西安分行曾经经历了很大的困难，在任行长的领导下，无论在同业还是在总行都取得了很多荣誉。作为西安分行的员工，我感到骄傲和自豪！向带领我们前进的任行长致敬！祝福任行长！

王宁：探索“行之有度”的服务

◎李　丹

访谈人物：现哈尔滨分行行长，原沈阳分行行长　王　宁

编者按：二十世纪九十年代，王宁从国有银行离职，加入招商银行。入行21年，他始终将服务的理念深植于心底，让服务的金字招牌在沈城大地熠熠生辉，并身体力行一家“有态度”“有深度”“有广度”“有速度”“有温度”的银行是如何炼成的。

走进王宁办公室时，他正专注地盯着电脑屏幕，屏幕上显示的实时画面是人来人往的分行营业部大厅……这是他的“业余爱好”——给服务挑毛病。我们的访谈也很自然地由服务延伸开来。

郭海曼

给客户超预期的服务一直是王行长对沈阳分行的要求！强调服务、强调客户经营，王宁行长带领沈阳分行一直坚守承诺，不忘初心。

来招行之前，王宁在国有银行工作过13年。“从国有银行到招行，最开始特别不适应，对我来说，当时接触到的一切都是颠覆性的。”说到这里，王宁把双手打得很开。招行21载职业生涯的序幕，也顺着他双手划过的弧线，被正式拉开。1996年，王宁通过公开招聘正式加入沈阳分行，正巧赶上了那场著名的“牛奶咖啡”服务革命。其时，沈阳分行刚成立不到两年，一切都才刚刚开始。

“那是在国有银行不可能发生的事情。”王宁说得斩钉截铁，“九几年在一般的老百姓家里，咖啡都不是随便能喝到的，而我们这里是全天无限量供应。”“牛奶咖啡”让沈城的老百姓记住了招行，更认可了招行，招行营业大厅开始熙熙攘攘，客

户开始络绎不绝。

一场关于服务的"初体验",对刚刚转变岗位的王宁来说,更是来得深刻而且震撼。"理念这东西,一旦打上了烙印,就会影响一辈子。"从入行的那一刻开始,服务的理念便深植于他的心底,"银行服务看招行,招行服务看沈阳。这是传统,咱说啥也不能丢!"从此,王宁开始了对"因您而变"21 年的执着坚守,并将服务作为沈阳分行最根本、最原始的核心价值观和内生力。2007 年至 2017 年,在优质服务创建的十年间,沈阳分行累计获得中国银行业授予的"百佳示范单位""千佳示范单位""星级营业网点"称号 52 次,王宁个人也荣获"辽宁省银行业优服创建十周年个人贡献奖"殊荣。

秦春荣

服务有温度,行长有风度!

在沈阳分行工作五年,太知道王行长和沈阳分行对待服务的态度,不论是客户服务、还是内部服务,是动真格儿的!

做"有态度"的服务

"态度决定一切,细节决定成败。我们的服务要做得好,就要换一双眼睛、换一种思维、换一种立场,去换位思考。"王宁说做服务就要拿出态度,不敷衍、更不能忽悠,要真正把客户服务和客户利益摆在前头。2008 年,沈阳分行在招商银行系统内率先成立专管服务的一级部门,设立"招商银行沈阳分行服务监督管理委员会",统筹规划全行服务管理工作,"有态度"的服务应运而生并自成体系。

"首先干部要有态度。"这也是王宁的态度。很早开始,分行便建立了"行长体验"制度,各网点一把手每周以客户的身份体验一次本网点的服务,通过办理业务等方式发现问题,督促相关业务改进提升。也是从那时起,王宁便养成了抽空就去网点,节假日随时探班的"微服私访"习惯,一坚持就是 10 年。其次,员工要有态度,推举"微笑大使",每一名员工都要从心底把客户服务放在首位,把服务意识融入工作,把真心微笑传递给客户。

于珊

"牛奶咖啡"的服务革命发生在沈阳分行,成为各分行学习的典范。多年以来,优质服务成为沈阳分行矢志不渝的追求,服务理念从上至下深入人心,这些都得益于分行领导对服务传统和精神的传承、坚持和创新,让服务创造价值,为王行长点赞。

"除此,系统也要有态度。"王宁笑着介绍道,"沈阳分行创新研发了'倾听'系统,广泛收集来自客户的声音,及时发现服务问题，通过客户端收集、归类整理、统计分析，真正做到倾听客户的真实声音，服务客户的真实需求。”

做“有深度”的服务

“银行服务就是为客户创造价值，和客户成为伙伴。”听王宁讲述“老友记”的故事，你会发现原来“大BOSS”是这样炼成的。

二十世纪九十年代，沈阳作为东北老工业基地的代表，地区企业多以国有工业企业为主，银行授信也十分看重企业的传统工业背景。D集团作为一家软件公司，在当时的金融市场中并不受重视。1997年，D集团开始有资金需求，虽然只有400万，但没有任何一家银行愿意给出授信。

“我倒是很看好，觉得可以试试。”彼时，沈阳的信息产业并不完善，产品供应链也只是粗具规模，但王宁经过多次走访调查，依靠前瞻性的视角和敏锐的洞察力，坚定了对信息产业进行扶持的决心，以及对D集团未来发展的信心，他坚信“时间会给出答案”。1998年，他用一份详尽的调研报告打开了招行对D集团授信的大门。这是沈阳分行第一笔买方信贷业务，也是分行与D集团20年战略合作的开端。20年来，沈阳分行伴随D集团从省内走向省外、从国内走向国外；授信业务从400万到1000万、从1个亿到10个亿；集团下属20余家企业均开立基本户，工资代发一万余人……

> **匿名**
>
> 沈阳分行紧紧跟随总行发展策略，行动执行力强。虽然最先实施改革不一定能得到市场快速认可，相比行动缓慢的分行可能有些吃亏，但也正是这样，才造就了沈阳分行零售为王的巨大优势，也是总行“一体两翼、轻型银行”最彻底的贯彻者。

与公司客户成为伙伴是懂得把握机遇，而与零售客户成为伙伴则更多是依靠点滴积累。私人银行客户F女士可以说是王宁的“老朋友”了。2006年初识时，F女士只是一个希望能尽快办理业务的普通客户，王宁不失时机地向她介绍了金葵花理财业务，并主动担任其“私人客户经理”。2007年，F女士的女儿办理移民，在境外资金与境内资金的流转上遇到了难题，一个试探性的电话却得到了王宁全力以赴的帮助。真诚的服务犹如雪中送炭，无声无息中赢得了客户的信赖。其后，F女士

公司的国内上市、公司股权质押、收购境外企业、办理家族信托都全权委托招行办理。一路走来，F女士在招行的个人AUM已经超过14亿元。

F女士曾说，“我相信王宁，所以我选择招行”。“助您家业常青，是我们的分内事”，这是招行对私人银行客户的承诺，也是王宁身体力行的承诺。

做“有广度”的服务

2013年，履新沈阳分行行长伊始，面对客户需求不断提升，同业追赶日益加快，标准化和基础化服务几近雷同的情况，王宁直言：“分行引以为豪的服务优势正在被追赶、被弱化。我们不能总是停留在过去取得的成绩和过去总结的经验上沾沾自喜；不能一味地追求和纠结在‘为客户提供一杯咖啡还是一张纸巾’这种简单的、服务形式上的改进；更不能固守原有的服务模式而疏于突破，使我们的服务丧失独特的竞争优势而难以为继。我们必须要敢于翻开分行服务新的一页，收藏过去的荣誉，服务再出发。”

匿名

虽然现在不在沈阳分行工作了，但是在首页突然看到老行长的身影，还是很感动，为沈阳分行骄傲。

“新时期的服务就是要将客户服务从一个‘点’上的动作，向一条‘线’、一个‘面’的‘以客户为中心’的全流程金融服务转变。”在此基础上，王宁提出创建“以客户为中心全流程”服务体系，纵向实现客户生命周期式的金融服务，横向实现客户财富综合化的金融服务工作要求，并亲自组织制定《招商银行沈阳分行客户全流程服务指引》（简称《指引》）。

《指引》中明确提出，从客户来营业厅排队取号开始，了解客户的特点，检视客户资产变化，洞察客户金融需求，从而规范配套的服务流程和措施，进行有针对性的产品选择、组合、调整，给出财富规划及投资建议。相对以往，“有广度”的服务不仅强调售前和售中，而且关注售后和客户评价两个环节，以保证服务流程上的每一个触点都能够连续、都能够让客户满意，最终形成从客户发现、客户关系建立到客户关系发展和深化的一整套服务体系。

作为以服务和零售见长的沈阳分行，服务的改进在零售业务上得到了最有效的验证；惜售、错售、滥售的现象少了，合理的资产配置多了。有员工坦言："向客户推荐产品时我不再心慌了，因为我知道那正是她想要的。"客户则反馈："来招行办业务就是省心，一站式全搞定！"截至目前，沈阳分行零售客群AUM已达到1300余亿元，考核利润占比接近80%，零售"一体"作用日益突出。

匿名

"不忘初心""以客户为中心"这些都是王行长经常叮嘱我们的，东北经济形势不好，但是我们不忘初心，一直在脚踏实地服务客户，期待春江水暖那天到来，祝沈阳分行越来越好。

做"有速度"的服务

"我喜欢迎接变化，把握变化。就像今天的互联网、金融科技，技术更迭得越快，客户的体验越惬意，我们的管理越高效。"王宁是典型的天蝎座，专注于某一件事情的时候，自信而坚决。他总说，"要么就不做，要么就做到极致。"他喜欢全情投入后的势在必得。

上任行长以来，王宁陆续将信息技术部总经理调岗到零售金融事业部，把信息科技人才选派到营销经营条线，大力支持科技变革、系统开发，鼓励运用电子化科技手段，实现快速、精准的客户获取与服务。

在王宁的推动下，分行的优选产品额度预约系统，按照"提升新客户、行外吸金、流失防控、产品对接、其他"五个顺位依次满足额度，改善了以往纯手工预约查询低效率、易出错的问题，实现了客户通达目标准、客户预约感受好、客户经理工作效率高的一举三得；厅堂"知客宝"系统，利用分行微信企业号作为信息推送载体，时时向厅堂人员推送客户手机银行、专业版、资金归集、信用卡、风险评估、朝朝盈、微信平台关注、游离金卡、游离金葵花账户九项信息，大大节约了厅堂人员询问客户的时间，平均每位客户节约营销时间15秒，营销成功率提高10%；"约吧"预约服务系统，充分解决了高端客户等待时长、网点窗口安排难、员工工作效率和工作效能不均衡问题的同时，

李晶晶

行长一直以来对服务的高度重视是给员工最好的服务教材！给王行长点赞！祝福沈阳分行越来越好！

提升了高端客户的体验和感受。

科技改变生活，也改变着服务。搭上科技的翅膀，服务也就有了"速度"，短时高效、事半功倍，服务于是变得更加简单、从容。

做"有温度"的服务

"分行这么多的员工，服务过程又有若干个环节，每天还要接待那么多的客户，仅仅依靠管理难以达到精密与准确，只有依靠文化的力量才能实现目标。"这是王宁对服务管理和服务文化最简单、最朴素，但又最深刻的阐释。

多年来，沈阳分行始终致力于服务文化建设，积极营造向上的服务文化氛围，自行创办《悦享服务》电子月刊，内部出版《服务直通车》，率先打造"服务型分行"，服务文化已经成为根植于沈阳分行现在和未来发展生命线中不可或缺的软实力。

"有'温度'的服务分为对客户、对员工两个维度。"王宁解释道。对外，随着体验经济的到来，我们的服务在升级，客户对服务的感受也在升级，"满意""愉悦"已经不能完全追赶客户对服务感受的升级速度。这种情况倒逼我们要在"惊喜"上再提升，以追求"客户尖叫度"为目标，向客户提供101%的服务，把服务工作做到超出预期，达到极致体验。

匿名

每每听到王行长讲这些服务的故事都热泪盈眶，这些代表着沈阳分行老一辈招行人为沈阳分行作出的贡献，我们新一代招行人一定要传承，特别是在王行长带领下，突破东北经济瓶颈，再创沈阳分行新篇章。

说到这儿，王宁又习惯性地"找不足"了，他说："网上评论海底捞的服务'有毒''变态'，客人排队等候可以免费做美甲，客户来晚没吃上饭送玉米，客人赶火车没打到车开私家车去送，客人被蚊虫叮咬了给买止痒药水，连送外卖都额外提供垃圾袋和口香糖……这就是极致，就是我们要的那个101%，永远比客户多想一步。"

"但要做'有温度'的服务，我们就不能内冷外热，内部不给员工温暖，怎么可能让员工去温暖客户，只有内核高温，才能持续地、源源不断地把热量散发、传递给客户。"说起员工，王宁眼中满是温情。

王宁把分行比作一台机器，把员工比喻成机器上的每一个零件，他说："机器的运作，既需要每一个零件都坚守岗位、发挥作用，更离不开零件之间相互的支持和配合，而内部服务就是这个联系着整台机器和每一个零件之间的'轴'。"打造"服务型分行"，就是倡导从"管理输出"到"服务输送"，营造一个和谐、高效的内部服务氛围。

spring

营销冲在最前面，管理员工最温暖，工作指引最清晰，化繁为简最创新！儒将，我们大沈阳的王行长。

现在，在沈阳分行，员工是干部的客户，一线是分行本部的客户。通过"咨询管理系统"的首问制，"服务审批系统"的时效制，"考核评价系统"的问责制，把对员工、一线的服务承诺转化为内部服务的内容、时间、效率和质量目标，明确应该做什么，应该怎么做，应该做到什么程度，通过可量化的行动指引把服务承诺变为服务行动。

"满足外部客户的需求，满足内部员工的诉求，我们的服务才能更全面、更深入。"王宁总结道。

日常工作中，王宁总是把"服务、创新、稳健"挂在嘴边，"从牛奶、咖啡的温情，到财富、价值的增长，客户最称赞的是服务，员工最踊跃的是创新，监管当局最放心的是稳健，这便是我们最弥足珍贵的财富。"王宁说，服务是一切的根本，不忘初心，方得始终。

尹继军：把服务意识摁进“骨子里”

◎谢华兴

访谈人物：长沙分行宁乡支行行长　尹继军

编者按：尹继军是长沙分行首批入行的“元老”，入行逾 18 年，一步一个脚印，先后干过出纳、会计、综合、零售客户经理、公司客户经理、支行行长。2016 年，在调任长沙宁乡支行前，尹继军所在的大河西先导区支行从全国银行业 20 余万营业网点中脱颖而出，荣获中国银行业协会授予的“文明规范服务百佳示范单位”称号。

第一次见到尹继军是在 2012 年，在支行承办的一次大型活动现场，当时尹继军正忙着招待出席活动的各方客人。虽是盛夏，但他依旧身着西装领带，头发一丝不苟且一直保持微笑，让人好感顿生。尹继军一直深信，服务就是生产力，“中医讲究‘望闻问切’，‘望’是第一印象，良好的仪容能拉近人与人之间的距离，这不仅是对客户，也是对自己的尊重。”

目木水原

尹行长不论身处何职，从内心坚守招银精神，创新、拼搏、永不言弃，处处体现招行基层元老的责任与担当。

初识：逾 2000 名应聘者中脱颖而出

来招行之前，尹继军是某国有大行的一名普通代办员。“年收入不到 5000 元。”他云淡风轻地告诉笔者，“那时，人感觉很迷茫，对未来有一种莫名的恐惧感，总怕自己一辈子碌碌无为，到老了还坐在柜台点钞。”

1998 年初，一则招聘广告改变了尹继军的人生轨道。

"我妈妈拿着一份《长沙晚报》递给我，说招商银行在招聘，问我要不要去试试。"尹继军当时却很犹豫，一是没有听过招商银行的名字，大家提起银行无非就是"工农中建"；二是虽然都是在银行工作，但自己一没资源，二没关系，能聘上么？

"报名的人数逾2000人，但最后长沙分行只招了27个。"一开始，看到如此火爆的报名情况，尹继军坦承自己心里完全没底，"最后抱着试试看的心态，我还是参加了考试。"结果这一"试"就"试"了19年。

小伍

尹哥的坚持、专业、服务意识是值得我永远学习的。

在应聘过程中，尹继军经历了多轮竞争，"先是考理论，然后计算机操作，另外还包括算盘、点钞等技能测验，最后才是面试。"招行对于员工的高要求以及整个招聘流程的高效、科学让初识招行的尹继军顿时对这家"小银行"刮目相看。"这么多'强人'都来应聘，可见招行的吸引力。"尹继军打消了此前心中仍存在的一丝疑虑，"特别是整个招聘过程完全公平、公正、公开，没有托关系、走后门这种情况，这更让我对招行充满了期待。"

成长："六能"机制的全体验

匿名

做小桂圆的时候，有幸见识过尹行长亲自演示多指多张点钞，超级震撼！我的印象中，尹行长对工作认真仔细，从不放过任何细节，力求完美，生活中关心员工，就像大哥哥一样跟大家打成一片，真心是值得竖大拇指的好领导。

1998年，长沙分行还是隶属武汉分行管理的一家"支行"。入行后，尹继军和其他同事一起前往武汉"集训"。"我业务能力当时并不是特别出众，打字每分钟只有40个字左右，比起1分钟能敲120个字的同事相差很远。"入行后，尹继军看到身边各种强人，他的斗志被彻底激发。

在培训中，尹继军如海绵一般，近乎疯狂地学习与练习，这些努力也在当年就结出了硕果。1998年，刚入行不到一年的尹继军在总行的技能比武中拿到了多指多张项目（即点钞）的全行第四名，他也成为了长沙分行第一批转正的员工。

"招行在当年就非常注重服务。具体到招聘与培训的各个细节中，我们的原则便是柜员都能迅速、高效地办好每一位客户的业务，提升客户体验。”

入行后尹继军一步一个脚印，扎扎实实干好每一项本职工作，不断提升业务和专业能力水平，先后干过出纳、会计、综合、零售、信贷等岗位。“在当干部之前，几乎支行所有的岗位我都干过。”多岗位的历练让尹继军成为了银行业的“专家”，这不仅为他以后的管理工作夯实了基础，同时，长时间一线的磨砺，也让他深刻领会到了服务对于银行的重要性。

2000年底，因为业务能力突出，尹继军被提拔为支行营业室副经理，成为了一名管理干部。2002年5月，他从中后台转型到业务一线，担任支行“个人银行部”副经理。进入银行之后，尹继军一直在柜台里工作，与客户的沟通交流都隔着厚厚的防弹玻璃，来到业务一线直面客户，让他多少产生了一些不适应。

匿名

每次看尹行长来办业务都没有任何架子，和客户经理打成一片，原来背后还有这么多故事，佩服。

“我也不怕揭丑，走出柜台之后的头两年，我业务做得并不好。”尹继军告诉记者，2004年1月，转型一年半后，尹继军“副经理”的“帽子”被摘下。当时，他也非常痛苦，工作之后一直顺风顺水，从未遇到过如此大的挫折，这次免职对于接近而立之年的尹继军是一次巨大的考验。

所幸的是，在那段特殊时期，无论是领导、同事还是家人都不断给他打气。“当时领导和我谈心，我第一次了解了招行的‘六能’机制，他和我说，‘小尹，干部能上能下，你只要做得好，招行绝不会埋没任何一个人才。’”尹继军很快调整好心态，痛定思痛，重新出发。

2004年7月，仅仅是半年过后，尹继军再度获得了副经理的任命。“这次提拔比第一次更让我感到高兴。”尹继军笑着对笔者说，“招行的‘六能’机制我几乎体验了个遍，但‘能出’这一项应该是体验不到了。”

lc

感恩自己入行就在先导支行，作为招行人我们是骄傲自豪的，见证和参与了全国百佳的整个过程。尹行长带领下的先导人以“服务为先，客户为导”的思想，带领先导人做好服务。平时尹行长也在细微之处主抓厅堂的各项服务细节，让我们每位员工成长都很快。

转型："长沙地标有我的贡献"

2008年，长沙大河西先导区支行成立，尹继军被任命为支行行长助理。支行成立伊始，尹继军分管零售，半年后，他转型分管批发。“当时真是经历了一段比较艰难的时光。”虽然尹继军曾做过会计，了解一些对公业务的基础知识，但要真正去做对公的信贷甚至投行、同业等业务，他知道自己要学的东西很多。

“一开始我并没有把自己当成‘分管行长’，而是沉下心来自学，同时向熟练的客户经理请教。”尹继军用了一个月的时间，把总分行关于对公业务的各种资料、文件看了个遍。幸运的是，刚转型，他便遇到了一次良机，不仅收获了很好的业绩，同时在办理这单业务的过程中对整个对公业务流程有了较为全面的了解。

“长沙地标，现在的第一高楼你知道吧。那块地的拆迁改造融资业务是我们支行做的。”顺着分行办公室的窗户指出去，两栋直插云霄的大楼映入笔者眼中，虽然已经过去6年多，尹继军谈起这个项目，仍是一脸的自豪。

2009年，当时长沙的地价平均在600万元/亩，当尹继军初次接触到“城东棚户区改造”项目时，它的拆迁安置成本已经高达1500万元/亩。面对这样的状况，尹继军带领团队开始了项目的前期准备。“这个项目就在黄兴路步行街旁边，当年步行街铺面价格就已经超过10万元/平方米。”尹继军谈起当年这个项目的一些情况依然如数家珍。

谢艳婷

曾和尹行长一同开展零售信贷风险排查工作，期间被尹行长的敬业、专业的职业精神感动。他是我们后辈的学习楷模。

实地调研——写报告——报告被驳回——再次调研——修改报告……这个过程让尹继军感叹良多，“以前做零售业务，客户买复杂一点的产品无非也就是多签几个字，我们多费点时间去说明，这些和批发业务的大项目相比，差别巨大。”面对困难，尹继军并没有任何退缩和放弃的想法。

2010年，某棚户区改造项目实现放款，10亿元的项目为支行带来了年日均存款4亿元的好成绩，同时，逾10亿元的拆迁款也为支行创造了大量的金葵花甚至私钻客户。

更为重要的是，这笔业务让尹继军做出了信心。“这么大的一个项目，在我这样一个‘新手’的带领下居然也做成了，我觉得，今后任何业务都是‘小儿科’了。”此后，“新手”尹继军的批发业务“一发不可收拾”，他也成为了分行的“明星客户经理”，大河西先导区支行的批发业务迅猛增长，迅速由一家新支行成长为分行排名靠前的大行。

领悟：服务创造价值

“很多人认为批发业务就是喝酒喝出来的，包括我自己在没有接触批发业务之前也有这样的想法。”尹继军笑了笑，立即话锋一转，“当然，酒桌营销必不可少，但绝对不是最重要的。就算你有再好的关系，你做不好服务，无法满足客户的需求，那么关系也如同美丽的花瓶一样，只能沦为摆设。”

李伟

十八年坚持，让一切都成为必然，希望下一个十年，依然有你。

湖南某药品销售企业如今已经成功上市，大河西先导区支行则是在企业上市募集资金的监管行。尹继军告诉笔者，这笔业务的切入点不是招行给企业放了多少贷款，而是我们优质的零售服务。虽然已经过去多年，但回忆起第一次与该企业董事长接触，尹继军仍然记忆犹新。

“企业董事长一和我们见面，便开始吐槽其他银行的零售业务。”尹继军敏锐地把握住了这个机会，顺势向其推荐了招行的零售服务体系，也正因为他多年零售业务经验，介绍起来如数家珍，非常专业。客户当即被打动，主动表态要来招行开立个人账户。

在体验招行优质的零售服务后，企业董事长个人对招行的信任感与日俱增。尹继军告诉笔者，客户的一句话让他感触颇深，“我之所以选择招行为我的企业服务，是因为我认为一家对个人金融服务都能做得如此专业、细致的银行，公司业务绝对可以信赖。”

正是因为有了这样的案例，无论是担任批发主管行长还是后来成为支行一把手，尹继军对交叉销售都格外重视。也正因为支行批发、零售良好的联动，支行两大条线的业绩均排名分行前列。

收获：完成“不可能完成的任务”

担任支行领导后，尹继军一直把服务作为一项重点工作来抓。“服务的表面工作容易，给客户端茶倒水很简单，但是要发自内心微笑着为客户做这些服务工作并不简单。”尹继军认为，服务工作最难的是让所有干部员工产生“骨子里”的服务意识，对客户发自内心的微笑，让优质的服务成为所有人的一种习惯。

2015年，正在休假的尹继军接到了长沙分行服务分管行领导的电话，“小尹，有个任务交给你，参评全国‘百佳’，现在只有一个星期给你准备材料，两个月迎检，时间紧、任务重，你必须搞好。”尹继军当时心里并没有底气，支行已经成立六年多，各项硬件设施无法和同业新装修的网点比，要在短短不到2个月时间里对照500多条创建要求一一进行整改，用他的话说，这几乎是个“不可能完成的任务”。

匿名

尹行长好棒！在创建百佳的过程中，尹行长带领支行小伙伴一起参加集训、一起整改提升，每天的晨会也是督促到位，如此尽心的领导，得此殊荣，实至名归。

开弓没有回头箭。《中国银行业营业网点文明规范服务考核评价体系（CBSS10002.0完整版）》共590条，尹继军带领支行干部员工，在分行相关部门的指导和配合下，逐条自查，对应整改提升。面对苛刻、细致的要求，支行迎难而上，全力以赴。

尹继军说，“支行所有员工都全身心投入到这项工作中，白天整改支行各项服务细节，晚上加班练习礼仪。”作为行长的尹继军也全程参加了礼仪培训，“创建工作全行干部员工都非常辛苦，不能说完全没有怨言，但是至少没有任何一个员工以消极态度对待任何一项工作。”尹继军回忆，不少女员工白天要长时间站大堂，晚上还要穿着高跟鞋参加礼仪培训，脚都磨出了泡。

"如此高强度工作维持了至少 3 个星期，虽然大家都非常辛苦，但是效果不仅是客户，连员工自己都感受非常明显。"尹继军告诉笔者，当时一位员工的一句话让他非常感动，"她说，'这段时间确实辛苦，但看到我们这样一家成立了六年多的支行有了焕然一新的面貌，我觉得值。"

正如尹继军所言，所有的付出都有回报。在 2 个月后中银协的现场检查中，长沙大河西先导区支行高分当选全国"百佳"。这是支行在 2013 年获得湖南省"千佳"、2014 年获得湖南省"百佳"后迈上的第三个"台阶"，这也是银行业服务方面含金量最高的荣誉。

访谈接近尾声，尹继军这名长沙分行"元老"感触颇深，"招行的职业生涯让我收获太多，特别是完成了这次'不可能完成'的任务后，我觉得这个世界上没有什么事情是办不成的，只要你用心、竭尽全力地去做，总有拨云见雾、开花结果的那一天。"

陈敏：做服务就是要吃得苦、霸得蛮、耐得烦

◎谢华兴

访谈人物：长沙分行湘潭分行行长　陈　敏

编者按：陈敏是一个“耐得烦”的“知心姐姐”，更有湖南妹子“霸得蛮”的闯劲。2016年，她带领湘潭分行实现2016年经营利润超50%的增长，以及过亿元不良贷款的清收。更令人动容的是她“吃得苦”的韧劲，丈夫突发急症入院，她连续数月奔波于单位和医院。春夏秋冬的风雨寒暑，击不垮她奔走业务的挺拔身姿；夜深人静的微弱灯光，映衬着她在丈夫病榻前彻夜守护的柔肠百转。她是战士，也是妻子。在30周年行庆典礼上，陈敏荣获“2016年感动招行年度人物”奖。

在伟人故里湘潭市的金融界，陈敏是小有名气的“老银行”。她看上去温婉亲切，做起事来却是雷厉风行。在访谈中，从未离开过批发条线的陈敏口中出现最多的词便是“服务”。陈敏告诉笔者：“客户服务不分公司和零售，要有恒心，对客户要用心、细心，还要诚心。”

陈伟雄

很荣幸在陈行长领导下工作，她严谨干练、雷厉风行的工作作风，永不放弃的拼搏精神一直都是我们学习的榜样。工作中，她是我们的“霸道女总裁”，生活中，她又变成了我们的“知心姐姐”，关心我们的工作和生活，为陈行长点赞。

吃得苦：6年规模翻10倍

2007年入行，陈敏在招商银行已经工作了整整10年。谈到当年入行，陈敏笑着给笔者讲了一个小插曲。“2007年国庆长假我在湖北赤壁求了一支签，庙里的僧人说我的工作即将有

变动。没想到10月8号上班当天我就收到了招行抛来的橄榄枝。”有了前面的心理铺垫，陈敏毫不犹豫地加入了招行，“当然，这只是玩笑话。那会也是想着人生多经历一些不一样的东西，正好招行接纳了我。”

加入招行后，陈敏担任湘潭分行批发主管行长。作为一家新开业异地行，如何打开业务局面成为摆在她面前的第一道题。“我没有过硬的关系和后台，唯有通过服务去打动客户。”陈敏认为，客户服务工作首先要有一种永不言弃的执着精神。

某机电科技有限公司是央企所属国有大型一类骨干企业，销售收入排名湘潭全市第二，是各家银行重点营销的优质客户。2009年招行虽为企业授信5000万元，但因为集团内部一些特殊规定，这笔授信一直都没有使用。一次偶然的机会，陈敏了解到该公司为扩大公司民用产品的销售量，急需有金融机构为企业提供工程机械按揭业务。而当时，湘潭市还没有任何一家银行发放过工程机械按揭贷款，企业自身也对这项业务不甚了解。

梁双燕

陈行长不但亲自上阵抓业务，更是亲手改善工作环境。任同业部总经理时，把同业部打造成花园办公室，回到湘潭分行又一点一滴改善食堂用餐环境、改造顾客休息区。跟陈行长共事过的同事都感慨，工作已经很忙碌了，哪里来的精力将方方面面照顾得如此周全！

陈敏认识到，这是打开与客户合作之门的良机。为了争取合作机会，打消客户顾虑，陈敏多次请长沙分行产品专家和相关部门一道赴企业进行产品宣讲和业务指导。然而，这笔业务的过程却并非一帆风顺，产品设计、风险把控、客户沟通……这些工作细致且繁杂。

“这可以说是我做的持续时间最长的一单业务。”回忆起当年的艰辛，陈敏记忆尤深。通过近1年的沟通、谈判，招行终于成为湘潭市第一家启动工程机械按揭贷款业务的金融机构。其后的2年，湘潭分行工程机械贷款累计发放近5亿元。与此同时，借助这个产品，招行也成功获得该机电公司的信任，企业的年日均公司存款达5000万元。

在全力工作助推湘潭分行批发业务快速发展的同时，陈敏2013年初的一段往事曾感动了无数的同事、同行以及客户。2013年初，正值支行客户拜访答谢、各项指标分析、年度规划制定的关键时期，陈敏的丈夫突发急性脑溢血住进了医院。

陈敏丈夫也在金融同业，两个人工作都非常忙，但夫妻感情一直很好。“我当时整个人都蒙了。”陈敏告诉笔者，丈夫在ICU住了一个多月，医院天天下病危通知单，“那种压力我无法形容。”然而，这段时间又正是单位春节前最为忙碌的时刻。家庭和工作之间，如何平衡？陈敏选择自己扛。“单位只有少数几位领导、同事知道这件事。那段时间，白天我正常上班，中午或晚上忙完之后便立即赶到医院照顾我丈夫，他看不到我就不睡觉。”回忆起那段日子，陈敏感叹，“我都不知道自己怎么撑过来的，连续一个多月每天只睡两三个小时，直到他病情稳定。”

匿名

看到湘潭老家的招行同事这么能干，自豪！感受到了榜样的力量！虽然自己身在一线城市，但也无时无刻不关注着家乡的发展和家乡人民的变化，时代在变，但是湘军吃得苦、霸得蛮、耐得烦的精神一如既往。

陈敏直到丈夫出院后才告诉了身边的同事、朋友。一些客户得知后，无不对她竖起大拇指。“能得到客户的肯定我很荣幸，因为这背后累积起来的，是客户对招行的好感、对招行人的信任。”陈敏这样认为。

2007年至2014年，陈敏在湘潭分行一直分管公司业务。6年间，湘潭分行公司存款从2.36亿元增长到23.27亿元；批发利息收入由1931万元增长到近亿元；非息收入从不到500万元增长到3409万元。

霸得蛮：一年完成17笔“首单”业务

2014年，陈敏通过竞聘成为长沙分行投资银行部总经理。“分行部门与支行不同，支行主要是服务客户，做好营销工作。分行部门在配合一线做好营销的同时，还要为一线做好后援。”到了新的岗位后，陈敏的思路同时发生了转换。

高翠芳

有幸和陈行参加过同一期培训班，陈行积极的学习态度，给我留下了深刻的印象。看到这篇访谈，更让我感受到优秀真的不是偶然。

“湖南人‘霸得蛮’，但绝不是钻牛角尖，而是善于在‘不可能’中创造出可能。我从来都认为，没有做不成的业务，只要用心，时刻都会有‘奇迹’发生。”陈敏如此形容她对于工作的态度。

2014年，湖南省某建设开发总公司发行49亿元中期票据，招行成为了承销银行之一，第一期发行的29亿元中，客户分给招行的“蛋糕”为10亿元，另外一家股份制银行占了19亿元。

“当时我的想法就是把客户服务好，将这笔业务按照客户要求完成。”陈敏介绍，这笔业务虽不是新型业务，但项目团队仍然非常认真，多次专程赴北京与银行间交易商协会审核人员沟通，积极向协会披露企业资产重组进度，成功获得注册通知书。

“后面的发行才是这单业务的‘亮点’。”为了票据能够顺利发行，陈敏和总行团队可谓想尽了一切办法，用尽了一切资源。“我和一位同事守在总行，给能够想到的所有人打电话，竭尽全力完成更多的销售。”陈敏的敬业精神最终获得了回报，“剧情”出现反转。在一期发行的29亿元中，招行销售达19亿元，且发行利率远低于客户要求，这不仅让客户，也让同行对招行刮目相看。

“看到这个数据，总算可以松一口气了。”回想起当时的场景，陈敏感触良多，“总行团队非常给力，在这单业务上，我看到了招行人这种执着、用心的精神。”

同年的8月份，国内某知名集团向招行提出能否向其旗下的汽车金融公司发放一笔同业融资，期限2年。经过分行项目团队努力，一份以该汽车金融公司为核心的业务合作方案，摆在了集团财务总监的案头，并获得了企业的首肯。

李新安

有幸在2016年见过陈行长，干练泼辣、聪慧优雅、务实高效，今天拜读了人物访谈更加佩服，向陈行长学习，希望陈行长有空再来黄河口转转。

然而就在业务即将启动时，总行下发了《关于重新调整全行风险资产限额的通知》，长沙分行当年已无额度发放此笔2年期限的同业借款。眼见一个难得的业务机会就要失去，同时也可能让客户对招行产生不好的印象。如何在政策允许范围内满足客户的需求？“三个臭皮匠赛过诸葛亮，团队的力量是无穷的。”陈敏立即组织团队成员进行“头脑风暴”，寻找解决问题的方法。

“总行资产管理部曾经提过要打通同业自营投资与理财资金投资的藩篱，如果这笔业务能通过理财资金来承接，就可以不占用分行风险资产。”在集中讨论后，团队成员提出了一个方案。通过进一步讨论、沟通，在总分行的指导和支持下，全行首笔同业借款转让业务成功落地。这笔业务不仅为分行带来高达1500万元的中收，同时客户也对招行的创新意识、专业能力大加赞赏。

陈敏笑称："我知道有同事给我取了个外号，叫'拼命三娘'，我觉得还挺贴切的，有时候我自己都不明白自己哪来的精力和勇气实现一个个的突破。"

陈敏担任长沙分行投资银行部总经理的首年即取得了丰硕的业务成果，全年完成中间业务收入14881万元，实现了总分行17笔首单业务的突破，其中有多笔为总行系统内首单，如全行首单国有企业改革结构化融资、金融同业借款资产入池业务等。

匿名

做业务多了有一个体会，任何牛的业务都会有各种曲折，如果一笔业务是一帆风顺的，那么这笔业务90%是不好的业务，很喜欢陈行长的这股子霸气与韧劲。

耐得烦：融化"冰山"客户

2015年初，陈敏调任分行同业银行部总经理。来到新岗位后，陈敏给自己定了一个目标，实现某两家银行本地法人机构托管业务的突破。

然而这个目标并非易事。"其中一家银行负责托管业务的高管是出了名的'难搞定'。"陈敏告诉笔者，在第一次拜访这位高管时，她便当面数落了招行的各种不足，没给陈敏丝毫颜面。

"在我职业生涯中完成了不少'不可能完成的任务'，这种场面我遇见得并不少。"谈到这个尴尬的场面，陈敏轻描淡写地带过。其后，她开始不断从侧面了解这位高管，并细心地经营着与她的关系。而对方一开始如同"冰山"一般的脸色，也在陈敏柔风细雨的浸润下开始慢慢"融化"。

一个月之后，陈敏得知该高管在长沙一家酒店参加会议，于是与她预约前去拜访。"当时我和她约的是晚上7点半见面，7点10分我就到了酒店大堂，同时我又发了个短信给她，确认了会面的安排是否有变动。"陈敏做事非常细致认真，在确认了当晚的会面后，她便耐心坐在酒店大堂等候。

出乎意料的是，这位高管7点15分就出现在了酒店大堂，并且一眼就看到了陈敏。"当时我感觉到她看到我提前在大堂等，神情有点惊讶，态度也不再是第一次见面那样冷冰冰的，笑着邀请我们去她房间。”陈敏感觉到对方态度的松动，但在房间，她并没有立即谈业务，而是和她聊家常，“顺带”提了几次招行的托管业务。

最后，高管终于开始“讲正事”，“陈总，我们确实打算更换一家托管银行，但现在已经和另外一家银行签订了合同，已经在谈合作了。”面对这位客户，陈敏并没有“霸蛮”，只是表达出招行愿意为客户服务的意愿。不料，几天后，陈敏接到了她打来的电话，“陈总，我们可以试着合作一次，看看有没有什么障碍和问题。”

王文静

点赞！认识陈行长很多年，她一直这样敬业、专业、认真，性格也很开朗，给我们这些认识她的人很多正能量，祝福陈美女越来越好！

这个电话让陈敏既兴奋又紧张，“兴奋是努力终于有了回报，而紧张则是因为对方要求很高，如果这次机会没把握好，也许会前功尽弃。”陈敏回忆，当时客户只给了我们几天时间，为了扫清合作障碍，陈敏从总行请来一位产品专家为该银行解疑。最终，这笔托管业务于 2015 年 4 月底落地。“我就是这种性格，任何事情没到最后，我绝对不会服输，也绝对不会放弃。”陈敏说。

之后，双方的合作便“一发不可收拾”，从 2015 年 4 月底到当年 9 月的半年时间，该银行在招行的托管规模从“0”发展到了 200 亿元，几乎承接了另外一家股份行所有的托管份额。

“你对客户真诚，客户自然会回报诚意。”陈敏一直把真诚当作她为人处世最重要的信条。

尽管每次营销都惊心动魄、如履薄冰，但每一件关于服务的事迹皆成过往，一切不可能终将化为寻常。正如陈敏所言，她仍将继续吃得苦、霸得蛮、耐得烦，在关于服务的这条道路上勇往直前。

乐海洲：让服务创造更大价值

◎杨　思

访谈人物：广州分行公司客户十七部（分行营业部）总经理　乐海洲

编者按：乐海洲接棒广州分行营业部总经理以来，营业部凭借出色的盈利能力、优良的资产质量、“因您而变”的服务理念，成功摘得中国银行业协会文明规范服务评选中最具分量的“百佳示范单位”称号。这一切在他看来，恰如“前人种树，后人乘凉”，是营业部前后几位行长及全体员工共同努力的成果。而他，只是有幸来到这个优秀的团队。

乐海洲的办公室位于广州分行营业部办公区域的尽头，与对面精心布置、处处有亮点的金葵花贵宾室和员工休息室不同的是，这间办公室极为简洁，一点儿多余的摆设也没有。

他笑容爽朗，招呼我坐下详谈。聊天就在一方干干净净的桌面之前展开，桌子这头是两盆迷你的绿植，那头则是一张笑容灿烂的家庭合影，书柜里还整整齐齐地排放着孩子不同成长阶段的可爱照片。此前，在为数不多的碰面中，这位支行行长给我留下了性格豪爽的印象。此刻，我捕捉到了一点“反差”：对公业务，如中原逐鹿，需要狼性和运筹；而厅堂服务，却如春风化雨，注重情感和细节。魄力与温情，这两者在乐海洲身上得到了完美统一。

“我很快融入了招行”

“我是 2008 年来到广州分行的，但真正接触招行却是在更早以前。” 乐海洲依然清楚地记得与招行的 “第一次亲密接触”。

2003 年，留学回国的他在招商银行广州火车东站支行（现林和路支行）办理了第一张招行卡，那里的服务令他印象深刻。

2005 年，乐海洲进入了一家国有银行，担任对公客户经理，主要负责中国五大电力集团和中广核集团在广东省投资的电力项目。彼时，乐海洲意气风发、满身冲劲。在业务往来中，有着强烈市场意识的股份制银行不禁令他神往，与此同时，几家同业也向他伸来了橄榄枝。

“同业对招行的品牌、服务都非常认可，我听从了朋友和老同事的建议，在几家银行中最后选择了招行。”2008 年 6 月，他辞去原来的工作，正式加入广州分行。

入行第一年，招行与前东家的文化差异曾让他感触颇深：在这里，领导似乎并不把自己当领导，工作中尽心指导，与员工一起为了项目埋头奋斗到深夜，下班后照顾团队里的单身汉，带着大家一起宵夜…… “大家奔着同一件事努力，这种感觉，不像上下级，更像兄弟。” 这样的氛围，让他很快融入了招行。

匿名

2008 年一同进入招行广分。当时在公司部的海洲老师开朗幽默给人印象深刻，现在已是一方掌舵人，向优秀的乐行长学习，祝业绩长红，鹏程万里。

从公司银行部经理岗位起步，乐海洲凭借专业底子很快崭露头角，并在几年后迎来了自己职业生涯变化最快、锻炼最大的一段时光：2011 年至 2015 年，他先后历任广州新塘支行行长助理、分行公司银行部总经理助理、投资银行部副总经理等多个职位。五年时间内，乐海洲切身体会了基层的辛酸苦辣，也凭借自身在大客户融资服务、债券承销等业务上的丰富经验，先后参与了分行大客户经营部、投资银行部的筹建工作。在变革与挑战中快速成长，2015 年，乐海洲迎来了一个全新的挑战：掌舵广州分行营业部。

匿名

从认同招银文化，到亲身塑造招行服务文化，给乐总点赞！分行营业部的对公业务历来很强，零售和对公互相支持。

用服务铸造品牌

匿名

很赞，分行营业部前前后后好几位领导和所有员工都积极投入，才有了如今的百佳网点招牌，这是一种传承，相信火炬在乐总手里会越来越旺。

对于广州分行而言，分行营业部是一扇特别的服务窗口。这家位于珠江新城 CBD 大楼的网点，被顾客视为招行在广州的门面，自然而然地也就有了许多特殊的任务：不仅承担着复杂业务的柜面办理，还要处理棘手的客户投诉，同时还是监管部门调研参观、媒体采访拍摄的首选。

接过分行营业部的火炬，他在满怀信心的同时，也倍感压力："我们的一举一动都直接反映出招商银行的服务能力，客户对分行营业部的期待值很高，做好是应该且必须的。"

乐海洲坚信，业绩的发展与网点服务能力的提升相辅相成，服务跟不上，再漂亮的业绩也不可持续。"服务创造价值，我们所追求的服务不仅仅是简单地对客户微笑，而是一种服务能力，它孕育着银行本身的文化内涵和员工的精神风貌，体现出的是银行管理水平的高低，唯有把服务品牌扎扎实实地做起来，网点业绩才会持续不断地发展。"

"用心服务客户"的理念贯穿了乐海洲整个经营思路。对分行营业部的客户经理们，乐海洲提出了一个要求：要对客户用心，将服务做到最好，让客户感觉不和我们开展一些业务合作，心里都过意不去；让客户在有业务需求的时候，最先想到的是招行；哪怕有一天因为其他原因，客户不再和我们合作，也让客户对招行抱有感情。如果能做到这样，我们就是成功的客户经理。

运筹帷幄的同时，他同样心细如发。票据业务是广州分行营业部的传统强项，在票据贴现中，客户最看重的是价格和效率。如今，分行营业部的电票最快可在十分钟内出款，服务效率在广州市场有口皆碑，这也带来了大量的业务。同时，即使是给客户送回单这样简单的工作，他也会提醒员工："不要只是送个单给客户，要和客户有交流，听听客户有什么想法和需求。"

正因如此，分行营业部的服务并不止步于营业网点和业务范围内，更多的是让客户在生活细节中处处感受到招行的贴心：替客户给家人寄节日礼物、送生日祝福、探病……每一位员工都在平淡却温暖的经历中演绎着"因您而变"的服务之道。

有一位贵宾客户常常到国外出差，正值他的母亲生日，客户想连夜坐飞机赶回国，陪在母亲身边，却由于时间太紧来不及买礼物而感到满心愧疚。分行营业部的同事们得知后，精心为客户挑选好礼物和鲜花，赶去机场接到了刚刚下飞机的客户，将包装好的礼物交到了客户手上。在接过礼物的那一瞬间，客户的眼睛不禁有些湿润："没想到银行也能这么贴心、这么细心。"

"后来，客户告诉我们，他的母亲非常喜欢这份礼物，她会介绍自己的朋友来招行，因为她相信，一个真正关注客户的银行，一定会更用心地管理客户的资产。"乐海洲说，"直到现在，我们还会定时去探望老人家，这是一种信任，我们一定会延续下去。"

在 2016 年"星耀招行"颁奖典礼上，乐海洲代表广州分行营业部接过了"十佳服务团队"的奖牌，分行营业部的客户——广州金控则作为全行企业客户的代表上台致辞，表达了对招行服务的充分肯定。广州金控是一个分量十足的客户，是广州市政府为打造区域金融中心而成立的金融控股集团，是广州市政府整合市属金融产业的平台。

匿名

一个团队的领导非常重要，不仅是决策者更是指路人。注重业务发展的同时，更要注重人员队伍的培养，否则客户经理会逐渐失去归属感，业务不平衡发展，最后造成各项指标发展滞后。虽然离这位乐总很远，但是从文章中能够看到他各方面的专业。

分行营业部与广州金控结缘已久。"作为经营风险的行业，银行很少雪中送炭，从来都是锦上添花，但我们在客户最需要的时候做到了雪中送炭，在把控好风险的基础上，用最快的速度为客户提供了融资。"招行的用心服务赢得了企业的高度认可，随着时间的推移，各项业务的合作更加深入，2016 年广州金控授信已经位居总行战略客户前列，成为贡献度极大的八星级客户。

"收到活动邀约后，客户很高兴，因为此前他们从来没有受邀参加过银行的这类活动；同时他们也非常支持，祝贺我们获得了十佳服务团队。"乐海洲继续介绍，"对客户来说，招行的服务在所有同业中是排第一的。"

从“千佳”到“百佳”

地处广州的金融中心，分行营业部虽然享受着一定的集群效应，但也面临着巨大的竞争。“金融业的竞争是一种信誉的竞争、服务的竞争，谁的信誉好，谁的服务好，谁就更能走进客户的需求，获得更大的优势。”乐海洲笑言。

“前人种树，后人乘凉”，良好的服务文化离不开前任三位行长的功劳。早在 2011 年成立之初，分行营业部就结合自身发展，提出了“早一步，多一点”的服务理念，号召员工坚持时刻为客户多想一点，早行动一步，多做一点，让客户的满意多一点。凭借出色的服务，营业部先后获得了中国银行业文明规范服务“五星级营业网点”“千佳示范单位”等多项荣誉。

对优质服务的追求没有止境。基于长期以来良好的服务品质基础和品牌形象，2015 年广州分行营业部响应中国银行业协会的号召，参与了创建中国银行业文明规范服务“百佳示范单位”活动。

匿名

2016 年的管理启航课程分享上认识了这位优秀的行长，也给我留下了深刻的印象。魄力与温情的完美统一，是最值得我们学习和思考的。

乐海洲与支行班子一起，带领全体员工在服务细节、配套设施、创新服务、财富管理及客户服务等方面精益求精，建立了全方位的服务体系：

在硬件上，将服务功能各个区域精细划分，以更细致、更专业的服务升级客户体验；在软件上，从规范动作、规范语言，到如何做好客户的个性化服务，不断思考、分析改进；在体制上，将服务规范细化成文，明确员工的服务职责，使服务规范有据可查。

对服务细节，乐海洲提倡“只有想不到，没有做不到”。于是，在原有的便民伞、糖果盒等基础上，分行营业部逐步添置了便民轮椅、便民箱（内含老花眼镜、计算器、印泥、常用药）等设施；开辟金融知识普及区、儿童游乐区、导盲犬安置区，以及员工亲手操刀设计的金葵花服务展示区。员工创立的服务管理提示手语也得到了最好的传承，“记得微笑”“领结歪了”等

提示信息在同事之间无声传递，在“不打扰”中保证了网点的服务质量。

“创建百佳网点，关键是要做到细节化、流程化、持久化，在工作中，我可以说是用苛刻的标准来要求大家的。”一时做好不难，难的是让优质服务变成一种习惯，乐海洲经常向员工传达一个观念：分行营业部的水平，代表了广州分行的水平，“百佳”的荣誉属于每一个员工。在他的鼓励下，全体员工们也以高度的使命感投入其中，大家亲自动手布置营业厅，每天下班后都把卫生死角一一打扫一次，每天都通过回看当天录像分析，检查服务问题……

如此全面的精心准备，让服务检查“严格到变态”的同业公会检查组，也在前后几次检查中对分行营业部赞不绝口。“这可是连桌角的灰都要伸手摸一摸的检查组，他们的评价如此之高，这也是我没有想到的。当然，这所有的一切都应该归功于我们的员工。”在创建“百佳”的过程中，员工们无怨无悔的付出让乐海洲十分感动。

带点情怀和理想工作

刚刚满五周年的分行营业部很年轻，这里的队伍同样年轻：员工平均年龄不到28岁，却是一支很有战斗力的队伍，在分行的各项业绩指标排名中连续几年都名列前茅。来到分行营业部后，乐海洲常常有这样一种感受，分行营业部能够连续多年获得“优秀支行”，领头羊固然重要，更可贵的是这里拥有一支优秀且稳定的团队。

胡金凯

招行模范老兵，见贤思齐，学习的榜样。

在他眼中，让员工们为分行营业部自豪，在付出中实现价值，才是对这支优秀队伍最好的回报。

为了帮助员工提升专业能力，他在对公团队内建立了产品经理制和对口联络人制度，让员工分别担任“票据业务联络人”“托管业务联络人”等角色，参加总分行各类培训，“学习到了新知识，回来为其他同事当老师，也可以邀请产品经理来培训。”

为了促进新老员工之间的学习交流，帮助新人快速成长，他在团队内建立了内部审贷会制度。每一笔报送分行的资产业务都在内部先组织讨论，主办客户经理将自己的项目介绍给与会同事，其他人则作为评委，针对项目风险点、尽职调查报告内容进行提问，由客户经理来回答。通过这一方法，新手客户经理能从其他同事的项目中得到了学习的机会。

为了保证激励到位，让员工没有后顾之忧，他在分行营业部推行公正透明的主管考核制，奖金分配由团队主管进行，根据预先制定好的考核方案发给每位员工，使每一位同事对自己要达到的业绩、责任目标清晰明了，公开、公正、公平，能够专心致志地提升专业能力、全力达成目标。

匿名

作为分行的同事，很幸运常常体验分行营业部的服务，感受特别好。

“我希望大家是快快乐乐地来上班，而不是痛苦地来上班。只有员工是快乐的，才能够真正给客户好的服务，给身边人好的影响。”在创建“百佳”的过程中，乐海洲鼓励员工发掘自身潜力、树立集体荣誉，“大家亲手装点网点、布置员工休息室，这些都是同事们风采和愿景的展示。”提起自己的团队，乐海洲充满了自豪。

广东银行同业公会检查组的组长前来检查时，曾这么夸奖分行营业部：“做了这么多年检查，没想到笔试还有考100分的，唯一一次满分在招行看到了。”对此，他骄傲地说：“面对检查组那些刁钻的问题，咱们的员工表现非常大方得体，赢得了检查组的高度赞许。”

虽然在多年的职业生涯中，很少谈及情怀，但乐海洲心里仍怀着这样一份信念，“带着一点情怀、一点理想去干活儿。把分行营业部打造成广州分行的标杆和旗帜，我想这也是每一位分行员工的目标和理想。”

齐霄敏:“铁娘子”的柔情与担当

◎杨　思

访谈人物:广州分行番禺支行行长　齐霄敏

编者按:在大家眼中,齐霄敏曾是一位令员工又爱又怕的“铁娘子”,严肃、严谨、不苟言笑……但她严厉的外表下,是对工作的赤诚与坚守,更是对员工的关怀与爱护。入行23年,连续13年获得A级考评的殊荣;在不到四年的时间里,将一家排名倒数、一穷二白的郊区支行打造成了零售业务优秀团队。事实上,齐霄敏身量娇小,面容舒展,外表跟江湖传言的“铁娘子”称号似乎不符,也许只有当你真正走近这位女行长时,才能发现那隐藏在严肃表象之下的柔情与担当。

陈凌飞

严厉中饱含温情,为齐行点赞。

齐霄敏所在的番禺支行位于广州番禺区市桥镇的禺山大道。几年前,这一带曾被视为“又土又远”,还流传着这样一个笑话。两个广州人聊天,A问B住在哪里,B答曰,“住番禺。”A顺口便接:“得闲来广州玩。”齐霄敏与番禺支行的故事,就是从四年前的广州大郊区开始的。

一捧干花背后的故事

一走进齐霄敏的办公室,我的视线立刻被门口的一大捧花吸引了:这是一束合抱大小的向日葵,已经枯萎成褐色,包装却依然完好无缺。

"这是2014年正月，支行同事们送给我的生日礼物。"看我一脸不解，齐霄敏连忙解释道，"这束向日葵陪伴我度过了那段蹒跚起步的时光，有着特别的意义。"在支行业务最困难的阶段，这位看似柔弱的女子用不到四年的时间，将番禺支行的业绩从分行60多家支行中的倒数第5一举提升到前15的优秀行列当中。

2013年5月，齐霄敏从中山二路支行调任番禺支行零售分管行长。尽管早有心理准备，但从一家先进行到郊区行之间的差距还是让这位入行近20年的老将有些傻眼："整个团队中，理财经理只有两名，员工大多是外包，对于分行的考核办法更是懵懵懂懂。"而偏远的位置又使人员招聘十分困难，不仅无人可用，还要不到人。业绩差就意味着收入随之少得可怜，且缺少营销费用，员工积极性受挫，从而形成恶性循环。

肖锐鹏

我也感受过齐行的"威严"，却是希望做事能够尽善尽美的态度，值得理解和被尊重。

面对这样的窘境，她决心从人抓起，并给自己定下了一个期限：要用一年半的时间，把番禺支行带离倒数的位置。"一家支行要发展好，最重要的就是人，不光有人员是否充足的问题，还有人才素质、奋斗意愿的问题。"招不到人？那放低学历门槛、慢慢物色；团队专业能力差？那就手把手地教；缺少营销费用？那就自掏腰包；员工没有奋斗意识？那就挨个讲解考核任务。

齐霄敏从保险公司、信用卡中心、大专学校一点点扩充着自己的部队。随着她的到来，支行原本松散的氛围一下子紧绷了起来。考核细了、课程多了，白天上班、晚上培训，苦练基本功成了新常态。她对工作的要求极严，员工一旦犯错则往往会被直截了当地指出，甚至当众批评，大家顿时感觉"压力山大"，新官上任的这"几把火"令人为之一振，番禺支行先后在几次"网点创赢"竞赛中有了明显进步。

但正所谓万事开头难，由于基础薄弱，整体业务的起色并不容易。大半年过去了，依然徘徊不前的排名让不少员工的士气又一次消沉，随着"鸡血"的消散，接受着"魔鬼训

练”的同事们对于新行长的严厉也有了抱怨，不再处处服从指挥。

“从前看平衡计分卡排名，我是从最上面开始往下看，后来相当长时间都是从下往上看，从最后面开始找番禺支行的影子。”齐霄敏回忆。如果说，起色平平的业绩令她自责，那么，大家的不理解则更是让她感到失落，员工还能和自己并肩作战吗？一向坚强的她，也有了一丝放弃的念头。

2014 年，农历正月十七，这是齐霄敏在番禺支行度过的第一个生日。员工们不知何时知道了她的生日，大家悄悄地给她送上了一份惊喜：一大捧灿烂的向日葵。抱着怀中的鲜花，看着大家的笑脸，齐霄敏心里的焦灼悄悄地被抚平了：“那一瞬间，我突然决定了，一定要留下来，一定要把团队带起来！”

如今，身边的人与事都有了变化，鲜花也已成为干花，但齐霄敏却将之视为珍宝，把它放在了办公桌对面，一抬头就能看到，生日时的相片则珍藏在墙上的相框里。“看着它们，心里就有了一个念想。”她说，“我这个人太严厉、严肃，但这份礼物让我相信，哪怕工作中有摩擦和不理解，大家的心始终是在一起的。”

招小妹

齐行长对员工点点滴滴的关爱更多的体现在为员工的人生、生活考虑，而不简简单单考虑员工的职业生涯，“希望大家能够通过自己的努力，买得起车、买得起房、让自己和家人过上幸福的生活”这样的内心才会化作现实中的关心。亲力亲为的真心付出终会带动周围的氛围，正如员工送她的心里话“我们想要给你更多的力量，让你带我们走更远的路”，大家的认可和信赖，充满希望自愿跟着齐行长走下去的内心转变，就是给我们“铁娘子”最好的礼物！我们也会坚持正确的方向，用心、全力以赴地做合格的招行人。

追求“完美主义”的行长

但问起支行同事对齐霄敏的印象，出现频率最高的并非她自己所言的“严厉、严肃”，事实上，大家眼中的她更是“亲力亲为、严谨细致”的典范。这种事必躬亲的作风，是从入行之初便形成的习惯。在招行零售条线长达二十多年的熏陶，让齐霄敏养成了严谨、细致的性格。

自 1994 年入行以来，她做过储蓄柜员、当过个人银行客户经理、担任过支行零售主管，亲历了广州分行零售业务雏鹰起飞、摆摊宣传一卡通的阶段，也参与过新支行筹建的白手起家。“零售业务发展初期，在营销上尚无明确的指引和规范，在考核上也没有 IT 系统可借助，不仅要自己书写产品介绍、设计宣传单张，还要每天坚持手工记账、核算营销数据，十分考验动手能力，以及细心与耐心。当时的老上司刘芳行长总是指导把关、逐字逐句地修改，这种严谨的风格对我影响很大。”齐霄敏回忆。

“霄敏是一个很能吃苦的人，勤奋、执着，有超强的执行力。”刘芳与齐霄敏自2005年起共同经历了中山二路支行筹建的阶段。“支行筹建初期条件十分艰苦，她既做储蓄柜员，又做零售主管，几乎没有请过假，也从来没有迟到、早退过，对于需要每天手工登记的考核结果，更是能够做到准确、公允，让我很放心。”同时，齐霄敏的市场意识之敏锐，也令刘芳印象深刻：当时支行的主要客户均来自附近某大型集团，齐霄敏想方设法收集了企业集团中高层的相片，每次客户来到柜台，便会热情招呼、积极营销企业高层，通过滚雪球式的营销一步步打开了业务局面。

匿名

虽然现在不在番禺支行，但是在番禺支行实习的这段时间，让我学到了不少东西，到现在用的还是在番禺支行所学。虽然齐行很凶，经常会骂人，但是您还是一个很有爱的行长，记得您带我们去吃火锅，记得跟您一起吃椰子鸡。真的很喜欢齐行，无论以后是否在招行工作，我会一直记得您。

这种品质在齐霄敏成为中山二路支行行长助理、分管零售业务后，得到了进一步发挥。2009年，招行零售业务的工作范式日益完善，总行正在全行进一步推广“网点创赢”，旨在优化网点销售管理，重塑营业厅竞争优势。“好的制度要发挥作用，关键在于落实。她很注重细节，能够把零售服务做得很精致，也是能把总行对于网点零售业务的要求真正落到实处的人。”刘芳不无夸赞。在齐霄敏的带领下，中山二路的零售业务一直保持在分行前十。

严谨扎实的作风被齐霄敏带到了番禺支行。刚到番禺支行，她便发现网点面临着客流量大、效益却十分低下的矛盾。“支行客户大多是附近工厂的外地打工族，一大早网点还没开门，外面就已经黑压压地排了五六十号人，客户一涌进来，整个营业厅就变得乱糟糟的。”齐霄敏认为，问题的根源在于员工的服务能力和营销意愿不足、厅堂流程亟待优化。

她开始雷厉风行地在支行推动“产能飞跃”，通过对网点流程进行全面优化，明确大堂主管、引导员、大堂助理等岗位在销售及服务管理、客户引导和分流、需求激发和输送等方面的角色，推动营业厅向销售服务型转变。而她自己更是以身作则，每个周末都准时打卡上班，亲自示范如何当好一名大堂经理，一站就是一整天。在齐霄敏的带领下，番禺支行的精神面貌为之一振、营销效率极大提升，在广州分行当年的首期“网点创赢”中一举夺得了第一名。

齐霄敏周末站大堂，一站就是一年多，从“僵化”“固化”到“优化”，番禺支行的零售业务就这样在她的指导下一点点地成长。如今，时常去大堂看看已经成了她根深蒂固的习惯，“大家常和我讲，我总来大堂‘巡视’，让他们觉得不自在，因此我逐渐减少了去大堂的频率，但‘老毛病’真是改不了了。”

匿名

每次去番禺支行见客户，都能看见齐行在大堂巡视、协调，这样一直把自己置身于一线的行长，真心令人敬佩。

运筹帷幄、统筹大局，同时亲身参与支行的日常工作，也像师长一般陪伴着员工的成长：手把手地教新人点钞、像老师改试卷一般帮员工修改电访话术、陪理财经理参加金融理财规划师大赛、带领员工外出摆摊宣传、亲自担任服务礼仪大赛领队……齐霄敏以一种“完美主义”般的要求，参与着支行发展中的点点滴滴。

那个“唱黑脸”的人

“在支行里，我是那个唱黑脸的人。”有时候齐霄敏也会觉得自己太严格，不通人情世故，“有的领导该紧的时候会紧，该松的时候便松，我却是一直绷得很紧，导致员工都有点怕我，就连培训的老师也和我说，‘你要多笑笑、多鼓励员工。’”

由于性格耿直，齐霄敏在中山二路支行时曾“得罪”了不少同事，员工们被严厉批评后，有时会找到大行长“告状”和哭诉。“刘芳行长每次都会帮我‘擦屁股’，开导同事们，同时教我怎样去柔性管理。怎样做到刚柔相济，我一直在学习，但始终做得不够。”齐霄敏无奈地摆了摆手。

齐行长的“黑脸”真的那么可怕吗？

“自从齐行长来到番禺支行，工作氛围就变得严肃起来了。”零售主管严丹2011年入行，在番禺支行已近六年，对于支行的变化体会最深，“她是在用她的方法，让大家赶快跑起来。”

匿名

刘芳和齐行长作为我的第一任支行行长和分管行长，真是受益匪浅。刘行的大气专业让我今生难忘，齐行的严厉和工作作风让我养成了良好的工作习惯，一直沿用至今，甚至现在对别人的要求也是一样的风格。记得当时齐行站在后面，我手都会哆嗦，真的好怕，可是后来回忆起来都是对自己的锻炼和积累，让自己在以后的工作中尽心尽责，一丝不苟，谢谢我曾经的领导们。

“我也被齐行长批评过好多次了。”贵宾理财经理梁高杰回忆自己多次被“教训”的经历，感慨幸好自己“脸皮较厚”。

"但她是典型的雷声大、雨点小，对事不对人，你静下心来想想，就会发现她的出发点是为了把工作做好。"

工作中，性格温和的严丹与梁高杰，充当起了齐霄敏和员工之间沟通的"润滑剂"，每次有同事被批评、情绪低落，便会主动开导。而被"鞭打"多次的员工们，也越来越体会到齐霄敏在严厉背后的那份关心。

由于历史底子的原因，番禺支行从外部机构和大专学校招聘了大量"外包员工"，这些员工能否转正，一直是齐霄敏心头的一件大事："第一年，让支行摆脱后五名；第二年，实现流程优化，成为网点创赢的优秀分行；第三年，客群壮大，财富管理的中间收入逐步提升；第四、第五年，争取进入优秀行列，并逐渐稳定下来……这是我给支行定下的发展计划，在这个过程里，我希望大家的付出都能在收入上得到相应的回报，希望大家能够通过自己的努力，买得起车、买得起房，让自己和家人过上幸福的生活。"对于积极肯干的员工，她充分鼓励，给予他们最大的发挥空间，让他们成为同事中的标杆；对于停滞不前的员工，她鞭策指导，希望他们努力提升自己、尽快找到方向。

"2015年初，我在工作上有些松懈，结果业绩掉落，错过了半年一次的转正机会，然后，就被齐行长叫到了办公室。"梁绮雯回忆，当时，看着齐行的眼睛，虽有责备，但更多的是遗憾，"我心里一阵惭愧，眼泪一下子就涌了出来。"

匿名

同样的工作时长并不等于同样的工作质量和效率，齐行的严格要求帮助大家形成了高效时间管理的习惯，培养了又快又好的执行能力，有这么多同事先后以出色成绩转正，真的很赞。

在齐霄敏的监督和鞭策下，不到四年的时间里，一个又一个员工通过努力证明了自己的决心和潜质：梁绮雯，2014年7月入行，2015年7月凭借广州分行低柜理财经理第四的佳绩获得转正；邓韵斯，2014年7月入行，2017年1月凭借广州分行低柜理财第一的成绩获得转正；梁高杰，2013年6月入行，三年中先后摘得分行低柜理财TOP1、明星理财专员、贵宾条线先进个人等荣誉称号……齐霄敏执掌番禺支行不到四年，零售和运营条线共有八名外包员工因业绩出色而先后获得转正。

情感的缝隙

虽然工作中的齐霄敏不苟言笑，但随着日复一日的相处，同事们却从种种细节里，发现了她性格中的更多面：重视生日、记性很好，每逢员工生辰，便会给寿星送上一束鲜花或一盒蛋糕；爱喝可乐、热爱美食，每当得知口碑好店，便会开车载上大家一起大饱口福；酷爱旅行，认为人生中的一大幸福，就是有一个喜爱的工作、一份不错的薪水、每年能够带上家人一起旅游，并以此激励大家……

四年下来，种种小事，从大家的回忆里拎出，都带着特别的温度。

其中有一件事，令邓韵斯和梁绮雯印象很深。那是一个冬天，齐霄敏行长带着番禺支行的一支小分队前往大学城开展金融知识宣传，结果赶上下雨，天气又湿又冷，宣传点又四面透风，大家一下车便冻得瑟瑟发抖。"我们在那儿摆了好一阵摊，都不见齐行的身影，还以为她找不到车位、忙着停车。结果过了好久，她竟然抱着一堆围巾和热水袋回来了。"原来，在消失的这段时间，齐行长把商场里的小店都跑了一遍，就是为了给大家买这些保暖用品。"最让人吃惊的是，她买好了电热水袋之后，还猜想现场可能没有插座，在商场先充好了电才拿过来的！"

今年正月十七是齐霄敏在番禺支行度过的第四个生日，同事们给她送上了一份特别的大礼：一本汇聚了四年来集体记忆的相册，上面写着满满的祝福：

"只是因为在演练中多看了你一眼，我就忘词了；

"领导，我会好好工作的，请少责骂我吧！

"我们想要给你更多的力量，让你带我们走更远的路……"

此时此刻，用齐霄敏行长的一句话来做结语再合适不过了："作为个人，只要方向正确、用心坚持、全力以赴，就一定会有回报；作为集体，大家的互相支持、共同努力才是最重要的。"当情感缝隙袒露时，这位"铁娘子"的柔情与担当，方显示出完整的模样。

匿名

齐行真的是一位非常令人敬佩的前辈。在工作中一丝不苟，勤勤恳恳，总是带头全力以赴。从她身上可以看到招行现在的业绩和口碑是如何一步一步打下来的。也许有的人会觉得严厉带来的压力很可怕，但看看支行现在的业绩，看看她带过的员工是如何进步，并且不断提拔的，我想很多人也会期待一个严厉但是可以帮助自己进步的领导。齐行真的很为员工着想，看了很感动。

王爽：感动源于热爱

◎江卫玉

访谈人物：深圳分行服务管理部消费者权益保护与服务监督管理岗　王　爽

编者按：感动，源于对平凡岗位的坚守。一件事，坚持做一年，是毅力，坚持做八年，非热爱不可为。正是这看似简单的“热爱”二字，让青春质朴的王爽，在深圳机场贵宾厅一干就是八年。从一名派遣员工起步，三千个日日夜夜，她任劳任怨，航班时常晚点，加班到凌晨是常态。她用忠诚、信念和坚韧证明：在平凡的岗位上坚守，就会有不平凡的人生。在30周年行庆典礼上，王爽荣获“2016年感动招行年度人物”奖。

与王爽约好见面的那一天天气很不好，深圳大暴雨。出发前，她已在微信上多次提醒记得带伞，不要着急，路上要注意安全等。我们约好见面的地点是招行的机场贵宾厅，当我下电梯时，发现王爽已站在电梯口等我。笑眼盈盈，一身得体的套装，端庄而优雅，她一路领着我走进机场贵宾厅，一路上不断跟经过的人打招呼，其中有机场的工作人员，也有刚刚下班的清洁阿姨。

最钟情“那抹红”

2007年，王爽还是宝安机场贵宾厅的一名实习生，主要负

责接待机场的贵宾客户。那时候她刚来南方不久，对深圳还不熟悉，但对“一抹红”的印象却特别深刻。王爽笑说，自己是个方向感很差的人，机场又那么大，常常要转悠很久，当时她很清楚地记得贵宾厅旁边有个红色的广告牌，所以她找路的时候就认准这个牌子。“后来才知道那是招行的广告牌。”王爽补充道，“没想到现在这抹‘招行红’早已经遍布深圳机场了。”

2008年初，招行机场贵宾厅成立，王爽得知了这个消息，兴奋不已，招聘公告一出便第一时间投了简历。“在这之前，我其实已经拿到建行的offer，月薪6000，在2008年已经算高薪了，但就是不知道哪里来的勇气，执着地等着招行的一纸聘书。”2008年4月1日，王爽以汇合员工的身份成为招行机场贵宾厅的一员。

白向东

未见过王爽，但与她通过电话，请她帮过忙。她的热诚、周到、专业确实令人佩服。她帮我的事，她可能已忘记，但我一直记着。我相信，她为客户做的事，客户也一定记着。客户记着她，就是记着招行。

贵宾厅最初运营的时候，包括王爽在内只有两名驻点员工，大家又都是刚毕业的小姑娘，谁也靠不了谁，遇到问题只能靠自己。“2008年那会还年轻，很傻很天真，才把服务简单定义为端茶倒水的事。”说到这里，王爽不好意思地笑了笑。

可服务哪有那么简单。机场贵宾厅虽然只做服务，不做业务，但自有其特殊性。因天气、限流等各类原因导致的航班延误在国内早已是家常便饭，客户的情绪无法缓解，机场的航班也不在我们的掌控内，贵宾厅的工作人员往往被夹在中间，无所适从，除了要消化客户的不满，安抚他们的情绪，还得处理投诉，遇到不理解的客户，冷言冷语，甚至恶语相向更是常有的事。

“我们东北人的个性就是倔，不服输，遇到越难过的坎就越想证明我可以。面对误点误机，我们也无能为力，这个时候如何用恰当的语言与沟通方式来安抚客户的情绪才是最关键的。”于是，王爽开始报名参加一些服务培训，阅读一些跟服务有关的书籍。《沟通与技巧》《如何有效应对客户投诉》都是让王爽受益匪浅的书。

至今，王爽还保留了一个习惯。每天晚上睡觉前都会先回想今天的工作，有没有哪个客户没服务好？有哪个细节还可以做得更好？如果有什么好想法，她便顾不上睡觉，赶紧记下来……渐渐地，随着王爽沟通能力的提高和经验的积累，对于安抚客户情绪和应对现场突发状况等问题，王爽处理得越来越得心应手。

除了要用心做好服务，王爽还有一个需要克服的问题，那便是全年无休。朝九晚五对于王爽来讲，实在是一个很奢侈的概念。有时接待完最后一位客户，便已经是凌晨一两点，“你见过凌晨一两点的深圳吗？真的很美，特别安静。”王爽抿了口茶，话锋一转，“一点也不堵，整条大路就只有我，然后我会把音乐开得特别大声，担心自己睡着了。”这几乎是王爽每天正常的下班时间。

原原

一天24小时，全年无休，在这种工作强度下却能看到这么阳光、美丽、优雅的王爽，她一定是个对生活充满热爱的人，实在是让人佩服。

正常工作日尚且如此，就更别说节假日了。当别人已经开始规划行程的时候，王爽便要开始规划节假日的应急预案。外婆的八十大寿，王爽请了她职业生涯中唯一一次年假。这个从小就对她万分疼爱的老人，时常在电话中诉说对她的想念，一直询问什么时候可以回家看看她。因为工作的原因，节假日是王爽最忙碌的时刻，这让她看惯了别人的归程，却很少踏上自己的回家路。对此，王爽是愧疚的。趁着这次大寿，王爽想着终于可以给外婆一个惊喜。但事与愿违，因为机场突然出现紧急状态，最后王爽只能无奈取消回家的航班。王爽苦笑了一下，继而道：“这也是咱们这个行业的特殊性，有些工作总得有人去做。既然选择了服务这一行，就一定要做好，做到极致。”

用心传递招行温度

匿名

很自豪地说我是贵宾厅的一员，是爽姐的小迷妹之一。在贵宾厅，爽姐教会了我很多课本上学不到的知识，她就是我们工作中的导师和榜样，生活中的知心姐姐。手动点10000个赞！

话术与技巧可以通过不断地重复来习得，而对于一个纯服务岗而言，最可怕的是重复的日常。每天早上六点半准时到岗，各种小事便接踵而至：检查环境卫生、查看设施设备、来回端茶送水，一次次协助客户办理登记手续，一遍遍回答客户询问，办理改退签手续……外人看来简单的事，实则枯燥而琐碎。而王爽令人感动之处便在于，她在这种平凡与琐碎中坚持了“服务第一”的原则，让客户感受到了招行的温度与温情。

面对气喘吁吁，一路小跑过来的客户，王爽会细心地奉上一杯温水；对于行动不便的老人，王爽会提前在电梯口等候；对于来贵宾厅超过两次的客户，王爽会特意记录他们的喜好，谁喜欢绿茶，谁喜欢红茶，谁喝咖啡不加糖，谁喝咖啡一定要加糖……这一切王爽都记得清清楚楚，每当看到客户一脸惊讶的表情，王爽内心都会有点小窃喜，“有时候客户一句简单的问候，甚至只是一个满意的微笑便能让我们开心一整天。”

机场是一个突发情况的高发地，也是一个上演人生百态的地方。小小的贵宾厅，在人来人往之间也见证了不少温情的故事。有一次，有位客户要坐飞机去天津，然后转车去唐山，因母亲病危要赶回老家见她最后一面。不凑巧的是，当天受天气影响，航空公司取消了客户乘坐的航班，以及后续飞往天津的所有航班。“当时客户的情绪很激动，泪流满面，那种无助的感觉让人看着就很心酸。”面对这种情况，王爽凭借多年的工作经验果断给出建议，改飞北京再转车去唐山。但很不巧，经查询当天飞往北京的航班均已满客。

刚看到希望又瞬间破灭。王爽没有放弃，她多方联系，辗转几个航空公司，说明紧急情况，并最终成功给客户补到一张机票。新的问题又出现了。客户有一件行李需要托运，但一开始由于航班延误，早已过了截止时间。王爽二话不说，建议客户把贵重的急用的物品带在身上，后续的事情帮他处理。“那位客户赶在最后一刻，见了母亲一面，也算是我的功德一件了。”在王爽的服务生涯中，这样的故事还有很多。

王爽的“用心”感动了客户，但令王爽没有想到的是，某一天她自己也被客户狠狠地感动了一把，“每次讲到这个故事，心里都会很激动。”王爽笑道。

有位来自青岛的老先生，由于儿女常年都在国外，他退休后便四处旅游。第一次老先生过来深圳机场贵宾厅的时候，王爽富有亲和力的笑容给他留下了非常深刻的印象，再加上年纪与他的小女儿相仿，老先生倍感亲切。当时正当端午佳节，王爽还为老先生准备了粽子和红酒，瞬间让老人感受到了招行的温暖。

刘雄

有幸认识了爽姐，给人特别亲切又果断的感觉，看到爽姐的故事，很受感动！向爽姐学习。

去年，王爽再一次在贵宾厅遇到这位老先生。当时，老先生非常激动地告诉王爽，自己已经特意来贵宾厅好几次了，这一次终于见到了她。“这位老先生特别可爱，他担心我不记得自己了，于是每次来都穿着同一套衣服，一件蓝色的衬衣……”王爽笑了，眼睛里有光闪了几闪。她翻动朋友圈，照片里，一位穿着蓝色衬衣的老先生正举着酒杯，慈祥地笑着……

贵宾厅里，大家既是员工，也是主人

八年来，近三千个日与夜，王爽始终如一，兢兢业业，不仅见证了深圳机场贵宾厅从 1.1 万人次增长到目前的 11 万人次，也迎来了自己职业生涯的华丽蜕变。2012 年，王爽正式成为招商银行深圳分行一员，她带领的团队从最初的 2 个人发展到了现在的 7 个人，当年的“小王”也成长为大家眼中的“爽姐”。

“爽姐是上一秒可以把我骂哭，下一秒就可以请我吃饭的人。”贵宾厅的一位小姑娘调侃道，“但有什么事她总是第一个站在我们身旁。”

对于员工，王爽有自己的管理方法。每天都要写日报，统计客流量和各个持卡人群的数据；养成写周报的习惯，记录这期间遇到的困难以及处理方式；定期开会，结合员工的周报做总结，对于做得不好的地方，要逐一复盘；对于做得好的，要总结推广……王爽不仅赏罚分明，而且言传身教，会跟员工分享自己的工作方法还有自己的成长经历，她时常告诫这一茬又一茬的新人们，“永远不要只把自己当成员工，得时刻把自己当成贵宾厅的主人去经营；永远不要等着别人告诉你该做什么，而要想着自己能做什么。”“化被动为主动”一直贯穿在王爽的工作之中。

工作中，王爽是雷风厉行的“铁娘子”；私底下，王爽又秒变为知心姐姐。下班晚了，会跟大家一起去吃夜宵，大家聊聊感情，谈谈八卦；鼓励大家发展自己的兴趣爱好；周末给大家买水果买点心……

“我看到现在的他们就像看到当初的自己，唯一不同的是现在他们身后有我。”王爽一说到这便十分感慨。当年自己入职的时候，还是个懵懵懂懂的小姑娘，遇到问题的时候多想身后能有个人能撑一撑，现在，她的员工终于不用面临这种窘境了，因为她已经成为了当年自己期待出现的那个人。

匿名

文章很好，也很真实，加油，能够成为当年自己期待出现的那个人很幸福，希望有一天我也可以。

徐伟峰：郊县支行的拓荒者

◎王　越

访谈人物：上海分行奉贤支行行长　徐伟峰

编者按：短短三年时间，患有慢性疾病的徐伟峰，将一家无知名度、无业务基础、无营销力量的“三无”郊县支行，打造成业绩优异、跨区布局，拥有6家网点的优秀支行。他深信“办法总比困难多”，他以“多干一点是一点”的朴实心态和“此时不搏更待何时”的执行力，生动写就一名创业开拓者的传奇故事。在刚刚结束的30周年行庆典礼上，徐伟峰荣获“2016年感动招行年度人物”奖。

谈到奉贤，上海人脑海里首先浮现出的是春天里大片大片的油菜花。2013年，当知道自己被抽调去筹建奉贤支行的时候，入行24年的徐伟峰内心也是忐忑的——马路不堵车、饭店不等位、楼市不排队……这个地广人稀、农田遍布的郊县落后城区，与城建日新月异、经济飞速发展的大上海是那么的格格不入。

所幸，徐伟峰最终交出了令人满意的答卷：“踏平坎坷成大道、斗罢艰险又出发”——身处上海远郊县城，身边同业机构林立，他终究杀出一条取经路，在四年时间里，将一家无知名度、无业务基础、无营销力量的“三无”郊县支行打造成业绩优异、跨区布局，拥有6家网点的优秀支行。

李曦涛

很有借鉴意义，为中西部二级分行所在地区如何发展提供了思路，学习。

上海共性VS郊区个性

支行入驻奉贤区较晚，前有20多家同业机构，当地居民对招商银行知晓度和认同感很低。徐伟峰深知，要迅速扩大知名度和影响力，如果还是坚持以前的经验，肯定是行不通的。

“郊区与市区相比经济差异大，文化差异更大。市区客户偏重于合同文化、契约精神，而郊区居民则更看重人情关系。”徐伟峰深入地了解过当地的文化特色，也充分地将这一发现应用到公司拓客的过程中。

奉贤支行的员工来自奉贤区的不同乡镇，徐伟峰让员工们主动去拜访自己的朋友、邻居，再通过他们介绍朋友的邻居和邻居的朋友，层层传递，各个拜访，每个人靠着从一传手介绍到十传手的“笨办法”，织起支行最初的客户网与业务网，局面就这样慢慢被打开了。奉贤支行开业当天，奉贤区的经济部门主要负责人，知名度很高的大企业负责人等都来参加了典礼仪式。不知道的人还以为徐伟峰能量惊人，殊不知，他们中的大多数人都来自于“传球手”们的介绍，只不过，对于这些重点客户，徐伟峰都一一拜访过，并表达了招行一定会服务好他们的决心。

开业前期，徐伟峰了解到一家企业恰好有个复杂业务，当地银行都不熟悉，一时无法开展。他认为这是一次机会，果断地接下了业务。每天，徐连峰来回奔波五个多小时到分行沟通，不久便成功帮客户解决了难题，在开业之初，即通过 5 个亿的低风险业务与当地政府企业签订授信协议，首批 5 亿元授信。

朱辉

认识徐行长十年了，那时还是在华灵支行创业时。十年来，每每见到徐行长都能满满地感觉到拼搏与进取的正能量，一次次从零开始，一次次风起云涌！敬佩老大哥的执着、拼搏与专业！不仅仅是全行员工学习的榜样，更应成为我们所有支行行长与团队长的楷模，为徐行长点赞。

其后，奉贤支行又与多家企业合作了掉期业务、内保外贷业务、黄金租赁业务、港股CB融资等创新业务，还有传统的票据质押、贴现业务、保理业务。通过不断地开拓，截至 2016 年年底，支行企业对公负债规模已达到日均 24 亿元，资产业务规模 42 亿元，经济利润超过 1 亿，在新型资产、转型业务方面也一直走在其他行的前列。

零售业务的开展更要靠口碑效应，但这对于开业之初的奉贤支行而言则是难上加难——很多居民经常是走到门口，头往里探探，步子却不迈进来，这让徐伟峰看在眼里，急在心上，紧急部署了一系列有针对性的宣传计划。

以网点为圆心，2000米为半径，筹建和开业期间的宣传造势很有成效。支行特地制作了宣传折页和小礼品，每天安排六七位员工分上午9点到下午5点，下午1点到晚上8点两班，进入超市、学校、社保中心、医院等人口稠密、流动性大的繁华区域设摊宣传，共发放宣传折页35000份。

开办“金融夜市”，送金融知识进农村，公益传播等也为支行的形象加了不少分。天气炎热时段，支行员工在结束一天的营业后，在网点门外开起“金融夜市”，将产品和服务送到纳凉市民心中。

考虑到奉贤是一个以农业发展为主的郊县城区，老百姓大都金融知识匮乏，金融意识淡薄，但靠勤劳致富的他们又不断积累着家庭财富，对发展中的支行而言也是十分重要的客群。于是，支行在双休日开展“送知识下乡”活动，向在田间地头劳作的农民们宣传防范诈骗、人民币识假、银行卡的正确使用等知识，受到当地群众的一致好评，更提升了招行在这些富裕乡村的知名度。

喻娟

办法总比困难多，此时不搏更待何时，虽未谋面，但倍感亲切。为徐行长点赞。

截至2016年末，奉贤支行的几个网点储蓄存款合计已达6.2亿元，管理客户总资产17亿元，个人客户总数5万户，实现经济利润1200万元。

意外发现VS精挑细选

奉贤支行的开业填补了招商银行在闵行郊区及奉贤区的网点空白，打破了五六十万居民没有一个招行网点提供服务的现状。但是，在偌大的奉贤区，只开一家网点，业务辐射范围终究有限。相比之下，客户总是更愿意接受网点密布的城商行与农商行等银行。徐伟峰明白，远水解不了近渴，客户的需求需要被实实在在地满足。

从家里去支行的路上会途经浦江镇地铁站，徐伟峰每次开车路过都看到地铁口排着上百人的队伍等候进站，但视野

范围内却没有一家银行。浦江镇是上海向南发展的桥头堡，他开车绕了两个多小时也只看到两家他行网点，这让他看到了将来发展零售业务的巨大潜力。发现这一现象的徐伟峰第一时间去附近的企业与居民区考察，又去银监局翻看历年经济发展数据，拜访当地政府申请建立新网点，并与易初莲花上海总部联系，申请在此处建立超市卖场，进一步提升人流量。就这样，占地 140 平方米的零售专业网点在 2014 年底成功建成了。开业仅仅 2 年的浦江镇支行管理客户总资产 8 亿，个人客户总数已达 3 万户，实现了当年开业当年盈利。

招行的网点在经济发达的商业区不断扩张，但徐伟峰深知，在广阔的上海郊县，零售市场亟待开发与探索。奉贤郊区由一个个乡镇组成，每个镇之间都有广阔的工厂与农田用地，开功能齐全的综合性网点成本太高又无法争取足够的客户，不开又无法辐射到整个奉贤区。两难之下的徐伟峰开始尝试小微网点经营模式。他在靠近黄浦江的地方选址建立了西渡小微网点，在这个郊区小镇，仅有两名员工的网点，每年创造的各种业务所带来的利润达到近 100 万。

“西渡小微网点的成功经验给了我很大的启发，小微网点对上海郊县而言是绝妙的布局，既能获客，又能起到很好的广告效应。”随后他又带领团队新开了另外两家小微网点，同样实现了较好的经营业绩。

匿名

实干家，为徐行长点赞。同时，徐行长更应保重身体，健康的体魄是革命的本钱。

尽管网点一个一个地开出来，但徐伟峰始终记得在奉贤支行刚开业时，附近的居民到支行问道：“你们是私人开的银行么？跟旁边的 P2P 理财公司一样么？”这让他深有感触，招商银行在郊县需要知名度，需要被更多的人认可。2016 年，他继续向上海西南方扩展，在同样地广人稀的金山区建立了第一家招行网点，输出人员，输出业务拓展模式，输出客户人脉，开始了又一个突破。

工业发展是金山区经济建设的重要内容，基础建设规模大。徐伟峰带领团队复制奉贤区的模式，以政府投资为切入点，从整个制造业供应链上下游企业入手，陆续与多家国有企业、政府部委等企事业单位合作，取得了良好的客户基础。金山支行从2017年初至今，短短3个月相继落地了10笔资产业务，一步步找到了适合发展的客户群体。

就这样，奉贤支行在徐伟峰的带领下，从成立时的“名不见经传”到现在下辖5个网点，布局从闵行到金山，真正做出了郊县支行的特色经营。

团队导师VS牧羊者

开业初期，奉贤支行只有3个客户经理。奉贤地域广阔，每个乡镇之间距离又非常远，面对庞大的需要开拓的业务市场，单靠这3个人远远不够，所以壮大市场人员队伍迫在眉睫。由于奉贤区距市区路途遥远，依靠分行从其他网点调配人员并不现实，徐伟峰决定“同业挖角”和“自主培养”两手抓，两手都要硬。

资深客户经理杨青，1988年参加工作，1997年开始担任农行奉贤支行对公客户经理，多次被评为农行上海市分行先进工作者。按理说，这位过了不惑之年的“老法师”，早已进入“背靠大山，坐拥资源，想不偷懒都难”的人生境界，是什么促使她下决心离开供职25年的农行，来到招行呢？

“来招行吧，我们需要你！”当徐伟峰和副行长一同登门造访，满怀真诚和热情说出这句话时，杨青的心被触动了。其实，之前也有好几家银行向她抛出过橄榄枝，都被她婉言谢绝了，“做生不如做熟，各家银行都差不多”，这是杨青最初的想法。但面前的两位来自招行的同行却给了她不同以往的感受。他们向她全面介绍了招行的经营理念、特色产品和奉贤支行的业务发展方向，热忱盼望她加盟。

匿名

徐行长辛苦了！取得这么好的业绩跟艰苦奋斗、切合实际的方法是分不开的。银行虽然产品同质化程度非常高，但是拓业路数、管理水平却并不完全相同，还是要用心、同力、持久才行。向徐行长学习。

“对，我们就是来挖墙脚的。我们刚起步，店小根基浅，就是需要你这块扎根国有银行多年，经得起各种磨砺的‘砖’！来吧，来帮我们，招行不会让你失望的！”招行人毫不掩饰的求贤若渴和志在必得，让杨青毅然舍弃了稳定的农行工作，加入到面前这个朝气蓬勃的团队，开始了另一段征程。现在，她已成为奉贤支行公司业务不可或缺的顶梁柱之一，不仅仅在业绩上给了团队有力的支撑，更是大家信任的大姐，是大家感到疲惫失望时的加油站。

对于刚毕业的大学生，或少有经验的银行同业工作者，徐伟峰要做的便是先培养，后放养。用心培养、用力激发、用情留人便是他对待人才的三大法宝。

"开始，员工的基础知识薄弱，大都要从零学起。"徐伟峰面对这一现状，想了很多提升员工专业能力的方法。他不仅自己担任业务老师来教员工，也让员工建立互助教学小组，每天分享一个自己认为值得被借鉴的经验，还邀请奉贤区的其他银行同业和经验丰富的客户来支行进行交流。

最初的半年里，徐伟峰为了方便与员工交流学习，一直住在支行的宿舍里，员工们一有疑问与难题他都第一时间帮着解决。在这半年多的时间里，员工的素质大大提升，支行的业绩也跟着稳步增长。

基础打好了，接下来便是要让新人们闯出自己的天地。奉贤区虽偏远且经济相对落后，却也有两个"上海之最"。它是上海布局范围最广的区，也拥有上海最多的民营制造业。徐伟峰从政府及企业协会拿到奉贤区的4000多家企业名单，让新员工们一一开展陌生拜访。当时公司部的5个新客户经理在半年内累计陌拜了700多家企业，其中，有多家陆续成为奉贤支行的重要客户。

郊区的企业特点与市区有所不同，从分行学到的经验也并不能百分百地适应当地文化，经过初期的摸爬滚打，奉贤支行的员工逐渐掌握了"多一手"的必备技能。见客户前想好突发事件预案，给客户多准备一套Plan. B与Plan. C，如果仍然不被接受，要虚心地向客户请教，"您觉得可以怎样"远比"您还想怎样"能收到更令人意外的效果。这些经验都是徐伟峰让员工们在一次次走进死胡同后的自我碰撞与摸索得出的。

苏式菜

掌声背后的思考！从城市银行向县域行转型，业务市场下沉、做实客户市场，是招行战略转型重要取向，也不同于城区支行。但对远离市区，客群、市场完全不同的城市郊县和发达地区县域支行，目前存在市场定位、运营、管理政策基本照搬城区支行那套，部分县域支行开业多年业务发展缓慢，建议总行系统研究县域发展政策和推进规划。

见过徐伟峰的人都知道，他戴着眼镜、文质彬彬，被慢性病长期困扰的身躯甚至有些瘦弱，但他反应极快，与人交谈自带气场，他完美地将智慧与斗志转化成源源不断的能量，生动写就了一名创业开拓者的传奇故事。

成就零售之王

2004年，招商银行在国内同业中率先提出经营战略调整，将零售业务作为全行发展的重中之重，喊出了“不做批发业务现在没饭吃，不做零售业务未来没饭吃”的口号。

十年后的2014年，招行明确“一体两翼”战略定位，以零售金融为“一体”，以公司金融、同业金融为“两翼”，进一步凸显零售金融战略地位。

张东："争第一"是一种使命

◎俞　婷

访谈人物：总行信用卡中心总经理　张　东

编者按：1994年6月，张东加入招商银行。一路走来，他始终将"争第一"视为工作使命，将效益、质量、规模、服务的平衡发展视为核心能力，将风险管控和合规经营视为管理准则。他乐于接受各种挑战，将每一次挑战比作一场攻坚克难的战役，擅于"主动出击，沉着应对"，并且坚信，打赢了一场战役，就能再越上一座山峰，而山峰的那一头，更有一番葱郁好景。

荆涛

原来在中台，对第一的概念是模糊的。但是到了卡部，客户经理要争第一，争小组第一，争卡部第一，推广经理想争全国第一。汽车分期想争第一，获客规模想争第一，两票交易量想争第一。你不想第一？你会觉得浑身不自在。到了总部，也被张总勇争第一的气氛感染了。可以说，卡中心自上而下，自下而上，都是争第一的文化，才诞生了一个又一个同业第一。踏遍青山人未老，风景这边独好。

见到张东的时候，他刚刚参加完一个会议，访谈地点约在了他的办公室，一个小型圆桌前。桌前的落地窗干净、透亮，窗外的天空有点阴云。电脑旁的小型盆栽格外引人注目，嫩黄色圆球状的花盆中有一株小苗苍翠欲滴，与窗外的阴云天气对比鲜明。

眼前的张东沉稳、理性，又平和、亲切，正是凭借这样的气场，他带领信用卡中心一万多名员工投身于硝烟四起的互联网金融战场，冷静指挥、沉着应对，赢得了一场又一场漂亮的战役。

"第一"也需有的放矢

张东与零售银行业务的结缘要从2003年讲起。"早在九十年代初，招商银行就开始布局零售银行业务，现在看来，这个战略布局非常了不起。”2003 年 4 月，张东被调入深圳分行东门支行担任行长助理，分管零售银行业务。那时的东门支行各项考核指标平平，几乎没有特别拔尖的业绩排名。

“一直以来，我对团队的要求是要永争第一，即便不能全面第一，也要单项领先。”凭借着敏锐的市场嗅觉，张东找到了东门支行发展零售银行业务得天独厚的优势——房地产发展商众多。他当机立断，选定“按揭贷款、零售信贷”作为支行发展零售银行业务的突破口，并为此组建专门的团队，在楼盘按揭贷款业务上集中优势兵力、实施重点突破。

当时各家银行的按揭贷款业务竞争相当激烈，一个楼盘多家银行竞争，各凭本事“抢客户，争市场”。面对挑战，张东迎难而上。在驻点期间，他发现大亚湾核电站的职员收入稳定，随即提出“先贷款后抵押”的业务模式。事实证明，这一尝试既有所创新又风险可控，开创了招商银行“直客式贷款”的先河，成为招商银行零售银行业务发展的经典案例之一，一直沿用至今。

很快，东门支行的按揭贷款业务全面铺开。为了获取更多的市场份额，张东每个周末都会“转楼盘、抢客户”，以至于到现在他还对深圳的楼盘如数家珍。身先士卒的同时，他为业务团队制定了一套“占比硬指标”——在一个按揭楼盘里市场占比份额达到 50%以上的为优秀团队，30%~50%的为良好团队，30%以下的就是不及格团队。“重压”之下，东门支行将“按揭贷款突破战”打得相当漂亮。

2003 年 12 月 31 是年终决算日，同时也是深圳分行各一级支行的考核指标“决战日”，决算的最终结果：东门支行的按揭贷款发放额位居第二，与第一仅一步之遥。“很可惜，但在意料之中。”原来，在决算日当天，东门支行从计划办理的一单金额达三四千万的按揭贷款中，发现了业务风险，于是果断放弃。“对于风险我们要有敬畏之心，要在风险管控与业务发展之间求平衡，第二也挺好的嘛。”张东呵呵一笑，很释然。舍弃唾手可得的第一，守住的却是招行人骨子里的审慎与稳健。

匿名

争第一是个再直白不过的目标，过程让人感到压力，结果让人感到骄傲，回忆让人感到热血。

接踵而至的“第一”

匿名

在总行营业部工作时候的老领导，感谢他当年口传身授的工作方法和招银精神。

2005 年 4 月，张东就任招行总行营业部副总经理，分管零售银行业务。彼时，总行营业部率先提出筹建“金葵花”财富管理中心，目标客群为存款五百万元以上客户。“随着资产的增长，客户已经不满足于专属通道、优先办理这些外在的服务，而是对财富管理的专业性提出了更高的要求，所以做出特色，以最优方案满足客户需求是我始终在思考的方向。”相较于分行、支行而言，总行营业部无需背负较大的存款压力，更有条件进一步发掘和满足客户的资产保值增值需求。

2005 年 8 月，招行第一个“金葵花”财富管理中心正式开业。从 0 到 1，筹建期不到 4 个月，张东作为筹建财富管理中心的主要负责人，也因此成为招行财富管理业务的奠基人之一。

张东最初的尝试是在客户经理的考核指标里，将理财产品按一定系数折成客户存款，有效调动了客户经理向客户推介理财产品的积极性。按照这样的思路，张东以总行营业部作为创新“试验田”，率先试点。试点的效果远超预期：招行的财富管理服务让客户非常满意，客户的存款非但没有减少，越来越多的客户开始将他行的存款转至招行账户。

“通过这次实践，我们确定了以 AUM 为中心的考核思路，实实在在地践行‘以客户为中心’服务理念，客户经理不但摆脱了存款指标的束缚，业务创新能力也得到激发。”其后，张东参与筹建了招行第一家私人银行中心。

其时，招行的理财产品销量排在中信银行和光大银行之后，为了提振整个财富条线的信心，张东参与部署了由总行发起的“理财超千亿”活动。2007 年 12 月，在履新四个月后，招行的理财销售总额即突破千亿元大关，奠定了招行财富管理业内领先的地位。“踏踏实实‘以客户为中心’，以市场为导向，才能真正达到满足客户需求的服务宗旨，‘因您而变’始终是招商银行的立行之本，亘古不变。”要么不做，要做就做到最好，这一直是张东的信念。这种“争第一”的精神也为他在境外市场——永隆银行的拼杀突围提供了原生动力。

2011 年 7 月，张东就任永隆银行有限公司副总经理，仍然分管零售银行业务。“永隆银行在招商银行收购前的 75 年里，一直是纯本地的、较保守的家族经营的商业银行，与内地联动非常少，整个体系都比较老化，系统也跟不上，当时我们花了相当大的功夫。”张东回忆道。

彼时，在零售业务领域重点开展跨境财富管理服务成为招行与永隆内外联动发展的重要战略之一。面对“底子薄、基础差”的永隆银行，张东提出“五个一”的战略部署，即一条见证开户的高速公路，与招行一样的客户服务体验、一支优秀的客户经理队伍，一套全面的产品体系，一个领先的财富管理系统。永隆从渠道和产品调整入手全面推进体制改革，推出了“全贷通、保贷通、境外家族信托”等创新产品和服务。这次改革的成果是丰硕的：短短两三年的时间内，永隆的跨境财富管理能力位居香港中资机构第一名；2012 年，招行第一家境外财富管理中心正式成立；2014 年，招行第一家境外私人银行中心——永隆私人银行中心正式开业。

“争第一”要趁早

“卡中心团队规模大，特别有活力，像一个活力四射的年轻人。对于新生事物我很有兴趣，我乐于接受这种挑战。”2015 年，张东就任信用卡中心总经理，相较于之前奋战过的工作岗位，张东感觉到信用卡中心团队特征鲜明：年轻有活力，逻辑思维强，也更接近移动互联。

张东随即话锋一转：“我们是商业银行，所处的监管环境与互联网企业有很大区别。如何在强金融监管、强舆论压力、强消费者权益保护下求生存、谋发展是信用卡发展面临的重要课题。招行不可能像互联网企业一样去试错，必须确保业务创新的主动出击和业务发展稳健之间的平衡。”

贾智勇

印象特别深刻，在卡中心文化墙上张总“永争第一”的题词，一点一滴感受，入心入形，为张总点赞，为招行、为卡中心点赞！

有挑战，更多的则是机会。“好在我们的方向是明确的。发力金融科技，整个卡中心从客户聚焦、数据驱动、信息驱动、人才驱动、Test&Learn的方法论五个方面对标Capital One。”张东喝了口水，继续道，“在正确的道路上需要持续创新，但更重要的是将创新精神渗透入每个人的血液中，把精神传承下去。”

2017年的农历春节来得特别早，信用卡中心的年初工作会也是历年来召开得最早的一次。在这次会上，“永争第一”的张东提出了“战士指向三千，更加郁郁葱葱”的年度工作目标：信用卡中心年内要实现获客数量新增千万、贷款规模增量达到千亿、掌上生活App的绑定量新增千万的三大业务目标（简称“三千”战略）。

“‘一年之计在于春’，年初就应该有一个激励斗志的指向，我觉得毛主席的诗词更能代表我们的气势，达不到‘三千’，我们就做不到第一。整个团队要有理想，要有追求。”张东语气中透着一股韧劲，“启动早，才能行动快。2015年，我就提出，‘考核指导意见’‘预算分配方案’‘考核分解目标’三个文件必须在12月31日以前发出来，而且是正式发文，如果发不出来，所有部门不许下班，我也不下班。这两年都是这样执行的，以后还是会这样。”

“第一”消费金融App

首先传来捷报的是掌上生活。2017年8月18日，掌上生活App绑定用户数突破4000万大关。从3000万增长到4000万，掌上生活App这次只花了9个月时间。“决心大、信心足、布局早，‘千万’的目标一经提出，大家都很振奋，各个部门围绕着这个目标提出了细化的方案，把这个‘一千万’通过哪些渠道、哪些方面去实现都做了分解。”谈到来之不易的成绩，张东有感而发，“前台部门通过客户获取、客户经营、市场宣传细化目标，中后台部门在资源方面给予支持，所有部门围绕目标形成合力，共同努力。”

匿名

招行信用卡是招行零售业务的金字招牌，多年来深受客户的喜爱，市场地位不言而喻，当年也是先人一筹，如今的掌上生活，更是棋入高境，百卉千葩。张总一直是个谦虚、和善的好领导，不仅专业，也很敬业。做信用卡中心掌门人后，更是带领信用卡团队精益求精，在线上线下的消费渠道中谁人不识“掌”，品牌响当当。

“这1000万新增客户中，纯他行客户就占了四成，这主要得益于我们在做App5.0版时就实现了向多家银行持卡人全面开放平台的功能。热门的视频网站、IP品牌，我们的‘饭票’‘影票’业务，还有MGM（客户推荐客户）业务，都是用来吸引用户的手段，‘投其所好’才能抓住用户。”张东总结道，“此外，获客节点也很重要，新户开卡、旧户续转卡都是最佳时机。”张东分享了这场掌上生活App成长路上里程碑式的战役。

风起云涌的消费金融市场，在经过近两年的野蛮生长后，银行作为重要的参与主体正渐渐走向舞台中央。8月28日，信用卡中心顺势而为，推出掌上生活App6.0版本，以金融科技为“核动力”，提出打造“第一消费金融App”的理念。“这个‘第一’是我当时给整个团队提出来的，我希望掌上生活App不仅要跟同业竞争，还要跟异业竞争，在消费金融这个垂直细分领域我们能够争取到第一。”张东语气坚定。

“第一消费金融App”的概念并非随意提出，在其背后有着一整套完整的系统、流程与产品支撑，对于App6.0而言，最具特色的莫过于“e智贷”。“对于消费者来说，如何找到既适合自己又值得信赖的产品成了一个普遍难题。而我们的‘e智贷’很好地解决了这个问题。用户打开掌上生活App后，在最醒目的位置即可看到‘e智贷’显示的‘最高可借金额’，在选择金额、还款偏好后，系统会自动推荐相关产品并支持‘一键申请’，非常便捷。”

匿名

看到各种第一，作为卡中心人有强烈的归属感和荣誉感，很幸运自己在其中贡献了微薄的力量。

8月还未结束，第二个“一千”目标——贷款规模新增量突破千亿随即完成。“我觉得干工作就是要朝着第一的方向，否则我会觉得自我潜力没有激发，团队的潜力也没有激发，荣誉感、自豪感都激发不起来。”与此同时，信用卡中心始终强调效益、质量、规模、服务协调、持续发展，在年度银行业综合系统评价、顾客最满意品牌评选、银行机构综合评价，乃至银行系统纳税排名中均荣获了第一的好成绩。

2017年的上海经历了35个高温日，打破了这个城市自有气象记录以来的历史最高温纪录。与此同时，招行信用卡的各项业务也在火热进行中。2017 年掌上生活 App 总下载次数达到 1.35 亿，位居同业第一。“你看，又是一个‘第一’，又越上了一座山峰。每一个‘第一’，都为以后的若干个新的‘第一’奠定了基础。每一个‘第一’，都是向招商银行信用卡更加美好的未来迈出的一大步。”看到这样的结果，张东很满意，而对于 2017 有关新增获客的最后“一千”目标，他信心满满。

褚洪珺：拾得丹心一片

◎胥天玮

访谈人物：上海分行人力资源部总经理　褚洪珺

编者按：这些年，褚洪珺获得的荣誉星光闪耀，外有上海市"三八红旗手"称号，内有总行"感动招行十大人物""招商银行2016年度5A卓越人才"等。在荣誉背后，她还有着多重人物身份：始终坚持"因您而变，因势而变"经营理念的"当家人"；将"服务、创新、稳健"作为核心价值观的"一把手"；倡导"快乐工作，快乐生活"观念的知心大姐；更是不断探入创新腹地的招行"二次转型"践行者。

连柏林

小褚来上海的第一天，我就认识她了。十三年，我看着她一步一步走到今天。初到上海这个陌生的环境，她也有过困难，有过痛苦，但她总是乐呵呵！她把这些苦，难，累都化为对招行的爱！她工作过的单位，大家都很喜欢她，敬重她。祝福褚洪珺。

"坚守寂寞，成就荣耀；点点滴滴，造就非凡。招行而立，赞美英雄。"2017年4月8日，在招商银行成立30周年之际，褚洪珺收到这样一条消息。这一年，也是她党龄的第30个年头，她深情地在朋友圈写下"30年不短，30年不悔"。工商银行13年，招商银行16年，她的职业生涯征途很长，路线很简。属相为马的她，有着伊犁马的挺拔与韧劲，逾沙轶漠、道远知骥、素有悍威、禀性灵敏。

做"招行的苹果四代"

说褚洪珺是个创业者，一点都不为过。曾经，作为招商银行乌鲁木齐分行唯一身兼部门总经理和支行行长的创业先锋，褚洪珺为招行这朵金葵花在雪域天山的盛放，付出了比常人更多的辛劳。但是，一场突如其来的变故，却给她的身心造成了巨大创痛。2002 年，她的丈夫奋不顾身勇救他人而牺牲，她忍受着失去亲人的无比痛楚，把坚强与微笑留给了家人、同事和招行。

2004 年底，褚洪珺只身带着年幼的女儿，来到人生地不熟的上海，开启了一段人生新征程。之后，她用了 6 年的时间，将上海四平支行的规模与服务水平发展到一个新高度，在 2011 年的“中国银行业百佳服务网点”评选中，四平支行成为上海分行第一家，至今仍是唯一一家“中国银行业百佳服务网点”。同年，她也获得了招商银行系统“感动招行年度人物”荣誉。

在获评“感动招行年度人物”前，几乎没有人知道她在来上海前的故事。时任支行副行长的司洁璐说：“其实我知道褚行长并不想被选为感动人物，因为她平时一直很低调，所有的荣誉都让给员工。还因为她不愿触及伤痛，更想平静地工作和生活，连我们都不清楚她的过去，她从来没有提过她丈夫的事，不曾提过她曾是国有银行的副处长。”

“四平支行就像我在上海的第一个孩子，那会儿我们自称是招行的‘苹果四代’，这里边还有一段小故事。”褚洪珺回忆起刚来上海的日子，笑眼盈盈。2011 年的春天，上海分行迎来二十岁生日，四平支行全体干部员工作为优秀支行的代表登台感言。那年网络上流行这么一句话：世界上最远的距离就是我们一起出门，你去买苹果四代，我去买四袋苹果。四平支行则说，“美国的苹果改变了世界科技的轨迹，中国的招行引领了零售银行的潮流，四平招行就要做‘招行的苹果四代’。”虽是一句玩笑话，但犹见言语间的壮志豪情。

早年的四平支行，零售客户经理靠着招行的一些客户资源，在考核压力以及同业高薪高职的诱惑下全部跳了槽。褚洪珺一咬牙，决定亲自手把手培养新人，“队伍年轻点没关系，只要肯用功，一定能够做起来的。从零开始，我招了 6 个应届毕业生，每天白天上班、晚上交流学习，点点滴滴积累、磨练出

周昕

记得那一年，作为乌鲁木齐分行的首批员工，与褚总一起奋战。从一台台电脑的安装，一根根网线的连接，一场又一场产品推介会，褚总一直是我学习的榜样！祝福我在招行的第一位领导青春永驻。

匿名

褚总是一位有人格魅力的领导，看到她，感觉像家人、朋友、大姐姐，谦虚、谦和、真诚、包容！

林磊

作为褚总培养的零售干部，真心感谢褚总给予的指导、帮助。您带领四平零售一路向前，机构综合排名进入分行前列，同时又引领一帮新兵蛋子从稚嫩到成熟。真心感恩职业生涯中有一位您这样严厉又慈爱的导师，祝福您平安幸福、身体康健。

来了。”

如今，最初的“新兵蛋子”们已经走上支行行长、部门经理、私人银行客户经理岗位。三年不到的时间，她培养的队伍在分行低柜理财专员和贵宾理财经理排名中均列前 30 名，2010 年更是囊括了分行零售平衡计分卡、零售部经理、大堂主管、贵宾理财经理和低柜理财专员排名全部榜首。

现在褚洪珺讲到那一个个优秀的年轻人，还能第一时间叫出他们的名字。离开四平支行之际，她给团队的每个人送去了殷切祝福：

“颖佳完成了人生两件大事也变得更沉静美丽了，给你做证婚人可是我在四平的封山之证了。

“嘉敏你要坚持给自己打基础，要不断提高！别忘了我是你的面试官，你可不能给我丢脸哦。

“凯华来四平的时间不长，但我很高兴你体会到了这个大家庭的爱与精神，我相信这份记忆会伴你终生……”

最后，褚洪珺跟团队做了个约定，“我跟他们说，你们谁有了人生中的进步和好消息，一定要发个邮件或信息给我。我想三年后、五年后他们都会有很大的变化，我很期望听到他们的消息。”面前的褚洪珺从容、淡定，让人很难想象就是这位身材娇小的女将创造了这么多令人惊喜的成绩。

司洁璐

看到这篇文章，往事又历历在目，好多事情文章中不能一一列举，但都深刻的记在我的脑海里。和褚行相处的 6 年是我人生宝贵的 6 年，做事、做人、做业务我都从她身上学到很多，一生受益。生活中她真不容易，但她从来不会为困难低头，工作中她也严于律己，身先士卒。衷心地祝福褚总和她女儿永远快乐，幸福平安。

再造一支钢铁之师

初识褚洪珺的人，总以为她的名字取意于“红军不怕远征难”，因为不论多苦多难，她总能带领团队“三军过后尽开颜”。总行战略发展部总经理、培训中心主任刘小明曾经是褚洪珺的分管行长，他评价褚洪珺是个有智慧有激情的“拼命三郎”。见证过她在招行一路走来的刘总说，“这十年来，看着她更加坚强和成熟起来，我想对她说：你不仅成就了一个个英雄的团队，而你也是一个个团队中当之无愧的英雄！”

2012 年，褚洪珺迎来职业生涯的又一次转型，作为分行营业部的“当家人”，她用两年的时间重塑了一支全面发展的钢铁之师。“我的职业生涯就是在不断的转型，外在的环境逼着我不得不因势而变。到营业部后，学习掌握新兴融资产品不仅是团队创新转型的关键一步，也是自我转型的关键一步。”

章雯倩

为褚总点赞，为褚总喝彩。曾经在褚总的带领下，不畏苦难，勇拓客源。虽然职业生涯兜兜转转，但是自己永远忘不了褚总对于我的关怀与教导。

上海某新城项目新兴融资落户，是营业部对公业务的一场漂亮攻坚战。现在回想起来，褚洪珺仍记忆深刻，“从发现商机到最后落地仅用了22天，这笔业务也是总行迄今为止最大金额房地产创新型融资性理财业务，为分行带来对公时点存款的同时，还争取到了借款人控股集团的对公业务。”

个中艰辛与付出褚洪珺不愿多谈，褚洪珺将这一完美的成绩归功于营业部的小伙伴，“是团队的通宵达旦，才能保证在22天里完成实地调研、资料搜集、报分行审批、再报总行审批等各项工作，是总分支行链条上每个环节连续两个双休日的接力‘加速跑’才让业务快速进入各项流程‘快车道’。”2013年，褚洪珺与她的团队在对公、零售有贷户RAROC、批发非息、新兴客户融资总量、增量、定价调整后的小企业贷款增量、对公理财中间业务收入、现金管理中间业务收入项目均排名分行第一，突出的成绩得到分行两次贺信表扬，她本人也获得了上海市“三八红旗手”称号。

2014年“开门红”，上海分行营业部却遭遇了史上最深的对公存款“天坑”。连曾经的对公存款大户都不好意思地说，“往年在招行我们都是三十亿存款的绝对大户，今年只能算是三千万存款的小企业户了。”刚开年便面临如此巨额负增长的存款，褚洪珺骨子里骏马的性子又被燃起，“绝地反击，纵身一跃，没有退路，更要大步加速前进。”2014年上半年，营业部全折人民币存款较上年增长了87亿元，上半年经济利润较上年增长了1.49亿元。这“不可能的任务”在紧盯目标抓执行、注重效率出成果的褚洪珺面前，都成了每每忆起尤感峥嵘的回忆，“我的团队跟我上，绝不能辜负团队的信任。”

李程

很荣幸入行时就能在褚总的团队里工作和学习。我在分行营业部轮岗的时间不能算长，离开营业部也已两年有余，但在营业部的时光仿佛就在眼前。褚总对事雷厉风行，对人和蔼亲切，是独具人格魅力的银行家与改革家！为褚总点赞，向褚总学习。

军队中有句口号叫“首战用我，用我必胜”。在这位女将麾下，一队铁军日渐炼成。团队人数过百的分行营业部协作无间，各条线员工都有了精细化的考核方式，与人性化的管理模式。“我们在团队内部率先实施起的公私联动考核机制，大大激发了对公向零售转介的热情，代发业务、产品创设都实现了飞跃式的发展。”从“吃大锅饭”的一体化经营，到各岗位人人都有一张绩效考核表，从前半年的适应期到后来一年的全面落实，更多的员工感受到了不同以往的动力、激励，明确了职业发展的希望与方向。仅2013年一年，营业部便向分行输送了5名中层干部。

超大份“积木搭建”

2014年末，上海分行践行事业部制改革，这一次，褚洪珺站在了职业生涯的又一个拐点。她肩负零售金融事业部整合职责，需要带领分行零售金融团队由传统“管理推动”向“管理+经营”转变。这不亚于再度创业的重任将担任了十余年一把手的她，推向了零售金融事业部改革的浪尖。

“事业部的体系搭建工程就像打开一包超大份的乐高积木，总行给的说明书有框架，分行原有的架构里包含着零件，但框架里组装什么零件、如何排列组合、是否要组合零件新建结构……”这些问题一一摆在褚洪珺的面前，并随着改革的深入似乎有增无减。

匿名

事迹感人，文章动情，评论更是让人不由得泪湿眼眶。褚总转至零售事业部负责人之后我与她有工作上的交集，亲身感受到褚总思路清晰，雷厉风行，今天才了解到褚总大爱无疆的另一面。为褚总送上深深的敬意，浓浓的祝福。

但就像乐高积木的组合不仅需要充分的想象力，还需要对每个零件十足的了解，褚洪珺手里拿着事业部的架构图，很快沉下心来投入到零售业务研究中去。从部门调整到人员补充，零售金融事业部每一个人员的招聘、每一寸图纸的确认、每一步缜密的调整、每一份资源的调配，背后都有她同团队不计回报的付出。

体系搭建的过程不废不立。大财富队伍的整合就是其中一例，从财富管理部与私人银行部，到财富管理部与私人银行中心，看似一字之差，其实是对财富管理体系中客群贯通思路的坚定执行。为了保证客户向上输送的通畅，褚洪珺下决心整合大财富：原有架构下“各家自扫门前雪”，客群发展受到局限，重组中矛盾重重，也不乏持观望态度的干部员工。“改革是需要点狠劲的。”褚洪珺一面做着队伍整合的情绪梳理，一面快速充实私银团队。2014 年三季度到 2015 年，上海分行新增了 2 家私人银行中心，升级了 2 家财富管理中心，补充了近一倍的客户经理队伍。2015 年新增私人银行客户一千多户、超高端客户近两百户，创下了分行十年私人银行发展史上增速最快的一年。

事业部改革从形似到神似，褚洪珺与团队也历经了脱胎换骨的一次洗礼，“十年支行行长岗位的历练，让我最初对改革还是心存疑虑的，但亲身经历的这两年，从无到有的‘积木搭建’，我真切感受到了条线划分后明晰的资源整合对于业务发展的重大意义。”

五角场

感谢褚总对我的帮助，在我最茫然的时候伸出了关爱的手，虽然平时和您接触不深，但是您对我的教导永记在心，我也会努力奋斗，快速成长不辜负您的期望。不忘初心，大气为人，懂得付出，关爱他人。

“家人”越来越多

“我们曾将自己比作被招行选中的骁勇战马，为上海分行的发展拼杀战场……我们亦曾幻想过一马平川、天马行空的世界，任梦飞翔……”这是褚洪珺写给团队的一首诗歌。

2016 年 10 月，她走马上任分行人力资源部总经理。从带队一家支行的行长，到管理分行将近一半员工的零售“大家长”，再到为分行干部员工提供制度保障的人力资源“大总管”，外人看她是“兵”越来越多，她却笑称是“家人”越来越多。

与工作作风的雷厉风行、率先垂范相比，平日里，褚洪珺更是一个谦虚谨慎，见困难就上，见荣誉就让，勇挑重担，敢于担当之人。

“铁军不仅是用兵狠，更重要的是要爱兵切。每天夜里两三点了，指战员都要去查哨、查铺，看看有没有战士偷懒打瞌睡的，也看看有没有战士被子掉了的，好及时给盖上被子。”

匿名

“马不扬鞭自奋蹄”是想到褚行长脑海中就出来的第一句话。还有一个画面就是上班第一天，她笑着对我说，“你是我挑中的，我相信你能把对公业务做好，要好好融入公司部这个大家庭。”最后一个画面，就是含着泪送她离开，她还是那句话，“你没问题的，我相信你！”一转眼，9 年过去了，但一切还是历历在目。感谢褚行长对我的培养，更庆幸您是我人生的第一个领导，第一个大家长。感谢您在我迷茫和思绪不清的时候，给我的指点、支持和帮助！永远爱您，尊敬您，祝福您。

“我在上海没有亲人，我的员工、我的客户就是我的亲人。”说到动情处，褚洪珺眼里有光点在闪烁。她连续多年坚持和团队一起徒步，从白天到黑夜，二十五公里的徽杭古道愣是被她和团队甩在身后；员工婚礼上，她会精心地为每对新人准备感人至深的证婚词，传神而又温馨；每年的母亲节，她会为每位员工的母亲，包括身在外地的员工母亲亲笔写上感人的祝福，送上节日的问候；特困员工家有难处，她会及时嘘寒问暖，并发动集体的力量献上众人爱心；年轻员工儿女情长、婚恋纷扰，都愿到她这里道家长里短……太多太多的大事小事，从不同的侧面勾勒出“母亲”“大姐”“领导”的多重身份轮廓。

招行而立，向卓越致敬，更向绘就卓越的青春致敬。在招行的十六年，褚洪珺就像不停飞驰着的骏马，拾得一片丹心，用似水柔情和质朴言行为招行梦添就了浓墨重彩的一笔。

胡介："胡教授"的疯狂与浪漫

◎杨思思　俞　婷

访谈人物：信用卡中心客户经营部总经理助理胡　介

编者按：胡介，1985年生，土生土长的上海人。2007年，胡介加入招行，今年恰是他入行的第十个年头。这十年，中国经济金融环境错综复杂，传统银行业面临互联网金融的巨大挑战；这十年，他从一名基层员工成长为优秀的管理者，在日益激烈的市场竞争态势下，带领信用卡中心消费信贷产品营销团队打下一场又一场攻坚战，并荣获招行2016年度"十佳营销团队"的殊荣。

在团队伙伴们的眼里，胡介是一个"集万千标签于一身"的奇男子：拼命三郎、生活家、教授、指挥官……初次见到他，是个春日的上午，杨柳于人便青眼。胡介正与团队成员们讨论着业务，声音不疾不徐，在表面的和煦与平稳中，指挥的却是消费金融之战的风云雷动。而那些标签也在接下来的访谈中被一一验证。

细说标签

刚入行的胡介就职于信用卡中心风险管理部，负责风险策略的制定工作。接手这项工作没多久，胡介就遇上了一个"麻烦"——系统开发资源有限，他负责的项目暂不做排期，何时能

"排上队"？未知！

这个结果让胡介立马"抓狂"，为保障业务的如期上线，他第一时间向直属领导"请愿"，要求直接加入"码农"大军，参与系统开发工作。当然，没有金刚钻也揽不起瓷器活，毕业于上海复旦大学软件学院的他，对于系统开发工作满怀信心。

匿名

周一早上，来一碗鸡汤，斗志满满。阅读全文，仿佛亲身经历了数场战役。一次次让同业投来羡慕目光的背后，都是招行人辛勤的汗水付出。共勉。

就这样，胡介白天在风险管理部从事本职工作，下班后便投身于系统开发的战场中。在客户授信额度管理项目最后冲刺的一段时间里，胡介曾创下了36个小时未曾合眼的"壮举"。"只要自己认定的目标，为了完成它，我有时候是会有些执拗，甚至可以说是疯狂。"谈到这段经历，胡介说得有些不经意，但从他的话语中仍然能感受到一份坚定。

这件事情之后，胡介的身上便有了第一个标签——"拼命三郎"。与别人不同的是，胡介并非纯粹的工作狂，"别以为我脑子里全都是业务，我也是个生活家，我喜欢文学，也喜爱美食……"胡介开玩笑道。事实上，胡介确实能分辨出几种大米的味道，侃侃而谈它们的产地和特色，也知道隐秘但精致的饭店，推荐出一些不可不试的招牌菜肴，他还会尝试不同的钢笔，连墨水都有一个好听的名字——雾雨。业务之外，胡介还会跟同事讨论喜欢的文字，晏几道的词曲、张中行的哲理、刘墉的平实、陈乃珊的细碎都是他讨论的范围。"在有限的休闲时间里，优秀的文学作品可以体验出截然不同的人生况味，其实骨子里我是一个浪漫的人。"

三年后，胡介从风险岗转至市场企划部，主要负责信用卡产品开发工作。这次转岗，让胡介的工作内容从原本相对纯粹的风险数据分析，转变为需要纵观全流程的信用卡产品研发，他的战场也从"二线"冲刺到了"一线"。于一般人看来，这种角色的转变着实是个不小的挑战，但于胡介而言，非但不尽然，反而正中其怀。

信用卡的产品研发是一项全流程的工作，从产品合作伙伴的甄选到产品研发的谈判，从产品规划到拟定开发需求，从系统测试到最后的上线营销，可以说每一个环节都需要 PM

（Product Manager 产品经理）缜密的逻辑思维，以及对流程把控的精准拿捏。虽然胡介将每个过程都说得很轻松，但是我们仍然能明显感受到其背后付出的努力。

"其实在金融结构内，逻辑和方法论是一致的，只是日常工作形式上会有点变化。"说起那次转岗经历，胡介很从容。做PM 的经历也让他收获了另一个标签——"胡教授"。

"是这样的，我担任过一段时间的数据培训工作，逻辑与方法论不离口，没想到大家便给我安了个'教授'的帽子，其实并没有那么夸张。"提及'胡教授'这个称呼，胡介边说边摆摆手，显得有点不好意思。

事实上，这个"教授"有口皆碑。胡介不仅在工具型培训上给新员工提供指导建议，也通过分享型培训及言传身教，去训练他们的逻辑能力。"吾尝终日而思矣，不如与教授交流须臾之所学也。"从学员们由衷的感慨里能听到对胡介的褒扬。

第一场"客户保卫战"

2015 年，面对错综复杂的经济金融形势，信用卡中心全面调整客户经营战略规划，扩展客户经营部的规模。凭借着对信用卡金融产品的深入了解和对信用卡金融业务的全面掌握，胡介再挑重任，担任客户经营部总经理助理。

彼时，"双十一全球狂欢节"经过前几年的发酵，终于在 2015 年达到井喷状态，各商家、运营商也纷纷踏足这场中国电子商务行业的年度盛事，而信用卡作为消费者的重要支付工具，必然也是这场盛事的主角之一。

冰雪奇缘

平日里只看到呈现的业绩数据，今日才了解业绩背后的拼搏和努力，钦佩，向教授学习。

"在我看来，阿里的'双十一'是一次契机，谁的支付体验好，客户就会选择谁，这虽然很残酷，但这就是现实，我们肯定不能放过这样的机会。"2015 年的"双十一"是胡介升任总经理助理以来面临的第一场"客户保卫战"。

"晚上一定是个不眠夜，我们团队的全体成员 24 小时轮流值班，为全天的交易稳定保驾护航，并以优异的成绩圆满完成这场保卫战。”回忆第一战，胡介掩饰不住的自豪。这一年，招商银行信用卡在“双十一”当天交易金额突破百亿，赢得相当漂亮。

可是，“拼命三郎”怎会就此罢休？接下来，2016 年的“双十一”，招商银行信用卡交易总量再创新高：交易金额同比上升 37.4%；交易笔数同比上升 35.6%；携手支付宝，创造并发量支付峰值新高，较 2015 年的支付性能提升了 3 倍多，为客户创造了顺畅的消费支付体验。

每一个数字的背后都是奋斗的印记。那段时间，胡介“拼命”的程度更加“变本加厉”，以 7×24 小时随时在线的状态背负起更大的责任。半夜三点的邮件他都能“秒回”；每次团队成员们在来安路的加班都有他的陪伴；连负责职场晚间巡逻的安保人员都认识他……从 2016 年 5 月开始，胡介与他的团队便着手布局系统优化工作，先后进行对账文件改造、清算日期返回改造、有效期系统优化、二级商户信息优化等多项优化工作。同时，首次启动虚拟商户测压平台，在历时 6 个月的优化工作中，共完成 5 轮系统压力测试，使得支付处理性能创历史新高。

匿名

有幸作为胡教授的下属，工作上亲力亲为，经常加班到深夜；对待同事体贴周到，不仅授之以鱼，还授之以渔，让基层员工习得方法论。

“‘双十一’活动开始前的一周，我们的心态其实很轻松，甚至可以说特别期待‘零点’数字翻滚起来的那一刻，因为那一刻，那些数字，才能证明我们近半年的努力是有价值的。”说起这段经历，胡介难抑兴奋之情。

“我很喜欢那句 SLOGAN——关键时刻，更多人选择招商银行信用卡。这句话是客户对我们的信任，也鞭策着我们不断力求完美。”胡介的办公桌上摆放着一封来自蚂蚁金服副总裁的感谢函。于他而言，这不单是一份来自合作商的认可，更是他朝新目标前进的动力。

快人一步的“指挥官”

在经济新常态下，消费对经济增长的拉动作用更加凸显，消费金融迎来新一轮发展,各大银行更是加大了消费信贷的争夺力度,整体竞争呈现白热化。如何抢占有利的市场先机,如何在日趋激烈的竞争中异军突起,成为摆在胡介面前的一份新考卷。

生如夏花

有幸在信用卡中心与胡教授探讨过业务，逻辑缜密、文采非凡，韧劲狠劲值得学习。

“其实这又是一个剖析逻辑与方法论的过程，产品布局、客户用卡管理、数据经营都是我们手上的‘武器’，擅于用好这些武器，我们的优势就会很明显。”说起消费信贷产品，“胡教授”的风范再次显现。

2016 年苹果秋季新品发布会于美国当地时间 9 月 7 日上午 10 时(北京时间 9 月 8 日凌晨 1 时)举行,招商银行拔得头筹,成为全国首家且是独家与苹果官网开展分期双免(免手续费、免利息)活动的银行。“苹果的双免分期挺惊心动魄的,发布会前的 8 小时我们才被告知获得了独家双免分期的授权。”这段经历让胡介由衷感慨。

招商银行信用卡分期产品较同业而言,在成本定价方面并没有太大的优势，要打下“苹果双免分期”这面大旗着实不容易。这一边,胡介带领团队成员与计划财务部、风险管理部等业务部门召开紧急会议,重新拆解分期成本,确定新的执行定价;另一边,他与苹果中国区负责人积极沟通分期双免活动的执行方案。经过前期多重努力,各方面的进展还算顺利,不想却在“老美”那边遇到了坎儿。

“因为是新品黄金期,所以活动的执行方案必须报批苹果美国总部,报批流程冗长,还有时差,直到发布会前的 12 小时,招行仍未获得授权。迫于无奈，团队甚至紧急制定了 3 套备选方案,但其实心里都很不甘心。”从胡介的语气中,我们都能感受到当时的紧张氛围。当机立断，胡介带着团队成员过上了“美国时间”,与“老美们”深度沟通,从客户和销量、成本和营销手段、服务营运和后期保障等多维度阐述了执行计划。最后几个小时高效率的完美助攻，终于才将“老美”的顾虑完全打消。

发布会前 8 小时，招商银行信用卡顺利夺下 2016 年苹果秋季新品分期双免的授权，苹果官网的 PC 端和 WAP 端首次露出银行活动的宣传引导。北京时间9月9日下午3时，苹果开放官方预售，招商银行信用卡的分期双免活动迅速引爆市场，短短几小时分期交易破十亿，位居苹果官网银行分期交易份额第一且遥遥领先同业！这份考卷，胡介与他的团队答得既快又漂亮！

匿名

原来iphone7分期双免背后有这么多的故事，太佩服了，看文章都看得很激动。

当然，“苹果双免分期”只是信用卡消费信贷产品营销过程中的一朵小小的浪花。2016年，信用卡中心消费信贷产品销售规模同比增幅超过30%，消费信贷产品业务收入成为信用卡中心主要利润来源者，无论从贷款规模还是收入水平都力拔股份制商业银行头筹。

在2016年度的部门干部述职大会上，胡介引用了罗曼·罗兰《名人传》中的一句话：世上只有一种英雄主义，就是在认清生活真相之后依然热爱生活。这也是胡介的座右铭。这个85后的年轻管理者对工作有着一股韧劲与狠劲，对生活却充满着浪漫主义的想象，未来，他将经历怎样的挑战与机遇，我们拭目以待。

匿名

“世上只有一种英雄主义，就是在认清生活真相之后依然热爱生活”这句话说得真好！无论是工作还是生活，会有很多“真相”，会看透、会伤心、会失望，难的是千帆历尽、不忘初心。

刘元祎：私行里的“新锐”

◎丁国林

访谈人物：北京分行私人银行金融街中心私人银行客户经理　刘元祎

编者按：非金融专业出身，于是用一年多时间，获得银行、证券、保险从业资格证、金融理财师（AFP）资格以及国际金融理财师（CFP）资格；没干过零售，天赋不够，则静下心来，深研客户需求，直至超出客户预期，靠勤奋的劲头完成专业能力锻造。她就是北京分行私人银行中心的85后团队长刘元祎。人美嘴甜、业绩好、能力强，在这些闪亮标签背后，刘元祎付出了比常人多一倍甚至几倍的努力，对于“2016年度招商银行十大新锐”这个荣誉，她当之无愧。

“年度中收超千万元”“累计保费过亿元”“MDRT顶尖会员”“管理20多亿元资产”“优秀私人银行客户经理”……这不是一名老客户经理的业绩簿，而是一名新员工的成绩墙。刘元祎，2014年刚刚入行的新员工，也是北京分行私人银行客户经理中的一名新人。在同事眼里，她有很多标签，“大美女”“嘴甜”“业绩好”“能力强”……虽然入行时间不长，但是取得的成绩却令人艳羡。

学霸是怎样炼成的

刘元祎大学专业是新闻传播学。连续4年一等奖学金、

“北京市优秀毕业生”等荣誉助力她成功保送至中国传媒大学新闻传播学专业的硕士研究生。当时，她的理想是成为一名出色的财经记者，用一支笔实现自己的新闻理想。

毕业时，阴差阳错，刘元祎进入了一家国有银行，从事高端信用卡的品牌宣传工作。由于很多白金卡客户也是私人银行客户，刘元祎经常有机会和私人银行部门联合营销，几次活动下来，让她对私人银行这一零售银行皇冠上的明珠既憧憬又向往。

2014 年初，得知北京分行私人银行部开展社会招聘这一消息后，刘元祎毫不犹豫报了名，一路过关斩将，没想到真的在招行圆梦。专业不对口，没干过零售客户营销，而起点就在私人银行，要面对的是层次最高的客户群体，提供最专业的金融服务，她心里还是有一些打鼓，兴奋中夹杂的忐忑让她好几天都没睡好觉。“我是一个纯新手，服务的客户比我还专业，说实话我的心里也没底，幸亏我还有挑战一把的勇气，不然我肯定退出了。”刘元祎乐着说。

专业不够，那就学，刘元祎下定决心逼自己一把，开启“学霸”模式。于是，每天晚上她加班回到家没有选择休息，而是继续挑灯夜读，用短短 3 个月时间，通过了银行、证券和保险从业资格考试，以及总行财富管理 A 类考试和复杂产品考试，用了半年时间通过了金融理财师（AFP）考试，又用了一年多时间迅速取得了国际金融理财师（CFP）的资格。

不是金融专业科班出身的她，无比珍惜每一次学习和培训的机会，无论是市场形势、投资策略，还是工作原理、产品配置，都下苦功夫认真研究。为了提升专业水平，刘元祎还利用业余时间完成了中国人民大学金融学硕士学位的课程学习和论文答辩，在 2016 年取得了中国人民大学经济学硕士学位，现在同事们都笑称她“双硕士”。

现在回忆起刚入行的那两年，她自己形容为“黎明前最黑暗的时刻”，由于工作繁忙，她每天加班回家简单吃口饭就开始看书复习到深夜，周末业余时间也马不停蹄全用来上课和考试，她给自己的要求是每天进步一点点。正是这股勤奋好学的

匿名

满满的全是敬佩，从入行之初的零客户，仅用 3 年时间，便拥有老客户经理的业绩簿，其间付出的艰辛是别人无法体会的，真心为年轻人点赞，祝福越来越好。

李昂

人美歌甜，美丽与智慧兼具的摩羯座！专业制胜的同时，还做到用心服务客户，学习的榜样啊！

金善姬

一点一滴的努力和成长我们都能够充分感受到，再接再厉，做到最好的私行客户经理，带出最强的私行团队。

劲头让她短短一年多时间完成了普通客户经理5年甚至10年的专业能力锻造。

“天赋不够，只能靠勤奋来凑啦，有时候不逼一下自己，自己都不知道有多大潜力！”刘元祎掩嘴一笑，眼里洋溢的满是自豪。

营销从来都不简单

刘元祎在营销上，好像特别有天赋，业务表现十分亮眼。2015年全年实现中收1088万元，2016年全年实现中收1200万元。从入行之初的零客户、零资产到如今管理近百名客户，20亿资产；从一名零售业务的新兵，到管理私行金融街的一个9人团队的团队长，她只用了3年时间。

yoyo

这是一个有思想、有职业素养的女孩，她的出发点是专业，而不是仅靠对客户“坑蒙拐骗”；她的目标是共赢，而不仅是眼前个人的利益。我们招行的零售就应该这么做下去。

“业绩还好吧，关键是营销机会到了。”刘元祎说得风轻云淡。其实营销从来没有这么简单。她的一名企业主客户，为人严肃，不怒自威，几任客户经理都有些怕他。移交给她的时候，这位客户对私行服务的认知还仅停留在存款储蓄层面，和招行的联系并不紧密。刘元祎也只在他领卡时见过一面，之后客户就再也不肯来了。

刚开始，刘元祎想得很简单，认为只要将心比心，用心去做，一定可以打动客户，于是坚持每个节日都给客户寄送礼品，一有好的活动就向客户发出邀请，但客户反映却十分冷淡。“有一次，他直接跟我说，我什么都不缺，不要再花心思和时间了……”这一瓢冷水泼得刘元祎一时没了章法。

一般的服务模式客户已经无感，说明自己的服务没有击中痛点，没有找到真正的需求。刘元祎没有放弃，她决定打持久战，先把功课做好，慢慢找方法。她沉下心来，认真搜集客户信息，研究投资风格。随着认识逐步深入，她了解到客户境内外都有资产，身家数十亿，是国内多家私人银行的超高端客户，并且有着非常复杂的财富传承需求。

痛点找到了，下面就是要考虑如何赢得客户的信任。她对客户的资产投资进行了深入分析和解读，指出哪些投资对财富的传承有益，哪些有问题，并提出了自己的投资方案。方案寄出去不到一周，客户就有了回应，并主动与刘元祎取得联系，连说话的语气都温和了许多。取得了初步信任后，她趁热打铁，向客户传导资产配置理念，丰富其资产组合，并且坚持每个月汇报持仓情况。几经市场的潮起潮落，该客户资产的整体收益超过市场表现，对刘元祎的信任也与日俱增。

后来，刘元祎还特别邀请其参加了在无锡举行的财富传承论坛。当时，北京地区仅有 5 个名额，客户得知是刘元祎为他特别争取的名额，十分感动。“当然，他也成为了在活动现场笔记最认真，互动最多的客户之一。”对于攻克这位企业主的细枝末节，刘元祎记得很清楚。

周俊龙

好棒！有温度的银行，有温度的招行人。

一大早上班读到这篇文章，十分感动。服务来自细节，更来自对人性细微的把握，对客户真诚的关心。

在客户六十大寿之际，刘元祎提前一个月就开始精心准备，联系了好几家供应商，精挑细选，为其量身定制了以出生日期为号码的纪念钞册，又作为唯一一位受邀的银行人员亲临生日宴现场，将这份礼物和招行的祝福亲自送到客户手中，令其非常感动。

“后来，通过更加频繁的接触，我看出来他最在意的就是小儿子。于是，在他小儿子即将毕业的时候，我又安排了顶级合作机构的实习。”私行服务最需要做的便是无需客户开口，想客户之所想。这次，客户向元祎竖起了大拇指，说她是自己遇到的最负责任、最用心的客户经理。随之，他在招行的资产过亿，还签约了全权委托、家族信托等业务，成为了最核心、最忠实的客户之一。

成就客户也是成就自己

2015 年，随着A股市场的火爆，大量国外上市的互联网公司拟定了回归 A 股的计划，奇虎 360 便是其中的典型代表。刘元祎意识到这是个新拓私行客户的大好机会。

从2016年7月起，她开始重点参与奇虎360回归A股、批量拓客项目，每周往返金融街和东北四环360总部多次，多次组织总分行专家团队，就公司高管关心问题做专题路演。其中一名客户在路演时就针对招行的产品和服务问了很多问题，刘元祎敏锐地捕捉到这位客户对招行私人银行很有兴趣，但多年行业属性使得客户安全意识较强，又因与客户经理接触时间较短，客户比较戒备。

于是，她为这名客户单独建立了招行团队服务群，群成员包括客户中心负责人、客户经理和投资顾问，随时沟通私有化动态、特殊需求，及时整合各方资源，对客户的需求做第一时间的回应。同时，刘元祎还携投资顾问多次拜访客户，展现了专业和职业素养。

韩永

高情商高智商，深谙客户内心，交人交心，精诚所至！

两年内拿下各项资质证书，超级学霸。

有一次下午拜会客户，因为聊得非常投机，从下午2点一直聊到晚上8点，刘元祎提议去吃客户的家乡菜。客户在席间放下心防，点了一支烟，给元祎讲述起自己求学和奋斗的历史。他说自己生在农村，农村教育质量落后，他考到北京非常不容易。当年认识妻子时，自己一穷二白，妻子却一直在背后默默支持他，全职在家照顾一对儿女，而他这么多年加班加点的工作很少顾及家人，没有送过太太礼物。即使现在有钱了，太太也舍不得买奢侈品，说到动情处，客户拿着烟的手不住颤抖。刘元祎看在眼里，听在心里，既钦佩客户多年的执着与奋斗，又感受到其对家人的亏欠和深情。

刘元祎说：“作为一名女生，听了客户的倾诉，打心底里很感动，那时候就想帮他完成他的心愿，以最好的方式成就他对爱人的一片情意。”

夏馨

元祎姐是我们学习的榜样，让我更加深刻的明白，没有人的成功是随随便便的。

因为客户爱人多年全职在家，没有社保和收入来源，了解到客户和爱人结婚纪念日将至，她心里就有了想法。从对家人的关爱和责任出发，刘元祎建议客户为太太准备一份特别的礼物“年金保险”，回报太太多年的辛劳付出。方案建议以客户作为投保人，以太太为被保险人，以两个儿女作为受益人，为太太配置百万保费的年金险，客户欣然应允。

刘元祎和客户相约要给太太一个惊喜——在两人结婚纪

念日当天签订合同。当天一早，刘元祎早早来到单位，提前布置好了私行洽谈间，在里面摆放了鲜花和客户一家人的合影照片。看到这一切，客户爱人又意外又惊喜，当元祎将合同放在她面前签署，并告诉她，这是先生对她一生的承诺和呵护时，客户爱人潸然泪下，多年的付出和爱人的呵护，在那一刻让她倍感释怀和欣慰。

整个签约过程在刘元祎的安排下，充满了仪式感，客户的眼圈一直是红的，泪水在眼里打转。事后，客户爱人拉着刘元祎的手说，这是她过的最难忘的结婚纪念日，也是先生送给她最用心的一份礼物，真的很感谢招商银行。从此以后，刘元祎不仅是客户的私人财富管家，更成为了客户生活中的好朋友。

“成就客户，也是成就自己，把客户当作家人一样去呵护，客户也会把你当作自己人，其实做人做事就是这么简单。”刘元祎感慨地说。

吴春江

用心服务，成就客户就是成就自己，元祎真正实践了我行私人银行的服务理念——“助您家业常青是我们的分内事”！加油，元祎！

纽行第一张“私行卡”

在总行30周年行庆客户采访视频中，有一位私行金融街的客户。他在宣传片中这样说道：“招行私人银行一直给我超乎意料的体验，客户经理服务贴心周到，产品和业务几乎全方位覆盖需求，最重要的是，这是一个宽广的资源平台，无论是资讯还是人脉，我都受益匪浅。”客户有这样的评价，源于刘元祎对他周到细致的服务。

2015年10月，在纽约分行私人银行筹备之时，客户的母亲也在美国，得到消息后便想着办一张招行的私行卡。当时，纽约私行还在筹备，流程尚未理顺，国内的一套开户办法，由于监管原因，用在境外开户上还不适用。因此，刘元祎自己搜集境外开户的相关规定，咨询其他银行的开卡流程，经过两个多月，100多封邮件，上百个电话的反反复复沟通，终于把境外办理账户的流程梳理清楚，并成功开立纽行第一张私行卡。

当客户母亲领到私行卡，并被告知是纽行第一张时，客户妈妈的脸上笑开一朵花。后来听客户说，他妈妈现在经常拿着招行的这张私人银行卡到处“炫耀”，四处和亲戚朋友推荐招行，俨然成了招行的编外客户经理。

杨晨烨

作为 9 人团队一员，从元袆姐身上学习到太多，从平时看到她对客户细心周到的服务到对产品和市场专业性的解析，元袆姐的“新锐”称号实至名归，榜样。

除了私人银行业务，刘元袆对客户的事业也是助益颇多。当她得知客户在国内创立了创业孵化器，有公司业务的需求时，马上联系支行对公客户经理对接，第一时间为客户量身定制资金解决方案。基于客户对投资和创业主题的兴趣，她还积极邀约他参加了2015年投资策略报告会、青年精英论坛、青年创业论坛等多场活动，协助客户搭建业务关系，建立人脉网络，助力客户企业发展。刘元袆说：“服务客户，就是要超出客户的预期，这样才能让客户对你的服务认可。”

今年，北京分行私行金融街中心举办了五周年答谢晚宴，客户正在美国，遗憾身不能至，但为中心特意定制了蛋糕庆贺，这也是对刘元袆服务的最大认可和褒奖。

刘远展：私行服务的又一个黄金时代

◎尹朔晗

访谈人物：大连分行零售金融事业部私人银行中心团队负责人　刘远展

编者按：作为2007年的管培生，刘远展对于招行有着天然的亲近感。正式入职前，一系列实用、创新的培训与轮岗实践，便让他从心里爱上了招行这位“南方姑娘”的年轻与活力，并笃定地相信自己一定能在零售条线干出一番事业。十年时光，倏忽即逝。从当年的懵懂小伙到如今私人银行（大连）中心团队负责人，变化的是岁月与容颜，不变的是他爱观察爱探索的天性，以及对事业本能的激情与热爱。在私人银行业务已然迎来了又一个黄金时代的当下，刘远展始终坚信，唯有开拓与坚持不可辜负。

眉头微蹙，说话时保持微笑，下巴习惯性地略往里收，偶尔扶一下眼镜框……这是刘远展在客户和同事面前的标志性动作和表情。除此，在大家眼里，他还是个身形微胖，声音极富磁性的大哥，“听他说话，就像听故事一般娓娓道来。”私底下，有同事评价道。在私行服务领域，好听的声音让人更有信任感，是个加分项。

只做好一件事

刘远展是招行大连分行2007年的管培生。这一年，是招

李文娟

祝愿远展在私人财富管理事业上取得更大的成就，机会总是眷顾有准备的人。

李龙君

展哥为人谦逊，不卑不亢，专业性强，是我们学习的好榜样。

行实行“管理培训生(Management Trainee)”制度的第三年。彼时，这种由“总行招聘优秀毕业生、经过专业培训来培养未来管理或专业人才”的概念与制度并不像现在这么普遍。“入职前一系列的讲座、培训、轮岗实践给我打开了一个新世界，年轻、活力、创新，这是招行当时给我最大的感受。”还没正式上岗，初出茅庐的北方小伙便很快爱上了招行这位“南方姑娘”，并选了零售条线财富管理细分领域，“我不胜酒力，也没有信手拈来的厚实资源，所以希望在并非比拼家底的零售岗位上，通过自己的努力获得成功。”问及原因，刘远展笑笑，如实作答。

刘远展入职这一年，国内金融市场异常活跃，尤其是股市的疯狂超越了大部分人的想象。当时几乎所有的记录都被改写，火爆的资本市场使得很多客户到柜台存钱买基金。“那个时候，每个窗口排队的人很多，办业务的不满意，买基金的也不满意，在分秒必争的市场中，大家都有点焦躁，等不起。”跟所有新人一样，刘远展在招行的职业生涯也是从储蓄柜员开始的。

一部分源于爱观察爱探索的天性，一部分源于新人对事业本能的激情与热爱，刘远展经过几天的思考，就“如何完善业务流程”“如何完成信用卡和专业版等指标”提出了一整套解决方案。“股指从年初的不到3000点到10月攀升到6000点，‘基民’数量迅速扩张。由于基金多由银行发售，这是堪称黄金的获客资源。”当时，刘远展建议支行，一是为买基金的客户安排专门窗口，办理一卡通、存取款和推荐开通网上银行专业版。二是由大堂经理将持开立单据的客户引导到厅堂，为客户详细讲解网上银行操作流程，“集约化处理”客户需求。这样，买基金的客户满意度提高了，节约下来的时间也愿意倾听产品介绍。三是投资的需求让很多客户不愿持现，这也为大堂经理提供了推荐信用卡的机会。

提到当年的自己，刘远展有些兴奋，“方案得到领导的认可，我也自荐成为了一位大堂经理。后来，支行网银专业版的完成率由每天的5户提升到25户左右，三个月累计办理信用卡465张，支行这两项指标提前完成了全年任务。”

2008年，刘远展初入理财经理岗位，因为他不是金融专业毕业生，理论基础有差距，压力很大。“其实我是乐天派，有差距就想着怎么去弥补差距，没有解决不了的事情。”刘远展每天早早来到行里，恶补金融理论、业务知识，“当时也是受益于一名好师傅——李星华，她业务做得好，还毫不保留地向我传授经验，从理论知识到营销能力等方方面面。”这也是刘远展成为私人银行团队负责人后的带队理念，“落后的兵不是差兵，最重要的是要有一名指路人认可你，指导你，提携你，从而找到适合自己的路子。”

从大堂助理到低柜理财经理，再到贵宾理财经理，刘远展用了7个月时间。2008年，他成为分行最年轻的金融理财师（AFP）；2009年，取得国际金融理财师（CFP）资格，是分行第一个一次性通过全部五门学科的理财师；2010年，进入分行财富管理中心，成为一名钻石理财经理；2012年获得福布斯优选理财师全国50强；2015年晋升为私人银行团队负责人……

一切看似顺利的岗位晋级，对于刘远展来说，每一步都走得稳妥而坚定。“作为一名客户经理，客户营销其实与职业生涯规划一样，判断一次成功的客户营销，除了需要得到客户认可，还需要长期的收益趋势去验证，这是收益预期、风险平衡和专业度的综合体现。无论环境如何改变，追求卓越的理念不能变。”回顾这些年在招行的奋斗历程，刘远展觉得自己只做了“零售”这一件事，但这却是值得一辈子做下去的事。

匿名

这样的榜样在未来会更加显得突出，财富管理越来越需要这种工匠精神。

不可copy的私人银行服务

在访谈过程中，我注意到，刘远展用的是一个没有格子的记事本，上面做着密密麻麻的笔记和方案草稿。他解释说，他一直用研究生论文的“树状思维”为客户做策划：以客户特征和客户需求为中心，建立多维度的资产配置方案。私人银行业务是个性化服务，没有固定模板，所以不能是条框式笔记本的一二三条。

刘冬梅

见证了远展的成长，优秀绝非偶然，希望看到越来越多的“远展”。

从 2008 年大连分行财富管理中心成立到 2013 年升级为私人银行（大连）中心，刘远展也见证了近十年来大连区域各金融机构在私人银行业务方面愈演愈烈的市场竞争。“大连的市场虽然不大，但是金融机构非常多，有 20 多家银行，大量的信托公司、三方理财公司和证券公司。”刘远展眉头微蹙。这几年，如何在激烈的市场环境中脱颖而出，建立他行不可复制的私人银行服务是他一直在思考的问题。

“我们给客户的规划实际上是一个长期性、系统性、前瞻性的方案建设过程，不可完全复制，别人学不来。”他笑着继续解释，“就像娱乐圈很多二三线的艺人，想学大腕又学不像，姿态很尴尬、很别扭，自己也失去了原来的特征。”

刘远展举了个例子。持有美国绿卡的王女士，面对大额收益资金即将到账，是继续放入公司账户还是转入个人账户，她非常纠结。“这样的客户，需要的不仅是一个简单的投资产品，而是立足全球视角的资产统筹与规划。如果放在公司账户，按照客户的安排，退休后交给CEO打理，大量资金会出现收益风险；如果放在个人账户，美国政府全球征税的稽查风险随时存在。因此，做私人银行产品投资才是稳妥之举。”其后，根据一年来积累的客户背景资料及客户需求，刘远展为王女士做了一份完整的投资建议书：包括权益类占比 20%，另类的重阳对冲 10%，固定收益类信托、结构性存款类分别占比 30%、40%。王女士没有接受这份完善的投资建议书，转变想法要将所有资金做稳健金融产品。方案被彻底放弃后，刘远展继续和投资顾问通宵分析新的投资方案，最终敲定 1 亿元额度挂钩黄金的结构性存款的投资方案。

“没想到，王女士仅是电话里简单问询，便以没有保证收益的条款为由，拒绝了我们的方案。还有一次，我带着成熟的投资方案硬是被生生地‘晾’在了她公司的接待室。”刘远展自嘲道，“当时，我想着这么大的资金分分钟就会有变数，一定要抓紧时机继续约见客户。”不出所料，经过一番问询，王女士表示她之前做过很多金融复杂产品，而且收益很多都在 25%以上，对我们的产品根本不感兴趣，准备转投同业更有优势的项

匿名

“王女士仅是电话里简单问询，便以没有保证收益的条款为由，拒绝了我们的方案。”通篇看下来，就以这简简单单的一句话最是触动内心。客户简单的一句话便可以拒绝自己通宵达旦的努力，甚至于都未曾看到；不说别人，放到我自己身上，可能都会有很深的挫败感。但是真的很佩服远展哥，永远都是乐观的平常心。正所谓人前有多显贵，人后就有多努力。自己要加油，向你学习！

目。闻及此言，刘远展和投资顾问连夜整理出过去所有自然年的“黄金走势图”作为方案参考，在营销团队连续一周不懈的努力邀约下，公司董事长终于决定见面……其中波折自不详述，经过长达半年的交流和沟通，屡战屡败，屡败屡战，王女士最终在招行成功签约了 1 个亿的结构性存款。

“只有这样做出来的方案才是唯一、专属，不可复制的。”刘远展总结道，“现在，这个客户在招行的资产已近 3 亿。高端客户看重的，除了完美、理性的投资方案之外，更有专业、严谨、高效、诚恳的营销团队，当然这也是作为私行人的价值所在。”

没有终点的马拉松

除了拥有磁性的嗓音，刘远展还是一个擅长逻辑推理的人，刘远展的同事对他评价最多的一句话便是：思维缜密，办事踏实，成熟稳重不做作，不卑不亢有气场。他最为擅长的事情便是从一堆信息里拎出最重要的一环，精准直达。这可以从他对于纯三方客户的营销中窥之一二。

纯三方客户往往是私人银行客户群体中最让人头疼的一类，这类客户只做股票投资，看起来贡献不大，让人深感“食之无味、弃之可惜”。刘远展提到了一名纯三方客户，“这个张先生虽然在个人业务方面暂时没有太多贡献，但其公司处于新兴互联网细分行业，成长迅速，利润丰厚。他自己埋头事业，本身没有太多时间打理个人资产，对个人财富的区隔和管理也从未进行深入思考，种种特征提示我，他是个潜在的优质客户。”因此，纵使他长期没有太多贡献，刘远展仍然认真精细地进行维护，帮其做投资建议，定期发送市场分析报告，邀约张先生参加私人银行季度分析会。这位客户与刘远展也从简单的点头之交渐渐变成了熟人。

匿名

远展欧巴是我们学习的榜样。

机会留给有准备的人，而情感的投入对于服务行业而言往往是最重要的筹码。由于客户的公司高速成长，市场占有率迅猛提升，引来业界大量关注，2013 年某知名互联网上市企业对客户公司提出并购。面对交易对手方的巨额出资，加之自身对资本运作没有任何了解与头绪，客户顺其自然想到了招行这个最信赖的朋友和最可靠的金融平台。

随着客户并购交易的逐步深入，刘远展迅速联系中心负责人，同时联系总分行投资顾问组成标准的超高端客户服务团队，一同帮助客户梳理具体需求，并安排国内知名律所的多方电话连线，为客户提供交易方面的咨询服务。

那天晚上 8 点，刘远展刚刚结束加班回到家中，便接到张先生的电话。张先生在电话里告知刘远展，交易对手方并购团队十余人当晚即抵达大连，将与其进行最关键的实质性交易。“当时真可以用打了鸡血来形容。反正那几天就是东奔西跑，帮助客户安排洽谈签约场地、预约有特色又不失私密性的餐厅、登记星级酒店房间，特别叮嘱酒店前台要海景的房间……”把客户的事情真正当成自己的事来办，这在刘远展身上得到了充分展现。其后，张先生将到账后的并购资金全部归集到招行，并接受了刘远展为其提供的专业配置建议，陆续进行资产的转化和配置。

谈到这次成功获客，刘远展说：“私人银行服务是理性研判与感性投入的平衡与博弈。适当的时候，需要全面开启理性思维，将感性排在第二位，反之亦然。拿捏到位才行，少则失，多则过。”

“服务就是一场没有终点的马拉松，是一个常态化、长期性的事。高端客户都愿意将资产交给可靠而有实力的银行，这决定了商业银行私人银行的‘马太效应’已经越来越显性。而每个高端客户都有自己的事业圈、人脉网，一传十、十传百的良性效果不言而喻。”

匿名

看得莫名感动，正是应了这句：不忘初心，方得始终。

又一个黄金时代

从 2013 年由财富管理中心升级为私人银行中心，短短三年时间，刘远展经历了一个“婴孩”从诞生到咿呀学语，蹒跚走步的过程，一路走来，有艰辛也有成长。“现在，私人银行大连中心客户 1102 人，其中私人银行客户占比 35.5%，月均 AUM 指标达到 140 余亿元。近三年，我们都获评总行优秀私人银行中心……”回顾这三年，刘远展自认为无愧于自己当初的选择。

但是，伴随这几年国内经济增长的放缓，尤其是在CRS暂行条例出台、金融涉税信息全球交换的背景下，客户的需求也在逐渐发生着些许微妙的变化，新的问题也随之出现。

2015 年，一家专业机构报告中提到，财富传承的重要性排序从两年前的第五位跃居到了第二位。“这些高净值人群多数年龄已过 50 岁，个人经营的家族企业面临着‘二代传承’的经营权交接和财产继承的双重挑战，他们需要寻找一种有效的方式来实现对财富和事业的传承。”刘远展对财富方面的经济形势以及客户需求的变化颇为敏锐。

在这样的市场背景下，刘远展认为，帮助客户跟踪变化才是最重要的。这就像一枚硬币客观存在的两面性，某个业务领域没有投资机会，或出现负增长，那么一定会有另一业务领域崛起。从危机中发现机会，这也正是招行私人银行服务擅长之处。

颜琰

坚持就是胜利，愿兄弟在私行路上愈走愈好。

事实上，针对这一部分高净值人群，招行早在2012年8月，便率先在国内推出了“家庭工作室”服务，为其提供一揽子、定制化的财富保障与传承综合方案；2013 年 5 月，国内第一单真正意义上的私人银行家族信托便落单厦门。每一步，招行都走在了变化之前。

“相对于传统的法定继承和遗嘱继承，家族信托能够实现破产风险隔离机制等合理规避风险功能。换句话说，蕴藏巨大效能的私人银行业务迎来了又一个黄金时代。”面对一个新的时代，刘远展跃跃欲试，信心很足。

生于海边的刘远展时常去看海，“每次看到港口即将启程的航船时，我都感到莫名的兴奋，仿佛已经看到一个新的世界在我面前展开。其实，这也像我们的私行服务，在一次次的挑战与机遇面前，都需要再次扬帆起航，都需要我们每个私行人的开拓与坚持。”

任燕:豌豆和胡萝卜的爱情

◎吴梓禾

访谈人物:西安分行咸阳分行零售银行部财富主管　任　燕

编者按:她是总行、银监会系统优秀共产党员,总行5A卓越人才,她对工作执着、认真,连续三年荣获西安分行“十佳财富管理”称号;她喜欢思考,智慧营销,在MGM、保险、基金、黄金等多项指标上表现优秀,是西安分行零售业务的营销明星;她也是一位全能型选手,2015—2016年转介代发3000余户,吸收对公存款2个亿,她所带领的团队2016年连续四季度零售考核排名第一。

2009 年大学刚毕业时，任燕赶着留学热的那阵风准备IELTS(雅思),梦想着可以走到更远的地方去看一看。然而,“没想到在结识了招行之后,就再也没有离开过。如果有人问我,你是否后悔?我可能会这样告诉他,如果不放弃李光洙,怎能遇见宋仲基。”“80后”的任燕是一个韩剧迷。

不过这毕竟只是句玩笑,笑过后,任燕说起了自己与招行的关系,恰好可以用《阿甘正传》里的一句对白来概括:“Meand Jenny goes together like peas and carrots(我和珍妮的关系,就像豌豆和胡萝卜的世界不能没有对方)。”

在距离中成长

任燕进招行那一年，正是咸阳分行刚成立的时候。作为西安分行第一家异地分支机构，除开一个物理网点外，这里几乎一无所有。那时候，任燕还没买车，因为在西安居住，每天上下班都要倒几趟公交，一折腾便是个把小时。到现在，任燕还清楚地记得，为了不迟到，她经常和几个陌生人拼车，坐着“狂命小出租”，在满车的烟雾缭绕中一路狂奔的景象，“但也就是这个距离给了我思考的时间”。

卜苹

和任燕一起共事七年，她的细心、她的坚韧，她的执着感动着我们，祝燕越来越好！咸阳分行也会越来越好！

2012 年，任燕从储蓄柜面转岗到理财专员时，西安分行正在全行开展黄金业务竞赛。由于新到岗，知识储备少，她对于黄金业务的了解并不深入，尤其是面对交易型客户时，动辄便被客户问住。作为黄金业务推动人的任燕十分焦虑，明明有很多工作要做，很多指标要完成，却无从下手。

“因为没办法，所以只好用蠢办法。对于分行产品经理的每一封全行邮件、每一篇心得汇总，每一次市场分析，我都把它们一一保存下来，认真研读，和同事们相互探讨、分析……”彼时的任燕，并非没有气馁过，甚至还想过放弃，“但我转念一想，作为新人我本就一无所有，只有得，没有弃，我和大家的这个距离往后看是差距，但往前看那不就是空间嘛。”就这样，从地理上的距离到业务上的距离，任燕以时间换空间，坚持了下来。

正所谓万事开头难，通过知识和经验的不断积累，凭借耐心细致的服务，不久后，任燕便成功开发了多户交易型客户，其中甚至有一户的交易量达到了分行竞赛期间的峰值，交易金额超过 1000 万元。与此同时，任燕的财富团队在竞赛期间开发的黄金交易型客户，达成的交易笔数也是一举夺魁。

任燕这种乐观、坚韧的性情，还体现在销售招商信诺相关产品的过程中。“作为保险联络人，当听到分行引入招商信诺的时候，我当时心里特别开心，因为那个时候的保险产品不是很有特色，而信诺的保险在种类、保障以及赔付渠道等方面，都更具市场竞争力。”可是高兴之后，任燕却得知了另一个事实:咸阳分行没有招商信诺产品的网点销售权限。那一刻,她心中的失落可想而知。

“由于当时并未上线网银业务,也就是说我们要陪同所有的意向客户,前往西安进行办理。”这个事实让任燕很苦恼。这一来一去必然要考虑到客户的时间成本、意愿程度,以及可能出现的风险。因此很长一段时间里,理财经理们都碍于路途较远而另择产品销售。面对僵局,为了鼓舞士气,任燕告诉自己,“一定要保证每周正常的出单量，让大家看到有人可以完成，其他人自然也能做到。”

随后，任燕精心筛选目标客群，通过对产品的深入研究，详尽了解客户信息，挖掘客户需求，坚持海量开口，终于说动了部分客户愿意细谈。可一旦得知要前往西安才能办理时,却又纷纷摇头拒绝。

一时间,任燕陷入了僵局。“也怀疑过自己是不是做错了决定，但后来仔细梳理了一遍，我觉得产品的优势是明显的，一定是我还有哪些产品特有的优势没有讲到,所以还不足以打动客户。”于是,任燕开始摸索不同客户的产品偏好,一对一的反复考虑推介话术，力求拨动客户的心弦。在她的不懈努力下，终于打动了一位客户同意前往西安办理业务，“当时我的心情简直是无以言表。”任燕的语调往上提了提。

成功落地第一单后,紧接着第二单、第三单……在营销过程中，任燕总结了关于不同类型保险产品的销售技巧，“你不能用产品去套客户，而是要为客户配产品。光是让客户觉得这个产品适合他是远远不够的，关键是要让客户觉得他需要这个产品。”此外，她还整理了外部保险产品与招行代销保险产品的对比资料，并坚持在每天夕会中与同事们分享销售经验和方式。

> **张晓锐**
>
> 优秀已经不足以表达我对她的感觉。无论是对工作的态度，还是思考问题的格局和思路她都深深影响着我，燕子永远是我学习的榜样。

榜样在前,任燕的同事们也先后实现了一个又一个穿越双城的保险销售,极大地提升了个人和团队的自信。2015 年,其团队共完成保险中收 400 多万元,完成率接近 130%,排名所在梯队第一，荣获西安分行“2015 年保险业务突出贡献奖”。任燕个人则在半年时间里拿到了 MDRT 会员资格，成为西安分行三家异地分行中率先入围 MDRT 的第一位员工。

用谦卑的心态做好服务

“如果你什么都不会，先做好服务，如果你什么都会了，更要做好服务。”这是任燕的工作信条，“服务意识让我可以去掉浮躁、保持谦卑。”

工作这几年，因为一直坚持真心、细心、耐心服务客户，也让她收获了一批忠实粉丝。这些人中有些已经成为招行的私钻客户，有些则为招行带来了更多的宣传和客户转介，更有些甚至已同任燕成为半个家人。任燕笑言，“相处的日子长了，大家的话题也不再局限于理财产品，从家长里短到柴米油盐，可以说是无话不谈，我觉得这就是信赖。”

拉开任燕的抽屉，整齐排列的“葵花奖章”难以尽数。“优质服务带给我的不仅仅是多次荣获分行优质服务明星，更重要的是我发现客户带来的转介逐渐增多。”在任燕的客群中，熟客占比明显多于生客，通过简单的划分，她开始从熟客入手，将其分为三大类：认可客户经理服务类、资产配置获益类以及关注礼品类。经过一段时间的营销，任燕又开始思考，既然每一位客户的特点不同，转介客群自然也不相同，如果可以更加细分客户、筛选目标客群，结果定会事半功倍。根据实战经验，任燕将客群划分了五宫格，分别是家人、生意人、老龄、特定产品或服务需求以及代发客群。在此基础上，结合客户个性分层营销，效果自是非同凡响。

张譞

看着燕从入行到今天获得的成绩，这是她用踏实、认真、努力和全心的付出换来的，不走捷径，勇往直前，值得我们每一个人学习。

任燕有一位金葵花客户，是位私营业主，工作地点在咸阳南郊的建材城。通过分析生意人客群业务特点：快速、直接、方便。于是，任燕向其推荐了招行的“收付易”，客户使用后对比他行感到非常满意，认为到账快结算方便，随即向建材城的其他朋友们推荐。“后来，据我了解，南郊建材城几乎近一半以上的商铺都安装了招行收付易。”招行也因此收获了一批金葵花客群。

在电话营销中，任燕发现，通过提及家人会使客户的关注度明显提升。因为每个人都希望把最好的服务和产品，留给自己最爱的那个人。在一次查阅大额报表时，任燕发现系统里有一位三方客户，资金周转较大，于是便及时联系客户寻找业务契机，但客户却表示暂未考虑申请金葵花卡。在后期的沟通中，任燕了解到，客户平时在外地工作，父母都在咸阳居住，聚少离多。任燕遂建议客户为父母申办招行的贵宾卡（金葵花卡），除了可以帮助父母打理资产，还可以参与招行各类内容丰富的贵宾客户活动，让父母得到更为周到的服务。

沟通后的第二天，客户便从行外转入 100 万元，为母亲申办了金葵花卡。“对于老人家来说，我觉得仅仅是常规的资产配置建议远远不够，你还要关心她的日常生活，从理财到期、发售抢购到嘘寒问暖、消费购物，事无巨细，你都要关心她，这样她才会亲近你、信任你。”通过精心维护这名客户的母亲，任燕与客户间的关系又更进了一步，如今该客户已是招行的一户达标钻石客户。“中国就是一个人情社会，你真心付出了，自然会有收获。这就像招行早期的‘牛奶+咖啡’，一次还好，多次以后大家便不好意思了，于是开始想着怎么来回馈……”对于服务，任燕有着一套自己的理解。

其后，在西安分行大力推行MGM（客户转介客户）竞赛时，基于分行精准的政策指导和强有力的客户活动平台搭建，再辅以自身独创的五宫分类法，任燕收获满满，并因此受邀代表分行在总行 2016 年零售行务会上进行经验分享，获得了一致好评与认可。

初见燕窝（昵称），被她的认真打动，再见燕窝，为她的热情动容。好姑娘，你配得上光芒万丈！

打开新世界的大门

“无论在哪个岗位上，我都愿意全身心投入，让这个岗位的内容更加充实、饱和，发挥最大功效。”还是储蓄柜员时，任燕便总结了一些提高工作效率的小技巧，比如左手盖章、空白单据按照使用频率摆放、业务系统多页面套办等。以此为起点，再到后来的西安分行十佳财富管理、零售业务营销明星，任燕每一步转型都十分漂亮，“其实每一个岗位之间都有千丝万缕的联系，如果能把你现有的资源进行整合优化，你会发现信息碰撞中产生的无限乐趣。资源整合，跨条线营销，无疑可以为我们的服务找到更多的切入点。”

在一次业务办理中，任燕结识了一位金卡客户，客户很认可任燕的耐心服务和工作效率，第二次来行里时，便从行外转入 80 万并申请了金葵花卡。一段时间后，任燕通过为客户进行资产配置，凭借专业能力一步步获得了客户的信任，并使其升级为钻石客户。在长期的维护中，任燕了解到客户的身份其实是咸阳当地一所学校的财务总监。该学校每年学费近 3 个亿，常年有 2 个多亿的流动资金，这也让任燕看到了其他业务可能带来的联动。

郝雯

记得前年，刚做贵宾客户经理的时候去跟燕姐学习了几天时间。燕姐的工作状态让我非常感慨，优秀的人始终比别人珍惜每一分每一秒的时间。

因为客户工作繁忙，平时下班很晚，有一次承诺给孩子购置的学校演出服装忘记买了。了解情况后，任燕在下班后找遍了市内所有的服装店，最终在晚上 9 点将衣服送到客户家里，“现在还能回忆起，当时看到客户领着孩子站在路边迎接我时，心里的那种期待和感谢。”其后一年多时间内，客户共为任燕转介了 7 户金葵花、2 户钻石，提升 AUM 达 2000 多万元。

然而，任燕的努力并未止步于此。在多次聊天中，她逐步了解到，学校董事长非常注重企业形象宣传，学校也正在申请贷款寻求进一步发展。因此，任燕向客户提议为学校设计价值认同卡，开展对公合作。与此同时，西安分行第一时间组织探讨并设计营销方案，分行任莉行长专程拜访校方领导进行会晤，最终成功为招行带来近 1.7 亿元对公存款以及 1600 户代发开户。

在后来的一次聊天中，客户说道，“从第一次进入招行后，我就再也没想过到其他银行去了，招行真的不一样！”这种不一样体现在服务的方方面面。为了提升客户体验，任燕和同事们还不断尝试各种形式的客户活动，内容广泛，涉及财富课堂、户外、茶艺、插花、亲子财商、答谢晚会等等。在组织活动中寻求和合作商的共赢，力求高效、保质、省钱，“自己也一次又一次地实现了导演梦。”任燕笑着说道，这个女孩一直有个电影梦。

张沁怡

为了这份“爱情”付出了太多太多，但这一切都是值得的，招行有你有我，我们共同进步，共同成长！

“Meand Jenny goes together like peas and carrots.”任燕用这句台词结束了访谈。在她看来，七年似初恋，招行给予她太多，只能用加倍的努力去回馈这份沉甸甸的信任与期待。

打造“专业银行”

战略就是选择，没有放弃就没有战略；战略必须坚持，没有执行就没有战略。公司金融作为招商银行“一体两翼”战略转型的重要一翼，其目标则是打造“专业银行”，通过服务升级，让专业成为我们剑走偏锋、打造特色的利器。

王兴海:争第一的对公大男孩

◎丁国林

访谈人物: 北京分行公司金融事业部副总裁王兴海

编者按: 他敢想敢做敢拼,创造了同业间的多个"第一",叙做全国第一单企业年金业务、全国第一张电子商业汇票业务、北京市第一个银税通电子缴税系统和海关关税担保通关业务。他爱生活爱美食爱科技,无论任务压力多大,无论工作如何繁忙,他始终保持着对事业、对生活的乐观与激情。他是王兴海,一名事业和生活都精彩的对公大男孩。

王颖

兴海1999年大学毕业入行，一直奋战在对公条线，从成长成熟到担当重任，从花前月下到为人夫父，17 载诗酒年华，专情招行无他。作为一个典型的招行北分人,兴海是可爱的,他朴实、踏实、稳重；更是可敬的,他的身上集中体现了优秀的招银精神——特别能吃苦、特别能战斗、特别守纪律、特别讲团结、特别讲奉献。而这，才是即便兴海在渐渐变老变胖，也依然很帅的核心原因所在。拥有美好的品格，就拥有恒久的魅力。

王兴海,北京分行公司金融事业部副总裁,加入分行已17个年头。曾经的追风少年,如今已年届不惑,唯一保留着的是他始终挂在脸上的憨憨微笑。私底下,大家称呼他为"海总"。在分行,被这样称呼的人有一些共同特质:踏实、活力、年轻有为、追求新意,恰如王兴海。

一条绶带开始招行生涯

17年前,王兴海大学毕业,加入了北京分行中关村支行。在来支行之前,他憧憬着自己未来美好的职场生活,坐在高高的柜台里,隔着厚厚的玻璃窗子,享受着几十万、上百万资金在指尖流动的快感;或是穿着西服、打着领带,穿梭于各大知名企业,与企业高管们推杯换盏,谈笑风生。王兴海笑着说:

“在学校一直想着，咱也终于混出来了，心里美得不行，来到支行一看，真不是那么回事。”

来上班的第一天，支行领导给了王兴海一条绶带，让他从“站大堂”开始学习。然而，对于内向，又有点学生气的他来说，胸前的那个红绶带让他感觉无比刺眼，加上要向陌生的客户不停地鞠躬并说“您好，请问您办理什么业务？”王兴海感觉浑身不自在，总是要攥着拳头、涨红了脸才能憋出来一句话。就这样过了半年，他才完全接受了招行的这个岗位“角色”。

之后，王兴海开始跟着师傅走街串巷推广“一卡通”，于是“您好，一卡通免费开卡，可以自助缴费”成了他的口头禅。“甚至连梦话都是这一句”，他自嘲地回忆道。那时，周末对于很多招行基层人员来说是奢侈的，王兴海也一样，每个周末他都要跟着师傅到人流密集的百货商场里去做“一卡通”宣传。“由于咨询办卡的人太多，从早到晚，我们一直是脚不离地，轮轴转，等商场关门时，我们都瘫在了椅子上，真正感觉身体被掏空了。”王兴海很自然地用了一句网络流行语。有时，他也会对这种让人喘不过气来的节奏抱怨几句，可师傅却对他说，“别说咱们了，连分行领导都在亲自上阵收单办卡。”那一刻，王兴海惊讶了许久……

“有时，从青涩到成熟并不需要太长的时间。”王兴海感慨地说。除了“一卡通”之外，他更多的工作内容是对公客户的开发。彼时，招行还没有现在的名气，在北京也仅仅只有几家网点，市场地位和认可度无法与国有大行相比，没有客户沉淀，没有品牌美誉。招行的客户经理需要骑着破旧的自行车，或爬上拥挤的公交车在四九城里穿梭，等到好不容易找到一个客户，都得当成宝贝。客户一个电话，自己就要飞奔出门，各种换乘直扑过去，“就是一个小小的回单我们都要坐公交或者走着给人家送过去，只能靠服务把客户拽过来。站立服务、微笑服务、面对面服务、上门服务，我们每天都在嘴边念叨。”

在支行的头两年，王兴海身上每天都背着一个包，包里固定物件有一个本、一支笔、一沓开户资料、一瓶矿泉水。早晨，他从支行打完卡出门，绕着中关村大街，海龙大厦、科贸大厦、

金晶

读着文章，感受着海总的魅力，更体会着北分的精神、招行的风骨。似乎自己也跟随他，走过北分最初的美丽时光，走过这光辉历程中的 17 年。看看脚下，历程还在继续，而榜样就在身边——行胜于言，自勉、学习、追赶！

硅谷电脑城……一圈一圈地转，一个楼一个楼地扫。那会儿，中关村开始热闹起来，卖电脑的、卖光盘的、卖各式电子产品的已经多起来，大公司不好找，这些小商户、小贸易公司便成了王兴海的目标。“这些小企业没有存款、不好贷款，能做的业务很少，但我还是坚持去做，一是积累些客户，二是锻炼自己的能力。”王兴海也忍不住抱怨道，“说实话，那时候真的很辛苦，有时候跑一天，开几个户，回到行里小腿都打颤，更讨厌的是北京春秋的沙尘暴，一天跑下来，蓬头垢面，嘴里全是泥腥味，鼻子一摸全是黑的。”说着他不由自主摸了摸自己的鼻子。虽然辛苦，但王兴海很感恩招行给他的锻炼，也很感谢当时的领导和师傅对他的鼓励，那一段一直是他最为珍视的记忆。

最卖力的网上企业银行推动者

王兴海在支行的时候，刚好赶上了招行网上企业银行的推出。那阵子，互联网在中国还是新鲜事物，电脑对于普通人来说还不是必需品，很多公司的财务基本上都是手工操作。“我们有的客户经理连电脑还玩不利索，对于网上企业银行的操作，更是一知半解。”王兴海回忆道，“但当时总行推的决心很大，我们必须硬着头皮学习网上企业银行一系列的安装与操作方法。”

韵

初入行的新员工培训上，海总使用新鲜的“高科技”方式给大家留下了深刻印象。

庆幸的是，王兴海本人就是一名不折不扣的高科技产品发烧友，尽管收入微薄，但他可以省吃俭用，追逐各种最 in、最酷炫的高端产品。谈到他热衷的高科技，王兴海一脸兴奋，“从 SONY 公司当年推出的第一款超微型化笔记本电脑 VAIO—U1，到柯达公司引领数码时尚的全新 mc3 多媒体机，我家里都有。所以，当时推企业网上银行的时候，我是很激动的。”正因如此，王兴海比别人更快地适应了中关村地区浓厚的 IT 氛围，并被其深深吸引，这也使得他很快成为了招行网上企业银行的忠实拥趸。他无比坚定地认为，网上企业银行必定会替代柜面的大多数业务，成为每个企业的必备产品。

“其实，刚推广网上企业银行很费劲，企业从财务人员到高管都比较谨慎，对网上企业银行的安全性表示怀疑。观念上改不过来，什么都是白搭。”王兴海摊着手说，“是不是网上企业银行时机没到呢？也不是。当时，一些企业特别是中关村地区的企业开始用电脑办公了，而且去柜台办业务成了一些财务挠头的事，‘门难进、脸难看、事难办’，人多拥挤，排队排半天，效率十分低下，这已经成了他们的痛点。”于是，他抓住这个痛点，对症下药，向客户解释网上企业银行的便利性。为了增加说服力，他还收集整理使用网上企业银行的成功案例去说服客户，并鼓励企业小步前进，先试用一段时间再说。就这样，一家、两家、三家……他手中维护的客户，越来越多地开始试用招行的网上企业银行。

“如果说推广网银难度系数是 1，那么提供网银后期服务难度系数就是 10。”王兴海无奈地说，“企业装了网上企业银行就要用，那你就得教会财务人员，可是很多财务人员尤其是上了年纪的连电脑都没碰过，更别谈用网上企业银行了。怎么办？只能自己一步一步教。”于是，王兴海和同事们成了很多企业财务的电脑启蒙老师，白天跑客户安装网银，下班后去企业教电脑操作，时间安排还得和企业时间碰上。有时一天可能安排好几场培训，一些内容重复讲到王兴海自己都想“吐”。

王晓彪

从我第一天正式入行起，就有幸成为海总的下属，至今已进入第 9 个年头。海总的谆谆教导、海总的身体力行、海总的爱岗敬业，无不深深打动和鞭策着我，更让我成为了一名忠实的“海星”。

“这还不是最难的，最要命的是维护。”他说，“刚开始试用的时候，由于不熟练，便会产生很多问题。客户一有问题就打电话，打了电话就要马上解决。”有一次，晚上八点多，客户转账操作失败，一个电话就给了王兴海。王兴海下班刚回到家，衣服还没有脱，立马拎着包，去二十多公里外的客户单位解决问题，来回一折腾，再回到家时已过半夜。“那个时候，这样的情况还不是少数，甚至是常态。呵呵，现在想起来，还很头疼。”他笑着说。

全国第“0001 号”

经过几年的客户经理岗位锻炼，王兴海离开支行来到分行部门，成为分行公司金融条线最早的一批产品经理，肩负起公司金融产品创新和推动的工作。其时，招商银行开始全面整合各项公司银行业务品牌和产品，正式推出“点金｜公司金融”业务品牌，成为国内银行业第一个具备市场影响力的公司金融业务品牌。尽管除了“存贷汇”之外，并没有其他的产品，但是他和同事们仍然怀着对创新的热切追求，从客户的每一项需求和业务的每一个细节出发，关注监管政策的变化、分析客户遇到的问题，用智慧和耐心大胆开展产品和流程创新，不仅得到了客户的广泛认可，更创造了同业间的多个“第一”。

请叫我海星

海总曾说：“我们还没有到拼天赋的时候，要拼的是努力。”这句话时刻铭记在心！

这些“第一”包括北京市第一个银税通电子缴税系统和海关关税担保通关业务，凭借着这项产品设计和业务改进方面的创新，他本人于次年被中国金融工会评为全国金融系统职工“创新能手”，并代表北京分行在当年的“北京金融行业青年理财服务综合技能大赛”中一举夺魁。

其中，最让王兴海记忆深刻的是全国第一单“企业年金”业务落地分行。当时，劳动和社会保障部正式颁发《企业年金试行办法》，各家商业银行跃跃欲试，都希望通过抢夺全国第一单“企业年金”业务来树立市场领先地位。分行上下也憋着一口气，力争夺下这个第一单。回忆起当时的情形，王兴海的脸上露出“自嘲”的笑容，“企业年金在当时是个新鲜事物，无论是从政策到角色，还是从系统到流程，我们都还摸不着头脑当时的业务推介会时间很紧，我们几个人就没白天、没黑夜研究文件，一个条款一个条款地去啃。虽然已经很卖力，但说实话有些内容我们还只是囫囵吞枣，没来得及完全消化，当时给客户做当面推介，心里还是直打鼓，腿都在打颤，因为心里没底啊，就害怕人家提问题，万一答不上来，真是要闹笑话了。”还好，在总分行强大团队的支持下，王兴海他们凭着一股闯劲，与当时刚刚成为全球 PC 领导企业的联想集团达成了合作意向，并通过不懈努力使联想集团企业年金成功备案为全国第0001 号企业年金计划。

说起这段经历，王兴海依然心潮澎湃，“那个时代的创新业务还比较简单，与现在的金融创新无论是在复杂程度上，还是在价值创造方面都不能比。只是在当时严格的政策监管下，帮助客户解决一些小小的问题罢了。”随后他话锋又一转，“不过，这些小小的创新也不能忽视，正是这一个个小小的进步，才成就了我们公司金融业务大大的市场。”

让备手永远是备手

王兴海担任分行公司金融部总经理时，招行正处在转型的关键时期，他肩负着推动分行对公负债、资产业务、中间业务和对公客群等多项重要业务的重任，但是他难以割舍作为产品经理的情怀，始终关注着政策、市场和同业等一切关于公司金融产品创新的最新动态。

为了降低票据业务的操作风险，提高票据流转使用效率，降低企业的财务成本，中国人民银行开始牵头各商业银行建设电子商业承兑汇票系统。王兴海与团队成员一起紧锣密鼓地开展了分行层面的制度设计、流程梳理和系统测试。与此同时，他还带领营销团队与一直以来关注着电票产品创新的多家在京客户逐一接洽，从业务、技术、行业地位和合作关系等多个维度寻觅最为理想的第一张电票合作伙伴。

“在第一张电票发行过程中，有一个小插曲非常有意思。在一次与客户的接洽过程中，我无意间了解到这个客户对于拿下第一张电票的决心非常大，可能是对我们信心不足，在和我们合作的同时，还在与另外一家国有大行同时合作，希望找个备手，确保能拿下第一张电票。我当时就下了决心，这个备手永远只能是备手，第一张电票，我们拿定了。”正是凭借着这个决心，王兴海和相关部门不负众望，成功收获这一业内瞩目的“全国第一张电子商业汇票”。

迷妹小海星

17 年的招银人，是“海总”牌的专注；

每日早出晚归，是“海总”牌的勤恳；

新员工入职培训，是“海总”牌的创意；

“海总”牌招行精神，点一百个赞！

依然在路上

三年前，北京分行响应总行关于“加快发展”的号召，提出了“再造一个北京分行”，新增对公存款破千亿，对公客群翻番等看似高不可攀的任务目标。作为公司条线协调人，王兴海面临的压力可想而知。

电梯兄

从无到有，从有到优，从优到精。

海总身上集中体现了招行人的敬业精神、奉献精神。

“这几年，分行几步并作一步走，打了很多硬仗，啃了很多硬骨头，大家压力很大，都很辛苦，但是也乐在其中，因为我们的成绩摆在那，我们的辛苦没有白费。”王兴海揉了揉因为长时间紧锁眉头而形成的皱纹。

其实大家私底下都知道，为了完成这个既定目标，为了给支行更多指导，王兴海与他的团队付出了很多，分行三楼办公室经常至深夜依然灯火通明。他们逐一梳理目标客户，逐级设定提升目标，做到“有名单、有产品、有指导、有督促”，做到“逐日盯、逐户盯”；他们深入改进客户经理培训、全面落实“名单制”营销、有效搭建“铁三角”作业机制、探索搭建公司金融潜力客户竞标营销制度；他们创新客户经理账单，改进客户管理系统，健全分行公司业务管理体系……就这样，一系列行之有效的推动措施，在他们手里一一形成并在全行推开。

谈到这些成绩，王兴海很感慨，“公司条线这几年取得的成绩，说实话，我们的功劳微不足道，最应该记功的是分行所有的干部与员工，特别是身先士卒的各位行领导和广大的一线客户经理，如果不是他们冲锋在前，铆足劲，不放弃任何一个营销线索，把每通电话、每次拜访、每场宴请都当作是业务营销的前沿阵地，就不会有我们这么好的业绩。”

如今，作为分行公司金融事业部副总裁的他，又有了新的挑战，分行机构改革已经射出第一箭，如何在保证分行业务稳定发展的情况下有效推进改革，需要想的和需要做的还有很多。“改革已经进入深水区，开弓没有回头箭，前面还有很多沟沟坎坎需要迈过去，虽然挑战很多，但是我有信心，有领导支持，有同事们齐心协力，改革一定会实现预期目标。”王兴海信心满满地说，“黄沙百战穿金甲，不破楼兰终不还，这是我的誓言，也是我们北京分行公司条线所有干部员工的誓言。”

张康乐

爱游泳，还没学会；爱健身，总没时间；爱麻爷串吧，更爱礼如士家；别喊他收拾办公桌，他在打理自家的花园；他今年40岁，他不再接受诱惑；他的身材不胖，只是行服太紧；他为公司金融而生，他为自己代言；他是铜板儿他爹，他是星海联盟CEO；他是Gavinwoo（海总英文名），他是王兴海。——海总“凡客体”介绍。

王兴海是事业上的拼命三郎，其实他的生活和事业一样精彩，“工作和生活不是两条平行线，他们是一个圆形的两段，缺了哪一边人生都不会圆满。”他是多才多艺的软件牛人，在新员工入职培训上，他都会自己制作一段反映分行批发银行业务风采的精彩视频；在部门年终庆祝活动中，他还会带领四个大男孩颠覆形象，大跳神棍舞。他也是部门内著名的美食达人，有时邀约三五好友在家中开办周末厨房，亲自料理意式肉酱面、菲力牛排或私家烧烤，有时还将周末做好的美食带到部门，在每周一晚的例会上给大家分享。他还是一名摄影发烧友，家里的“长枪短炮”一应俱全，经常有绝美作品呈现……

采访结束时，夜已阑珊，我走出分行的大楼，三楼的灯依然亮着。十月底的京城天气渐凉，冷风吹散了空中的阴霾，吹落了长安街边老槐树的枯叶，绚丽华灯映衬得分行大楼的红色LOGO更加艳丽动人。

卜杨："灰姑娘"的水晶鞋

◎李灵琳

访谈人物：现重庆分行公司金融事业部公司客户二部总经理助理，原公司客户二部主管　卜　杨

编者按：没有名牌大学毕业的光环，没有过人的背景天赋，卜杨用十余年时光，一步一个脚印，凭着努力与坚持，从一名小柜员成长为"招商银行总行十佳公司客户经理""全国金融系统五一劳动奖章"获得者。2016年，在全国银行业"资产荒"的困境下，卜杨个人新增FPA投放近20亿元，FPA余额占支行团队份额35%。

零售银行部

一口气浏览完简直像看名人传记一样。每个人都会在工作中遇到或大或小的困难，但遇到困难真的不在于你会不会解决，更在于你想不想、敢不敢、愿不愿解决！卜杨就是我们身边的教科书，没有捷径，没有诀窍，一心一意服务，踏踏实实学习，成功的路上汇聚的都是点滴的辛劳与付出，如果和她一样努力，结果也许真的不同。

第一次"采访"卜杨，说来有些偶然：恰逢她来分行办事，走廊中不期而遇，简单几句便谈及计划中的专访。"要采访我？你确定？既没有神奇的经历，也没有动听的故事，谈什么好呢？"

卜杨的一连串迅速反应，竟让我一时语塞，气氛出现了几秒凝固，继而被卜杨爽朗的笑声打破，"哈哈，要不咱改天细聊，今天我还没准备好，怕'流标'。"说罢，便匆匆忙事儿去了。

第二次采访，约在了一个周末的下午。短暂寒暄后，便直入正题。一边是卜杨边说边笑的回忆，一边是我压抑着内心激动的笔头飞转。十余年光阴中的荣誉与磨炼，泪水与汗水，仿佛就在这一问一答间，跃然纸上。

从“女汉子”到“女书生”

2004年，卜杨初出象牙塔，经历了择业的艰辛与迷茫。那时的招行对于卜杨而言，充满了期待与希望。她用了5年的时间先后经历了储蓄柜员、零售客户经理、个人资产专岗等多个零售岗位，由于做事踏实，为人谦逊，业绩突出，很快她便在同届毕业生中脱颖而出。

为什么会往对公条线发展呢？卜杨笑道：“记得那时支行每周召开晨会，我在汇报业绩的时候，谈到本月发放2000万个人资产时，已经觉得小有成绩。但听到对公条线员工汇报本月投放数亿资产，成就感便荡然无存，觉得他们好厉害，一笔业务就可以抵上我半年左右的个人资产业务……”

2009年，怀着对职业成就感的憧憬，卜杨迎来了第一个重要转折。由于她在个贷岗位上的出色表现，加之拥有丰富的零售信贷经验，在支行行长的大力推荐下，她正式转型成为了一名对公客户经理。

> 匿名
>
> 好样的！感谢榜样精神传递！毕业那年，我说5年内成为一名十分优秀的公司客户经理，如今在CMB，我不能放弃，还有时间。

“回忆起刚转型的那会儿，与其用阵痛来说，还不如直接叫痛。以前做零售，再硬的骨头都敢啃，再难的业务都敢上，骨子里总有种不服输的劲头。到了对公岗位才深刻理解，什么叫作‘隔行如隔山’。”卜杨对那段记忆印象深刻，客户不熟，知识不懂，一切都显得那么茫然和陌生，以前做零售能言会道的“女汉子”，一时间竟变成了沉默寡言的“女书生”。

第一次独立前往支行老客户日常拜访的经历，现在卜杨谈到仍会觉得羞赧。拜访一开始，卜杨还在用零售方面学到的知识，硬着头皮跟客户交流。但隐隐地，她感觉自己与客户并不在一个频道上，果然，客户提出了关于国内保理融资的问题。

“小卜，招行能给我们做保理业务的暗保不？”

“保理业务？暗保？”这些听起来熟悉实际却很陌生的专有业务术语，卜杨只在招行的公司产品手册里见过，但具体怎么操作，很多细节性的要点却完全不清楚。

“小卜，这样吧，你回去先问问，看你们能否为我们做这笔业务？”可想而知，当时卜杨的脸是红一半白一半……大概客户也看出了她的尴尬。

为了尽快脱离转型困境，掌握营销所必须的基础知识，卜杨放弃休息时间，加班加点学习培训材料，想方设法的积累实战经验。为此她还研究了一套专属的记录+录音的“狗仔跟拍全流程”。为了找好、找准“跟拍对象”，卜杨可谓使劲浑身解数，在几轮的软磨硬泡后，终于“赖”上了当时支行的对公业务“大牛”，同意带上她协同谈判。

“真是纸上得来终觉浅呀，遇到需求简单的客户还好，储备的业务知识还勉强够用。要是遇到同业、专业性强的客户，再强的死记硬背都会显得那样的苍白。背景研究、专业剖析一出，整个人彻底就蒙了，除了赔笑，剩下的也只有奋笔疾书的记录与继续恶补了。”独立作业仍需火候，就继续赖上“大牛”旁听，卜杨试着学习、剖析、揣摩高手过招的点滴，看他们如何在谈判中、同业竞争的情况下妥善报价、调价，遇到敏感环节的时候，又是如何避实就虚，巧妙周旋。

“还记得那段日子，真是闭上眼睛就感觉眼前硝烟弥漫。”在经历了一段时间的转型之痛后，卜杨的公司客户经理“范儿”开始小荷初露。

追求极致后的美丽

“办公电脑上那五颜六色的便签条，是你一天要完成的工作么？”闲聊中，卜杨给我看她平常练习瑜伽的照片，我却对她手机里的另一张照片产生了好奇。

“不全是，有些是我细化了的事务流程和重要节点。”她马上一脸认真的给我介绍，“比如做放款手续，就要做到望闻问切：望，熟读审批意见；闻，头脑中要迅速思索办理流程；问，就是要对照审批意见指导客户办理相关手续；切，立刻着手办理相关手续……”对细节的极致追求，不仅让卜杨在工作中游刃

匿名

放款环节专业的“望闻问切”，值得学习；接触客户到放款落地，短短九天时间，让人敬佩；客户营销，红眼航班来回折腾，让人感动。

有余，更为她取得优异业绩打下坚实的基础。

2009 年，卜杨刚接手了支行一个全国性大型地产集团 A 公司。那一年，A 公司的存款跌到了历史低点，与支行的关系也若即若离。

虽说是频临流失的“业务”，卜杨却显得异常兴奋。因为她觉得，只有在这样的境地，扳回一城，才能证明自己的价值。她开始从细微处入手，研究现象背后的原因，并通过零售知识的灵活运用，最终将营销重点，紧扣在客户新楼盘 POS 刷卡，以及售后的精细化服务等环节。因为作为大型房地产企业，房款的回笼至关重要，只要控制住他回款的渠道，并且为其提供便利的精细化服务，便能从源头和资金流水方向上促使款项流入招行账户。

有了应对策略后，从那一刻开始，只要是这个房产公司有楼盘开盘，便能找到卜杨的身影。从清晨 6 点的“蹲守”，到夜晚 9 点的“尾随”，卜杨乐此不疲。终于，“贴身”服务的成果开始逐渐显现，企业和支行的关系开始扭转，对公业务也陆续开展起来，客户的存款规模由日均 2000 万元最高时增长到日均规模 7 亿元。

但是市场上永远不相信“一招鲜吃遍天”。为了全面“拿下”客户，卜杨一有空闲时间就去该公司，进行高层营销、情感营销。了解到企业分管财务的副总喜欢打羽毛球，她便积极练习球技，相约打球，渐渐地同企业中层干部建立起深厚友谊，并以此为契机，尝试深度参与客户企业不定期的拓展、年会。久而久之，上至公司高层，下至基层员工都慢慢接受了卜杨，并把她当成“名誉员工”对待。

随着关系营销的日益成熟，双方合作的业务领域也逐渐推向纵深。2016 年 10 月，卜杨与她的团队，顺利实现 A 公司 17.2 亿元大额信贷的前期投放，期限 3 年，预计中收将达到 2000 万元，成为重庆江北支行建成以来，公司信贷投放规模的巅峰之作。

做聪明的“傻子”

匿名

我是其他分行的，因为工作和卜杨姐有过联系，她客气大方，给我留下了深刻的印象，必须手工点个赞。

调岗后的三年，卜杨渐入佳境，在工作中一如既往地发挥着重庆女孩的坚韧与执着。不仅主动尝试创新业务，完成了分行第一笔某汽车集团配套企业应收账款动态质押项目。同时，还积极参与支行客群结构优化，全身心投入工作当中。

通过梳理对公客群后，卜杨发现，当时的房地产类企业在对公客群中占有极大的比例，稍有不慎，容易造成一荣俱荣，一损俱损的局面。为避免陷入被动，卜杨开始提前布局，从制定信息收集框架开始，通过网络、工商局及报纸杂志上记录的企业信息，按类别、分行业去逐条筛选目标企业。某园林公司B公司便是从那刻开始进入卜杨的视野。

彼时，B公司还仅仅是一个为房地产开发企业做绿化配套的施工单位，尚不成规模。但该公司高层人员思路非常清晰，且核心竞争力明显，管理制度健全规范，且从股东结构来看，已有知名风投入股，若上市将大有可为。

说来也巧，那时B公司正在进行装修搬迁，网上预留的办公电话始终处于无法拨通的状态。“机会就在眼前，只能实地拜访。”卜杨赶赴网上登记的地址后，发现该地早已物是人非，只好无功而返。不甘心的卜杨以后每天都会试着拨打电话，一次又一次，直到电话那头传出，“您好，这里是B公司……”“太好了，你们终于接电话了……”此时卜杨才意识到对方是录音循环，“当时我差点笑出声，也许太着急啦，哈哈……”

几经波折，卜杨终于得以拜访B公司的总经理。对方简明扼要地告诉卜杨，因为风投入股，企业资金相对充裕，暂不需要银行信贷支持。如果有业务需要，会联系她，说罢，并礼貌性地将卜杨引荐到公司财务处。

客户的拒绝，并没有让卜杨放弃，“既然看好企业的发展前景，就非常值得在它身上下工夫，哪怕是徒劳也罢，努力了，成为朋友也是好的。”这些年的银行从业经验，锻炼了卜杨乐观的心态。她开始不断地尝试，从企业上下游配套入手，熟悉企业的运作模式，同时，与企业财务、高层保持定期沟通，介绍对公产品信息，及时了解企业的资金需求。这样的常态一晃就过了一年。在这一年中，卜杨遇到了很多同业，但他们大多了解到“企业资金充裕后”都选择了离开。甚至有人开始笑卜杨傻，说她仅为了一个不确定的可能便全身心付出……

“做聪明的‘傻子’，需要有一颗强大的内心。”卜杨随手整理了下头发，“我们面对的都是同样的白纸，至于画出的是名画，还是糟粕，取决于我们内心的执念。”

王琪涵

太厉害了word姐，向卜杨姐学习！看完访谈让我这个在休产假的带儿婆蠢蠢欲动。休完产假争取早日回到工作岗位，在卜主管的带领下将自己管户的客户做大做强。

一年后的一天，B公司总经理突然来到支行，向卜杨咨询信贷合作事宜。“机会终于来了！”卜杨差点喊出了声。她抑制住内心的狂喜，随即在充分了解客户资金需求后，有针对性地为客户提出了满意的资金合作方案。卜杨格外重视这次机会，不仅利用周末时间细致撰写信贷报告，同时还沟通分行审贷部门，仅仅用了9天便完成了信贷业务的调查、申报、投放。

有了这一笔业务的口碑，卜杨乘胜追击，开展公私联动，最后促使B公司全面“沦陷”，不仅选择了招行作为结算主办行，就连公司的董事长、总经理都成为了招行的私人银行客户。2016年该公司在招行日均存款余额达到了1.3亿元，并主动转介其新加入股东——全国知名资本运作企业与招行接触，且已成功开展委托贷款业务2亿元，后续还有上市公司股票质押、并购贷款5亿元、产业基金10亿元等合作先机。

卜杨笑称自己是个“灰姑娘”，从一无所有到成绩瞩目。但与童话不一样的是，我们这位火辣又柔情的山城“灰姑娘”，并非遇到了白马王子，而是敢拼敢闯，通过努力，蜕变成了公主，锻造出一双无与伦比的“水晶鞋”。午夜钟声敲响，她的“水晶鞋”仍熠熠生辉。

赵琨

榜样的力量，赞。文章最后一句写的非常好，使主旨得到升华。

王剑:爱折腾的“王老师”

◎欧阳照　王　越

访谈人物:上海分行同业客户部总经理助理 王　剑

编者按:从青年支教志愿者到招行管培生,从轮岗的支行柜员到上海分行同业客户部总经理助理,入行八年,王剑相信实干、专业的力量。他从客户需求出发,组建队伍,挖掘客群,持续创新,带领团队取得了一次又一次佳绩,为上海分行同业客群经理团队捧回了“年度十佳营销团队”的奖杯。

2009年,研究生毕业的王剑自北京南下深圳加入招商银行。2014年,王剑又积极响应总行人力资源部对管理培训生“回炉”的号召,举家北迁上海,在上海分行同业客户部带队打拼。他说:“我是东北出生、北京求学、西北支教、深圳就业、上海打拼,一直在各种折腾。我的生活就像一部电影的名字——《南征北战》。”说罢,他摸着头哈哈地笑了起来。同事们说,这是“王老师”笑到动情处的标志性动作。

芳芳姐

真正的经理人,就是要像王总这样折腾,为这样的经理人点个赞。

从支教“王老师”到扫楼流动户

入职招行以前,王剑有着一段鲜为人知的支教经历。本科毕业后,他参加了团中央青年志愿者扶贫接力计划,赴甘肃榆中县小康营乡中学支教一年。玉门关畔的这一年支教经历艰苦而难忘,如今,王剑仍旧感动于与学生们离别时的场景,仍然很喜欢别人称他为“王老师”。在他的心中，这一段特殊的经历一直鼓舞着他做一个正直、奋进的人。

2009 年，作为总行管培生的他开始了为期两年的支行轮岗培训。两年的时间里，他坐过柜台，通过了柜员资格考试，每天练习点钞的手指从磨出泡到结成茧的场景还历历在目；他站过大堂，被客户质疑“招行的人员不都是年轻小姑娘吗？怎么换成老爷们儿了？”的场景至今仍被同事取笑；他陌拜扫楼，也曾与前台人员和大楼保安斗智斗勇；他管过户，独立开发过三家中小企业贷款……

所有这些基层的经历让王剑熟悉了各个岗位的职能和运作，了解了营销的不易，也让他养成了坚韧进取、低调务实的个性。

做“桥梁”也做“大脑”

轮岗结束后，王剑进入总行同业部，3 年后，表现出色的他转入上海分行同业部，致力于分行同业业务建设。2015 年初，任职分行同业部总经理助理的王剑根据总分行的经营战略，协助组建了一支“青年先锋队”——上海分行同业客户部客群经理团队。谈到这支“先锋队”的创建过程，原本微笑着的王剑收起了阳光的笑容，微蹙眉头，感慨万千。

“为什么要建立这样一支队伍？”

“顺势而为。”他坚定地回答。这个“势”是客户需要、客户经理需要、产品推广需要三者的汇聚。同业客户不同于企业客户，类型复杂、专业性强、产品需求面广、创新性要求高、需求随市场变化也快，在这样的客户面前，传统的“产品经理+客户经理”的营销模式出现了瓶颈：客户需要与真正了解他们行业和经营的同业专业营销人员对接；客户经理也需要能站在客群的角度，把与一类客群的所有合作点和经营思路讲深讲透的专家服务；产品经理同样需要所负责的产品向客户推广时有明确的定位。

这三个“一站式服务”谁来做？当然是客群经理。

于是，2015 年初，上海分行同业客户部客群经理团队经过半年的营销实践总结后，根据分行的经营战略部署，由部门总经理挂帅正式组建，王剑作为副队长负责带队拼杀。

我们\ (^o^) /

浣溪沙·同业客户部
陆家嘴千帆竞候，
黄浦江百舸争游。
英雄斩浪立潮头！
想当年峥嵘往事，
到如今风雨同舟。
同业部壮志正筹。

这支团队由 8 名客群经理组成，队伍平均年龄不到 26 岁，成员大多为新入行不满两年的新人，是实实在在的“青年军”。初生牛犊不怕虎，年轻最不缺的就是勇气和拼劲儿，团队成立的目标就是做“开拓者”，要利用上海这片同业的沃土，探索出同业客户经营的新范式。

团队成立、目标明确后，第一个要解决的问题是如何设计路径，即如何把目标通过考核进行分解，尽量实现量化，确保团队每个人都有明确的方向，过程有落脚点，结果能衡量，否则，“做客群”很容易浮于表面。

“我们的目标不是做花拳绣腿，而是要真真正正实现客户经营实力的提升，最终结果一定要能通过实实在在的业绩来体现。”王剑已经不记得，那段时间与领导同事们开过多少个会议来讨论客群经营路径的设计。通过不断优化调整大家的KPI方案，经过反复的论证，最终，客群营销指引、客群总收益提升、客户拜访频率、战略客户收入、产品创新数量、核心产品规模这六项关键指标，成为客群团队每个成员的 KPI 构成核心。至此，分行同业客户经营的“客户经理、产品经理、客群经理”铁三角营销体系正式运转。

“客群团队的角色先是桥梁，再是大脑。”王剑阐述道。所谓“桥梁”是要首先做好客户、客户经理、产品经理三个角色的衔接作用，即做好前述的三个“一站式服务”。所谓“大脑”，是更高阶的要求，建立在上述要求之上，要能指引一类客群的营销。

匿名

谦逊、平和、专业又异常努力的王老师，手动点赞。

“要求听起来是不是有点太高了？”王剑自问，但马上予以坚定的自答：“就应该是这样，目标就该如此，我们可以按节奏来，一年一个目标，一年一个阶段，最终实现团队的建设。实际上从某种程度来讲，客群经理就是一个客群的‘行长’。”

创新是高阶"BOSS"，也是救命稻草

既然"先锋队"成立的目标就是做"开拓者"，那么在工作中，团队想的最多的，不是如何循规蹈矩做业务，而是如何进行业务创新。在王剑眼中，团队是基础，创新是灵魂，尤其面对同业客户，关系千好万好不如产品好。事实也是如此，整个客群团队的信心就是来源于业务创新。

"其实在团队建设初期，进展并没有想象中顺利。"当时的上海分行同业部员工以新员工为主，业务理论知识与实战经验都极为欠缺，加之开始的客户排摸等工作往往不能直接体现产出，新人在执行客群拓展的同时，更要恶补产品知识，客群团队的信心受到了一定挑战。

"客群经理指标难量化，员工在考核时没有以前更容易出成绩，当时大家都一片茫然。"成员们开始纷纷与王剑沟通，又要学习系统的知识，又要不断拓展业务，感觉工作进展十分缓慢。

质疑的声音回响在团队中，极大地打击了大家的士气，而年轻人，需要新的活力。王剑其实也心急，但他更相信在上海这样的市场，只要方法正确，总能找到自己的天地。他不仅带领成员四处走访挖掘潜在客户，还鼓励他们每天坚持锻炼，培养冷静思考的思维模式。

每天早上，王剑都要跑完5公里才去上班，随即，他又补充道："以我的身材说我每天坚持锻炼身体，人家可能都不会相信，但爱锻炼也爱美食，这样也就平衡了。"

冷静思考，跑出新路子，整个团队紧紧抓住了"创新"这棵稻草，终于在"ABC"业务创新上一炮打响。

"先锋队"针对某财务公司的个性需求，推动总行落地全系统首单"ABC"定制化资产管理业务，预计可实现中收逾千万，后续又不断推动总行优化模式，在总行树立了分行的创新品牌，并得到了总行领导的认可。这使得整个团队第一次收获

兔子先生

爱跑步，爱折腾，年轻就是资本，招行的未来属于敢拼敢干的一群人。

了极大的信心，产品创新成为整个团队前进最大的动力。

“这些创新能够实现突破，有偶然，也有必然。偶然在于，在分行层面，我们并没有期望能一下子就在创新产品上立即收获，按正常进度，产品创新属于‘高阶’，我们不能要求新人们直接进阶最高阶段；必然在于，整个团队的目标明确，拼搏力强，韧劲儿足，对于客户的需求，队员们认认真真地带回来研究，且没有被较长的产品创新流程吓倒，不放弃任何可能的机会，坚持推进，直至落地。同时，产品创新推进过程耗时耗力，客户经理和产品经理受限于自身业绩压力和精力，往往不得不战略放弃，而客群经理完全以客户需求为导向，站得更高看得更远，愿意并应该进行战略性精力投入，我们的机制也给予他们探索的时间和空间。”

随后，上海分行又成功落地全系统首单“DEF”业务，并在该产品规模和收益上稳居系统第一，并以此巩固了衍生品特色行的地位。一次次成绩的取得让每一位团队成员信心倍增，他们开始认识到新模式的先进性，并且互相学习、鼓励，在每一笔业务成功落地后都互相分享可继续改进的地方，形成了良性的发展氛围。

方之昕

还记得 2011 年年会的那个小品吗？好久不见。

“丰硕的成果充分体现了分行客群经营团队的创新意识及创新能力，打造了一个属于年轻人的‘创新’品牌。”王剑感慨道。

“通过我们团队的实践总结，业务创新其实就是把客户的新需求推动落地的结果，源头不是我们自己，而是客户，我们需要做的，就是对客户的需求敏感、敏感、再敏感，绝不放弃客户任何的诉求，这其实就是招行‘葵花文化’的落地，站在客户角度考虑问题，向着客户需求转，总能得到客户的肯定。”说着这句话的王剑又露出了阳光的笑容，那笑容里是对团队的自信和对未来的期待。

“能折腾”爱挑战，庆幸入对了门

辛苦耕耘，收获渐丰。在银租业务合作中，客群团队立足

市场需求，找准客户痛点，以同业借款等业务为切入点，客群经理们全面摸排了本地客户需求，在巩固了客户关系的同时，利用时间窗口完成了集中放款，同一时间完成了银租客群的营销指引，被总行推荐为全行的服务模板。2015 年，上海地区券商收益贡献相比 2014 年增幅达到 107%，同业负债业务日均规模连续两年保持 65%同比增长……团队取得的每一次成绩，每一个“第一”，王剑都如数家珍娓娓道来，他说这是团队共同努力的结果，他始终以这支优秀的团队为骄傲，也始终以团队的一分子自居。

“当然，需要改进的地方还有很多，空间仍旧很大，客群团队的工作可以说才刚刚起步，客户经营工作永远不会有尽头，我们寄希望于通过团队持续的努力，把同业客户经营工作做到极致。”王剑笃信，这些乳虎啸林、豪情满怀的年轻同业客群经理，充满了“百尺竿头须进步，十方世界是全身”的进取精神，一定能够将客群经营工作做出典范。

访谈接近尾声时，我们才发现在密密麻麻的访谈记录里，几乎全是王剑对团队和业务的描述，对于自己，他谈的很少。我们试着引导他讲讲自己的故事，“这些都是团队的功劳，我自己也没有太多的故事”。王剑又摸摸头，像个孩子般笑了起来。

匿名

爱折腾！折腾出了名堂，学习了。作为招行的一员，不安于现状，是不断提高、向上的动力。

王剑说，自己是一个能“折腾”，爱挑战的人。一路辗转走来，最庆幸的是入对了门，招行创新的基因、灵活的机制是个人得以不断成长的基石；小伙伴们相亲相爱、并肩作战、拼杀闯荡，一起埋头苦干，不断专注向前。

清晨的一缕阳光透入了纱窗，一杯咖啡散发着浓郁的香气，办公桌上刚刚开启的手机随着各个微信群不停地抖动，各大银行的报价尽收眼底，枯燥的数字和蓬勃的朝气激荡在一起，崭新而忙碌的一天又开始了，而新的一天总会有新的惊喜。

陈廷阳:七年“不痒”

◎张铭伟　王　菡

访谈人物:深圳分行公司金融客户部东门分部团队负责人　陈廷阳

编者按:陈廷阳是标准的“招行好青年”。七年时间,他两次获得招商银行青年五四奖章,连续两年被共青团深圳市委授予“深圳市优秀共青团员”称号。最近,更是被中央金融团工委评为“全国十大金融青年服务标兵”。从柜员到对公客户经理,到支行大客户部主管,再到如今的公司客户分部的负责人,陈廷阳的七年,与其他招行青年员工既有相似,却又不同。

入行七年,不少人问陈廷阳“痒”了没有,陈廷阳只是笑笑。对于他而言,七年时光,一切只是刚刚开始。

晚上八点,位于深圳罗湖区的东门支行依旧灯火通明。与陈廷阳的初次见面约在他的办公室,我们到达的时候,他正在跟团队成员谈心。办公桌上杂中有序,除了日常要处理的文件、调查报告和一些文具之外,还有一些散落的书籍。“最近诗词大会特别火,我又温习了一遍《诗经》,意境很美。”工作之余,陈廷阳最大的爱好就是读书,这是他减压的方式。

陈廷阳的老家在黑龙江伊春,有林都之称,雪季长达半年。“以前从来没来过南方,就想着大学索性走得远一点,考到了广州来,没想到一出来就回不去了。”每年春节,他回家的路程都要一整天,凌晨出发,飞机转快车,到家时已是半夜。深圳这座移民城市别具魅力,吸引着他这样的年轻人以梦为马,安

野人

阳春三月绽芬芳,三十而立在招行,向优秀的、帅气的廷阳哥学习。

守他乡。

创新好比行走在荒原

几年前，陈廷阳所在的东门支行是全行有名的房地产大行，陈廷阳管的户又都是万科、中海等全国知名的房地产企业。这类企业资金需求量大，对融资模式的要求也比较严苛。“为了满足他们的融资需要，只有创新一条路可走。”陈廷阳介绍道。

可事情并没有那么简单。陈廷阳的一位前辈对他说，“创新就像行走在一片荒原上，每一步都需要你去摸索，要去面对所有未知的危险，更要做好随时牺牲的准备！”既然选择服务这些客户，就要经历相应的磨难，幸好，这些创新大单还是纷纷落地了：国内第一单房地产企业中期票据；招行第一单理财资金出资认购私募可转债项目；招行第一单房地产企业多级供应商付款代理融票业务；招行第一单小股操盘房地产项目的合作方融资……

“每一单这类创新业务，都无前人的路径可循，无论是行内的流程，还是跟其他机构的方案设计，都需要自己去摸索，花的时间更多，失败的可能性也更大。”

叙做第一单多级供应商付款代理融票业务的过程，就很有代表性。当时，某大型企业的一批二级供应商有融资需求，核心企业也愿意兜底。经过与总分行的沟通、研究和探讨，陈廷阳他们决定设计多级供应商付款代理融票的模式。“但这是一种全新的模式，从系统开发到操作规程的梳理，都需要沉下心来，从头开始。而且因为咱们客户端应用了人脸识别的新技术，在业务线上需要手把手地教客户操作。”陈廷阳回忆当时情景。但正因为做了别人没做的创新，提供了他行没有提供的服务，这笔业务的落地让核心企业和多级供应商都非常满意，客户的资金流也牢牢地绑定在招行。

李馨

廷阳就像他的名字一样，充满阳光活力的“大男孩”，加油，棒棒哒！

成功落地的创新大单不少，“胎死腹中”的创新更多。在他的手中，有很多业务在跟进半年以后，因为一些限制和障碍而告失败。成功有多么振奋，失败就有多么沮丧。讲到这些，陈廷阳也不免一声叹息。

每个招行人代表的都是整个招行

陈廷阳的客户除了一些大型企事业单位，还有一部分更接地气。他所在的罗湖区是深圳的老城区，食品饮食等大消费产业发达。根据所处的区域产业特点，他将大部分精力和心血，投入到对深圳本地农业企业的支持上，已累计为该行业客户发放贷款超过 20 亿元。

“我的客户有很多都是种粮种菜的、养猪的、卖海鲜的。”陈廷阳笑着说。对这类企业的尽职调查和贷后维护，要求十分细致，也十分辛苦，“我们大家吃的猪肉要在每天凌晨运到超市，所以屠宰场一般都是半夜开工，当时为了做尽调，我和领导曾经半夜去调查企业杀猪的流程。”周到细致的服务也为陈廷阳赢得了客户的尊重与信任。

云朵朵

令人敬佩的小伙伴和领导！由衷为你鼓掌。

在陈廷阳的办公桌后面，摆放着许多奖状、奖牌、奖杯，其中 2017 年获得的荣誉里，有几份特别显眼：“公私联动——零售中高端客户先进部门”“公私联动——代发工资先进部门”“公私联动——信用卡先进部门”。

“我们行里内部分为公司条线、零售条线，但是在客户眼里，我们代表的都是招商银行。”在陈廷阳看来，如果只为客户提供公司业务方面的服务，双方的关系很难深入。如果能为企业提供优质的个人理财服务，利用招行的零售优势，就能很快赢得他们的信任。

体制改革后的深圳分行，将“协同机制”的建设作为深化改革的重要动作，鼓励全行大力开展转介和交叉销售。特别是在 2016 年年底，分行掀起了一股转介零售中高端客群的高潮。在接到任务的时候，大家压力都很大。陈廷阳第一时间盘点手中客户，主动请缨，承担了更多的指标。最后他和团队转介的

金葵花客户数在部门排名第一，在分行公司条线排名第二。成绩来源于合作伙伴的信任，“客户的认可，是当他遇到问题时主动找你倾诉，这比嘴上夸你更能说明问题。”

去年陈廷阳团队开发了一个移动互联网房产交易平台的大客户。起初，虽然与客户建立了业务联系，但是迟迟占据不了主导地位。恰好此时，企业老板遇到了个人购汇方面的麻烦事儿，陈廷阳觉得这是个突破的好时机，他跑了分行多个部门，又去外管局咨询，终于帮客户查清楚了原因，赢得了客户信任。从此以后，招行与该客户的合作突飞猛进，很快成为了这家企业的主办行。

当然除了个人业务之外，陈廷阳更关注如何发展公司业务。在控制风险的前提下，对那些发展前景好的企业，陈廷阳也能找准并把握机会，在恰当的时机为企业提供帮助，敢做“主办行”和“首办行”。

匿名

印象中，阳哥生活上是一个心细如尘、温润如云的谦谦君子，工作上是一个意气风发、坚定执着的霸道总裁！阳哥棒棒哒。

2012 年，陈廷阳接触到一家新材料企业，该企业虽然拥有较为先进的核心技术，但却始终不温不火，打不开市场。在企业内部蹲点调查几天后，陈廷阳发现该企业的财务制度不规范，报表不准确，基本通过民间借贷、足额抵质押等方式融资，成本很高。凭借专业的知识，他帮助这家企业重建了财务体系，规范了财务报表，在他的推动和坚持下，这家企业获得了第一笔银行信用融资。随后，多家银行加入此列，企业也走上了发展壮大之路。

经过一系列类似案例后，陈廷阳觉得“中小企业融资难既有社会原因，也有企业自身的原因，最根本原因就是银企之间的‘信息不对称’，关系不畅”。于是，他利用空闲时间，理论联系实际，撰写了题为《关系型贷款在中小企业银行融资中的作用研究》的论文，为中小企业融资提供了不少可行建议。

管理也要因人而异

2014 年，陈廷阳任一级支行大客户部副主管；2016 年，任罗湖公司金融客户部东门分部总经理。从业务骨干到青年管理者，陈廷阳成长得很快。谈到带队伍，陈廷阳说，“我们队伍的最大的特点就是凝聚力强，大家同心协力，没有做不好的业务。”

在带队伍时，陈廷阳注重“管人要管思想”，懂得换位思考，常常站在员工的角度想问题。“我也是这么走过来的，所以也能理解他们的想法。”作为一名“85后”，对于自己所带领的这班“90后”，陈廷阳赞赏有加。

“有人说‘90后’的员工不太好管，但我并不觉得不同年代、不同所谓标签下的员工有任何区别，大家都一样是从新员工做起，都有自己擅长的领域，也都会遇到困难。”陈廷阳会站在他们的角度去考虑问题，同时照顾到他们的自尊心和小心思。当员工表现出色，他尽可能在公开场合给予表扬，而批评的时候则会单独交流。“更重要的是要因人而异，咱们招行提倡因您而变，管理者也要因员工而变。”陈廷阳笑了笑。

2016年，分行在公司金融方面大力推进“一号工程”，主抓客群建设。起初，陈廷阳的团队客群指标排名靠后。一方面，他继续向大家传送分行“客群是各项业务的基础”的指导思想；另一方面他想唤醒大家的集体荣誉感，并肩作战，共克时艰。“当我们团队陷入了困境，大家并不会单说是我的问题，团队里每一个人都会面上无光。”陈廷阳认为，团队的协作能力与凝聚精神，不是一两句就可以建立起来的，这是一个长期积累的过程，但一旦积累到一定程度，便会发挥关键作用。最终，经过大家的努力奋战，没用多长时间，陈廷阳团队的客群指标便在分行排名前列。

有同事跟我们爆料，陈廷阳曾经带过一支全是女生的队伍，是“娘子军”里的男领导。“女生的心思更加细腻、敏感一些，我们要更加细致地体会她们情绪上的小变化。同是女生也大有差异，有的需要你不断鼓励，有的需要你持续地鞭策，还是要根据个人性格来。我觉得他们都是我的兄弟姐妹，不知道他们是不是这么看的。”陈廷阳爽朗一笑。

管理是一门艺术，需要每个管理者去不断探索，才能找到最适合自己的管理方式。陈廷阳谦虚地说：“我这些小方法都

匿名

业务上，他曾是最佳员工、营销标兵、最佳新锐；生活上，他亦是北大学霸、领军人物、文艺青年。漂亮得不像实力派。

不值一提，在带队伍方面我还有很长的路要走。”

当好角色演员

2013年，陈廷阳当选深圳分行团委委员、东门支行团支部书记。谈到当选团委委员的原因，陈廷阳笑着说，“也许领导也发现了，我精力旺盛，是一个坐不住的人。”在业务之外，这个“坐不住”的小伙儿，扮演着各种角色。他曾经代表深圳分行参加了总行“青春风采杯”辩论赛，荣获全场“最佳风采奖”。当然这对于擅长辩论和主持的他来说，并不算什么，他曾经获得过珠海市大学生电视辩论赛冠军、粤港澳高校辩论赛最佳辩手……参与这类活动的经验，对他开展青年员工的工作很有帮助。

在担任团委职务期间，陈廷阳开始把热心肠奉献给更多的人，他组织青年员工服务社会公益事业，开展了关爱老人、关爱自闭症儿童、低碳工时卡等一系列有意义的活动。他策划的分行“爱满葵园”关爱自闭症儿童系列公益活动，共举办了十余场，当时在深圳小有轰动。

除了尽到自己的社会责任，陈廷阳在担任支行团支部书记期间，组织了很多大家喜闻乐见的企业文化活动，徒步、野餐、撕名牌、各种文艺晚会。这段经历让他成为管理者后，在文化氛围的塑造上颇有心得。“你看我们最近在三八妇女节，为团队的女同胞们精心设计了一次变形活动，大家都很喜欢，其他团队的人也都很羡慕。”

而担任分行团委委员，在当时对他来说是个不小的挑战。工作在支行，却要推动一些全分行的青年活动，这些还都要在自己的工作之余完成。不过时间久了，他也喜欢上了这样的生活。于他而言，接触到了许多优秀的人，对于自身也是一种成长。

“演员有两种，一种是本色演员，演谁都像是演自己；一种是角色演员，演谁像谁。我大概就是角色演员，能够很快地适

匿名

优秀的“角色演员”，百变中依然坚守！创新能力强，带队伍能力出众，向优秀学习。

应环境和角色变幻。”

岗位变换，身兼数职，陈廷阳在“百变”中却有自己的坚守。所谓七年之痒，无非是腻了、倦了的托词，对有的人来说，七年也许是瓶颈或终点，但对陈廷阳来说，他的七年“不痒”。今年，这个与招行同龄的黑龙江小伙儿即将迎来自己的三十而立。在与招行同行的七年里，他如暖阳高挂，始终温暖一方。

邵滨:做老支行突围的探路者

◎周 震

访谈人物:苏州分行公司客户五部总经理兼三香路支行行长 邵 滨

编者按:从买菜做饭、见面顿生亲切感的邻家大叔,到操盘数十亿基金、玩转并购、智慧医疗的银行精英,从国有大行到招行,从资管高管到风险老总,从后台转身前台……邵滨的角色一直在变,但是低调、沉稳、专业的个性始终不变。两年多时间里,邵滨让对公负债不足4亿元,资产以退为主、贷款不足10亿元的城区老支行,在进退取舍间,实现了华丽转身,业绩持续攀升。目前,三香路支行对公一般性存款日均达28亿元,FPA资产规模近80亿元,更重要的是团队抖落阴霾、狼性勃发。在30周年行庆颁奖典礼上,该支行获评"30周年百佳优秀服务网点"。

笑容宽厚、身材中等,不显山露水,但交流中逻辑清晰、数据精准、直击本质,这是邵滨给别人的第一印象。从工行到招行已届十年,从资管公司高管到风险部老总,又从后台管理走到营销一线,这几年,邵滨始终在转型路上。他笑言,"从筑堤到竞渡,不仅是角色转换,更重要的是对银行如何顺应经济周期,实现浴火重生,有了全新的思考和收获。"言毕,邵滨深深吸了口烟,仿佛铁马冰河就在昨天。

陆伟

严于律己,宽以待人,这就是邵总。记得刚组建风险经理时,您一句"专业性打造权威性"始终伴随我身边;如今您华丽转身,看着行部业绩蒸蒸日上,团队凝聚力与日俱增,真心为您喝彩。

不做客户合作的“行游僧”

匿名

邵总，一位分行不多的能够骑着自行车、坐着公交车上班的老总。他工作的动力是源自内心的热爱，是脱离虚荣的，感动。

其实，当初接手的三香路支行也曾辉煌一时。它是苏州分行成立最早的经营机构、最早的分行营业部所在地，算来也有十七年了。但是，随着老城区优质企业提升性外迁，原有客户县域属地化管理，支行出现了业务空心化、人心思走等各种问题。

邵滨接手后，用“传统行业、传统业务”八字概括了当时三香路支行的公司业务。资产以传统贷款、银票为主，存款以贷款派生为主，更重要的是存量客户中以高风险客户为主。随着体制改革后，战略客户的上收，邵滨笑称自己是“小鬼(小企业)当家”。

大家看着邵滨笑呵呵的，其实他的压力非常大。“首当其冲的是原有资产的退出、压降，这必然使得仅有的存款和收入仍将下滑。但既然分行党委让我挑重担，就不容回头，必须闯出新路。”邵滨弹了下烟灰，“逆势而为做的业务，有时看着很美，但周期变化下更多是一地鸡毛！要成为名符其实的大客户团队，手头就要有自己遮风挡雨的吃饭客户，在外部市场洗牌的时候总是有危有机，有新风口。”

作为公司五部团队长，邵滨思索着什么样的大企业才是自己的菜？“优质大企业一般都是价格敏感族和脱媒族，如果没有自己的‘三板斧’，还靠拼资源拼价格，那你的角色便是永远的‘行游僧’，只能饿一顿饱一顿。”说起如何经营大客户，邵滨打开了话匣。

某精密制造企业是邵滨跟踪已久的、年销售百亿的上市企业，但这类企业对融资成本、结构、期限要求很高，工行、建行、浦发等均给予了大额授信，但招行的授信因价格问题最终只是象征性用款。邵滨的做法是，保持不断拜访、捕捉信息，“对这类企业，客户只要有想法，我们就有机会。”

当得知客户产业扩张拟收购福建一家企业时，邵滨终于捕

捉到了机会并快速切入，为其提供首笔并购融资，成功打入企业资产整合核心圈。去年，在梳理客户后续融资期限和同业并购特点后，邵滨提出综合化金融方案，通过期限、结构优化，替换出原国有行并购份额，一举投放并购融资6.8亿元，成为企业并购金融主办银行。

邵滨坦言，在当前形势下要做大客户，战略上需要高举高打、战术上则实行差异竞争，通过新兴融资、资本整合介入其结算、供应链等基础业务，如此，客户合作才能持续深入。

某电器制造商是本地知名上市企业，但对合作银行很挑剔，很多支行听到其开户要求都没了下文。但邵滨硬是一步一个脚印，撬开双方合作大门，去年成功授信4亿元，并已陆续提用。

> **阎奇**
>
> 我到支行时，遇到的局面和老邵当年一样。很荣幸看到这篇文章，这深深地激励了我。我已经把这篇文章打印出来，会伴在手边常读。人生总有些阶段彷徨、踟蹰，甚至不知所措。感谢老邵，感谢这篇文章以及能让我们看到文章的“招银e报”的平台，让我在混沌中看到榜样的力量。

“关键时候，你能否提供有价值的解决方案是客户跟你合作的试金石。”邵滨介绍道，去年这个时候，11点左右，对方财务总监电话邀请邵滨下午1点参加一个合作会议。到现场后，邵滨才得知客户拟出资12亿欧元并购境外某知名小家电公司。“虽然方案最终因客户自身原因未能落地，但我们是最后一个受邀、最早提交成熟方案的，我们的专业和效率得到了客户的认可。”

对于那次的失败，邵滨略表遗憾，但失之东隅，收之桑榆，此役也使客户对招行综合化服务垂爱有加，双方在综合授信、境外发债等方面取得了新的突破。“市场营销成功背后是由太多的失败故事垒成的。”邵滨常以这句话与团队共勉，“失败不可怕，只要用对了方法，总有合作机会。合作不为我所有，但为我所用，才能更好地回归银行中介职能。”

种好自己的“菜”

作为老城区支行，普遍面临客户流失，增长乏力等问题，三香路周边三公里方圆就有近20家银行网点。“不能再守着几个传统资产客户，这在经济周期下就是等死，只有攻势思维

> **匿名**
>
> 还记得邵总刚转到市场条线承受了巨大的压力，人都瘦了不少，我们这些老部下也替他捏了一把汗。现在，铁的事实证明，是金子永远都会发光，他用实际成绩证明了自己，业绩只是量化评估的一个方面，他待人以诚、坦荡襟怀、脚踏实地的作风更是他独具魅力的闪光点。

才可能闯出生路。”邵滨的忧患意识让他坐不住。

苏州老城区虽然三区合并，但空间狭小，经济总量在苏州所有区县是“小弟”。但邵滨却说，“老城区有自己优势和特色，关键怎么来盘活老市场，种好自己的菜。”

虽然市属优质企业早已迁出，但政府职能转换后，行业管理部门转制为集团公司，老城区内往往藏着“总部经济”富矿。这类公司虽然在招行开户和授信，但始终没有后续进展。邵滨对这些上市公司梳理后，抓住以资本为纽带管理模式，主动调整授信结构和信用主体，将集团下属重点支持新三板上市的精密轴承、高铁电瓷、智能电器控股企业统一纳入集团授信，一步棋盘活双方多年僵持的局面，也为招行与下属实体企业千鹰展翼合作找到了“新钥匙”。在此基础上，邵滨瞄准集团拥有财务公司、期货平台等宝贵平台资源，围绕配资、保证金和客户互荐继续深化合作，目前该财务公司存款稳定在3000万元。

老城区为大医院集聚地，但要啃下区域内知名三甲医院还是相当考验人的。这些省、市属医疗机构开户、收支管理严格，一打听国有大行已介入合作好几年了，而且苏州财政实力雄厚、足额拨付，这些医院不存在融资缺口。“对这些优质客户要沉下心来，有战略思维，除了资源撬动、总分协同，还需要日常细致的服务和维护。”邵滨介绍道。在分行支持下，通过高层拜访，三香路支行向苏大附一院推荐招行智慧医疗、代发业务，为其开发支持微信、支付宝付款的门诊挂号系统，目前已拿下代发业务及员工报销、竞赛奖发放等业务。

“苏州老城区园林旅游多，现金流稳定，那我们就循着文化旅游产业找源头，撬动与市文化旅游集团资产、资金上的合作延伸……”邵滨掰着手指道。

“狼性文化”与“乌龟精神”

作为浸淫多年的“老法师”，邵滨说，现在市场热点切换很快，身为团队长，对战略性、创新业务要敏锐，有专业自信，更要有恒心，不仅要有“狼性文化”，还要有“乌龟精神”，专注的定力、坚韧的耐力和强大的应变能力，谁跑到最后谁才是赢者。

刚到三香路支行时，邵滨听说总行多位行领导参加了城市发展基金动员会，他随即找到市场新动向，“当时政府传统融资需求过旺，融资平台良莠不齐，已经蕴含一定的政策风险，而基金化是政府债务置换，在政策风口下应当有所作为。”邵滨立即与团队排名单、搭圈子，同时与大家研究传统融资模式优劣点。

徐丽娜

邵行的人格魅力深深打动了我，今生有幸成为邵行的副手，一起共事一年四个月，是我极大的荣幸！他沉稳、内敛，工作思路清晰，关怀每一位员工。邵行永远都是我们学习的榜样！老领导加油，加油。

当获悉省内某地级城投公司有融资需求时，邵滨首先遇到了异地、陌拜、政府三个难关及背后大量不确定因素。面对难啃的骨头，邵滨习惯性地先关上门，在烟雾缭绕中查阅资料、分析客户……当他推开门窗的时候，也就有了大致思路，再与团队成员讨论行动。

邵滨记得很清楚，第一次去客户拜访时，大家都是两眼摸黑，地址也是一路百度导航过去的。一开始，邵滨遭遇了客户多次的冷淡拒绝。作为该地级市主要国企，其传统融资已被当地金融机构瓜分完毕，同时客户有良好的外部评级，直接融资通道也很顺畅，所以对外来合作者有天然的警惕感。但邵滨没有气馁，有时一通电话，便一次次上门介绍设计方案，往返400多公里，让客户对招行的专业、执着有了全新的认识。

从财务部到融资部再到公司高管，从建立人脉关系到了解客户真实需求，邵滨算算来回二十多次路程也有近万公里了。但在持续的营销沟通中，他也在不断积累项目落地的底气与自信。公司董事长直言：“招行的精神感染了我，是真正在帮我们解决问题。”该董事长甚至积极穿针引线，将招行的方案主动引荐给主管副市长。

最终历时八个多月，克服重重困难，邵滨带领团队成功落地了7年期30亿元的城市发展基金。仅此项目当年便为支行净增存款2.5亿元，中收达9100万元，预计今后每年仍可带来5130万中收和大量稳定负债。让邵滨感到自豪的是，这个项目投放以后，其他同业才开始拜访营销，而邵滨早已成为该市主要融资主体的首选伙伴。

冀苏泓

邵总是中场改踢前锋的标杆，必须赞一个。

“睬准市场节拍，抓住政策红利，既要走出去，做一匹有野性的‘狼’，也要沉下去，以专业致胜，最终才能走到最后。”邵滨回头想想，还是这句话说得在理。

捋起袖子带头干

两年时间，要让一家落后行华丽转身为一家先进行，一支能打硬战的队伍是关键。但邵滨刚来支行时，队伍稳定却是最大的问题。彼时，支行一共有六个对公客户经理，其中一个准备离职，一个准备调岗，还有两名新员工。邵滨没有简单地换人，而是算产能账、专业账，找来员工一个个谈心。“当时团队难在业务先天不足，但作为团队长首先要尊重每位伙伴的付出，找准市场、带头营销，大家才有希望有安全感。”

修志鹏

文章前前后后读了三遍，被邵行长不畏万难的精神所感动，其中尤其佩服邵行长的高层战略思维，资源整合能力。邵行长也是我们每一个招行客户经理学习的榜样，感谢招行。

邵滨爱出汗，他开玩笑，“这就是要我多下地干活，也是奔波出汗命，只有大家一起多跑客户、多跑市场，我们的出汗才有价值。”现在再晚，邵滨也要在古运河健身步道跑上几公里，出出汗，一方面梳理工作思路，另一方面保持向上的状态。

邵滨坦言，刚开始大家对跳出传统客户经营，用好新产品有畏惧感，但能力提升只有在市场一线，在磨炼碰壁中才能成长。而作为团队长，自己要在整合营销中起主导作用，关键时刻要挺身而出，让大家拧成一股绳。

在跟员工交流的时候，邵滨则会收起风风火火的劲头，安静地与大家谈心、找症结。无论什么时候，他都是商量探讨的口气，给予大家的则是信心和力量。在大家眼中，邵滨是标准学者、兄长风范。“团队小激发人的活力最关键，不仅要在员工工作、生活上做好引导，同时要在资源分配上也做好基础性业务、战略性业务平衡，营造良好团队氛围和价值观。”今年一季度，公司金融五部在分行考核再次名列第一。

匿名

邵总“专业性打造权威性”的教诲还言犹在耳，他自己又在市场一线拼出了骄人的业绩，还记得和邵总一起去跑基金项目，在车上，他还在研究总行的政策，为这么有钻劲的老领导点赞。

这几天，邵滨又忙着储备项目落地：央企PPP模式结构化融资细化、金融小镇母基金募资落户和所投项目跟进、某市级产业基金的跟进……同时，还忙着为高考的儿子做好后勤工作。

多年营销历练，邵滨本色不变。在生活中，邵滨左手梁实秋《雅舍小品》，右手涂子沛的《大数据》，张弛有度、进退自如，遇到挑战和复杂业务后仍会苦苦思索，只是合卷后多了份淡定与从容。

姚旭东:三头六臂的实力派偶像

◎杜莎丽　谭丹妮

访谈人物:天津滨海分行公司金融事业分部副总经理　姚旭东

编者按:姚旭东是招行青年人的典型代表,既有开拓精神与创新意识,又能沉下心来,认真做好每一件事。3 年开拓,他带领对公团队搭建渠道获客平台,推动批发业务市场份额激增;2 年精耕,小企业夯实客群基础,交出星级客户管理和存款规模双翻番、不良率为“0”的亮眼答卷。

周一,滨海分行公司部办公室内正讨论着六月的项目进展。圆桌正中语速快、声音浑厚的青年便是姚旭东,专注而又热烈。简单利落的分析,寥寥数分钟后,大家散会各赴各路。姚旭东比我第一次见到时黑了些,但沉稳自信的气质不变,“优质偶像必须经得起时光的打磨。”他开玩笑道。

营销初体验

“如果不在招行,你会在哪里?”姚旭东不假思索,“或许国企,或许政府机关,总之是比较稳定安逸的地方。”但最终,他“听从内心的召唤”,来到了招行。

2010 年 3 月 1 日,姚旭东记得格外清晰。这天,他正式加入招行,成为一名对公客户经理,从此开始快节奏的招行生活,“到现在,我都保持着每周 2~3 次的异地营销频率。”在众多营

匿名

有打法,有章法,有迹可循,满满的干货。太棒了。明明可以靠颜值,非要靠实力的典型。

销经历中，某国际知名投资机构是姚旭东职场赛季首秀，现在回想起来，犹在昨日。

“2010年的时候，能接触到基金是很让人兴奋、激动的，尤其是这种知名基金。我当时还是新人，从早到晚写方案、调整、推翻再重写，然后跟着有经验的前辈北京天津两地往返跑……”这是一个从无到有的过程，从结构设计、方案配置、审批跟进，历经层层手续，到最终落地滨海，姚旭东他们只用了一个月。目前，该投资机构在天津日均存款逾30亿元，成为招行优质稳定的战略客户。“特别荣幸，师傅好，领导信任，虽然不是主力，却深度参与其中，与有荣焉，真正感受到了什么叫做招行速度。”也是从那一刻开始，姚旭东决定将心扎根在招行。

比起营销过程中的苦与累，让姚旭东更为珍视的是，“每一个营销过程实际上也是一个认知自我的过程。”学数学的他自称不擅长鸡汤，却在其中悟出了深刻，“我们在新产品、新需求面前，永远都需要清楚地认识自己的短板。知识不会自动饱和，只有主动更新。在对公营销的时候，我们有机会接触到一些优质企业的高层，他们的人生经历、视野阅历，对于我们而言何尝不是一次认识自我，反思自我的美好经历。”

“姚之战队”在路上

滨海新区作为国家综合改革创新区，注册企业逐年呈几何倍数增长，前景可期。在这样的背景下，滨海渠道拓展团队应运而生。2014年，姚旭东迎来自我角色的转变，他开始担任渠道拓展团队负责人。

“美丽的海滨之城，2270平方公里机会均等，我们人人都有机会成为动力十足的挖掘机，只是看你怎么把握。”姚旭东对滨海的前景充满期待。滨海分行办公所在地，正是全国首个GDP突破万亿元的开发区。“守着这么一块宝地，怎么能不好好挖掘？”他带领团队开启了“属地模式”：整理网站公开信息，

诸葛璟睿

颜值担当！业务骨干！向姚总学习！

梳理部委办局分工及各招商部门产业偏好，甚至内部考核机制，然后拿出看家本领，陌拜……

一次偶然的交谈，姚旭东得知线索：管委会中有一个领导小组负责统筹所有招商事宜，“那是所有信息的聚集点，必须攻克。”姚旭东十分关注客户生活中的小细节，每到重要节日及生日，总不忘给客户电话或短信问候；相同的兴趣爱好也促使他与许多客户成为工作外的朋友；招行每有新产品推出，他也第一时间琢磨透，分享给管委会伙伴……带着诚意和专业，最终打动了领导小组的每一位成员。半年后，招行与开发区顺利签署战略合作协议。

“我们团队都不是天生外向型，而我认为克服心理障碍最简单又有效的方法，就是电话营销。记得，有一次我遇到一位招商人员，恰巧隶属于我们没接触到的部门，放下电话我们就登门拜访去了，到现在这哥们儿还在帮忙推荐客户。”

每天早上8:30之前，姚旭东便安排专人通过相关平台导出前一日新注册企业名单。通过注册资本进行划分，注册资本1000万为限制，分配给有无贷户客户经理营销。当日名单做到当日营销，每人每日有效电话营销40通，通话时长30秒以上方为有效。每日夕会汇报今日电话营销情况，每周依据台账进行汇总，并上报团队负责人。

吴云晨

姚总威武霸气，工作认真负责，人还长得帅，真是我们崇拜的偶像。

不仅如此，首次电话营销后，姚旭东将客户分为成功、可跟进、放弃三种类型，计入不同台账，对“可跟进”客户进行多次跟进营销。对当月电话营销情况进行排名，由成功率高的同事分享电话营销经验及技巧。对于分行下达及通过渠道获取的优质客户电话名单，通过认领+分配的机制，保障每个名单内企业均有专人负责营销。

某大型央企在天津设立的二级子公司，也是通过电话营销成功接洽的，“那通电话，我们打了三天才有人接。”姚旭东记忆犹新，“但绝不放弃任何机会，大概已经成为了大家无需多言的共识。”

2014年，“万众创业大众创新”的热潮方兴未艾，在滨海新区这片改革创新创业的热土上，“双创”氛围尤甚。“我觉得最

直接，最高效地接触到优质企业及相关人员的场合，便是各种融洽会。”于是，从滨海分行旁边的万丽会场，到几十公里以外的中心渔港，姚旭东和战友们不放过每一次机会。作为各家银行必争之地，赢得竞争的关键在于“打通关”的第一步，“哪怕只是一次亮相，我们也要惊艳全场。”在各种融洽会、招商会上，有备而来的“姚之战队”掀起了涌动全场的招行红，并得到了越来越多的关注。

除了融洽会的印象加分，“姚之战队”更倾情于日常的主动出击，在滨海版图上“插旗营销”，这种勤勉的“工兵作战”方式促成了招行与滨海新区多个重点功能区签署战略合作协议。

于玥

姚总清晰的工作思路和锲而不舍的精神是我们的榜样！也感谢姚总给初入职场的我们许多指点和教诲！

半年过去，滨海分行每周更新的《渠道联络台账》内容越发丰厚。渠道团队成立一年时间，滨海分行客群增长较 2013 年增长 2.12 倍，注册资金 1 千万元（含）以上客群市场占有率超 15%，注册资金 5 千万元（含）以上客群占有率高达 21%。“做渠道，这是一个选择的问题，选择对的事情并且要坚持。”字字句句都直击核心。

用热爱连接起的可能性

2015 年，天津分行体制改革正式启动，渠道团队并入公司部营销支持中心，继续原有渠道拓展及客群建设工作，姚旭东则调任滨海分行小企业客户一部总经理兼公司银行部总经理助理。上任之初，小一部虽管理着滨海地区 2000 多户基础客群，但星级客户占比极低，存款规模薄弱，资产规模为零，而团队人员仅 3 名，拓展客群的同时深耕存量客户，看似是一项不可能完成的任务。姚旭东选择将过去的经验归零，用空杯心态探索推开中小企业客群沉睡的大门。

那段时间，他白天在外拜访客户，晚上挑灯夜战，汇总客户需求，常常深夜还在思索 KPI 考核细项。“年初，天津市提出风险补偿机制，而我们了解到属地的某国有控股集团正在寻求合作。”通过拜访得知，该集团早在几年前就与几家银行开展了合作，合作银行数量不能增加，但其中某家银行的效率令客户不满。“机会来了，就必须牢牢把握。”没有多想，那几天姚旭东每天来回该集团与几十公里以外的分行小企业部沟通，申报风险补偿批量授信，不厌其烦地修改协议条款，最终成功牵手。“一群专业的人，高效做一件专业的事。”客户看到他们的“拼”后这样评价，招行业界的口碑效应也获得了稳定优质的授信客户来源。

王辉宇

有激情，有思路，有方法；可学习，可借鉴，可复制。

自贸区新政落地，姚旭东意识到这又将是一个批量营销的好时机。赶在时间前面，他召集团队研究策划，前后组织30多场专题沙龙，“在为企业提供政策解读的同时了解其需求，有针对性地营销。”“姚之战队”人数不多，但却总能事半功倍，也归功于他对营销的深度理解：公私合璧，客户的服务体验会更好。与零售外拓团队联合推介，介绍招行零售服务体系的同时，推动对公代发及零售高端客群建设。

2016年房市大热，他们与零售团队联合举办房贷推荐会，介绍楼市情况及房贷政策，以个贷产品为切入点拉近与对公企业客户高管的联系。“小企业的实际控制人话语权很重，公私联动是撬动小企业客户合作的利器。”某存量客户流动资金充裕，但在招行流水极少，存款几乎为零。“咱给企业高管营销零售理财或个贷试试？”姚旭东大胆提出想法，带着私行客户经理登门拜访。几次营销，成功锁定企业法人，并使其成为招行私人客户。其后，借力法人对招行零售产品的认可，姚旭东带领团队营销代发工资业务，顺利将近百人代发从某国有银行转至招行，同时将部分对公结算转至招行，陆续开展理财、保函等业务。“这家企业现在已经是小企业中结售汇量最大的户，他们现在在新区设立新企业，都主动来找我们开户。”姚旭东颇为自豪。

望着滨海分行大楼外的车水马龙，姚旭东挺感慨，“忙起来的时候，真的希望自己有分身术，三头六臂外加七十二变……我是个喜欢挑战的人，一直没有放弃，终归是因为选择和热爱。”

星级服务 3.0 版

谈及如何维护客户关系，姚旭东介绍道，“我们也曾跑马圈地，但是更看重智慧增长。协同发展，才能长久共赢，单方面索取或单方面付出，都无法长久维系，这是我理解的客户关系。”

初期，渠道团队拟定了服务 1.0 版和 2.0 版，虽然服务在迭代，但两个版本最终目的都只是获客，事实上，这样也形成了一个可观的客户数量增长。但姚旭东并未止步于此，顺应滨海新区五大国家战略政策叠加之势，他主动提出将“获客”变为“创客”：招行同招商部门互相借力，共同营销北京、河北等周边省市的大企业和集团，吸引他们落户滨海。由单向推荐转变为双向反哺，变单一的关系营销升级为产品、关系协同营销。同时，牵头组建滨海虚拟渠道团队，对接企业相应层级，分层将成熟获客渠道转介到团队，通过渠道获客情况、联系紧密度等评价维护效果。

邹立宇

姚总是我们滨海分行第一高富帅，更难能可贵的是还比大多数人更努力，是我们学习的好榜样。

一次，姚旭东带队拜访某大型保险集团时，了解到他们有开展融资租赁业务的需求，于是，姚旭东开始详细介绍，作为融资租赁之都的天津在这方面的优惠政策……客户受邀来津拜访新区政府当天，令姚旭东记忆犹新。天津罕见瓢泼大雨，偏偏就在那天下得厉害，他把客户和政府人员分别接到分行会谈了一下午，当场便签约设立融资租赁公司，“或许这就是风调雨顺吧。”姚旭东笑道。

价值客户经营提升并无经验可循，学数学的姚旭东大胆推理并论证了一个分类逻辑顺序：对于低价值客户通过无贷户客户经理实行批量、低成本管理模式；对于高价值客户实行定制式、保姆式营销服务；通过收入星级进行客户分类，将星级客户提升作为团队内部考核指标，为星级客户建立台账，做到户户有人管，两年时间顺利实现星级客户翻倍。截至 2016 年末，小企业客户增长至 4200 户，不良额保持为“0”。

没有开挂的人生，却让人看到了一个更加真实的实力派偶像。在这个过程中，姚旭东从一枚“小鲜肉”成长为两个宝宝的父亲，也实现了从职场“小白”到能够带领团队厮杀滨海的华丽转身。面对成绩，他特别恳切地说：“其实，我只是比较幸运罢了。回过头来看，青年人要经得起跌打，最要感谢的还是招行，他从来不亏待勤奋努力的人。”

朱正贤:又辣又甜的“圣骑士”

◎葛　曦

访谈人物: 无锡分行公司金融事业部公司客户六部总经理兼新区支行行长　朱正贤

编者按: 朱正贤2008年入行,在授信审批岗上打磨了三年后,成为无锡分行有史以来主动从风险条线转到前台营销岗位的第一人。在支行的六年,他一步一个脚印,从市场部副经理做起,一直到支行行长,连年考评A级以上,先后获得无锡分行优秀干部、招商银行5A卓越人才等奖项。同时,他带领的团队业绩稳居分行前列,并在招行成立30周年的时候荣获“百佳优秀服务网点”荣誉称号。

翻看朱正贤的朋友圈,只有三种内容,招行的信息,帮客户转发的信息,以及激励人心催人上进的美文。给人的直觉,“这个行长有点拼”。到了新区支行,见到他本人后,发现直觉是对的。

作为一名“80后”,朱正贤的办公室没有独特个性,而是异常的简洁。简单的办公桌、书橱、沙发和茶几,除了必要的物件之外,没有一丝多余的杂物。“支行行长就是最大的客户经理,常在外面跑,在办公室的时间少,你看这茶具上都落灰了。”他笑道。

许鹏

朱行长是授信审批条线成功向前台转型的标杆。

既要做前锋,又要做守门员

简单的介绍后,朱正贤立刻侃侃而谈地讲起了业务,从存款到中收，从发债到基金，2015年第一单量化对冲基金、2016年分行首单跨境并购贷款、今年的瑞金医院新区分院，以及刚刚落地的无锡城市建设发展基金……朱正贤如数家珍，滔滔不绝，讲起来“两眼放光”，甚至，有一些热血沸腾。

谈到自己的从业经历和收获，他最自豪的，正是三年授信审批基础岗位的磨练。刚入行的时候，无锡分行还是二级行，授信审批属于风险控制部下面的一个室。朱正贤带着对招银文化的向往，从工作了五年的建行一头扎进了招行的怀抱，兢兢业业在分行做了三年的审贷业务。“业务是变化的，需要不断学习跟进，最大的收获其实是意识，风险的意识。先看业务能不能做，再看怎么去做，最后做就要做好。”朱正贤认为做业务，其实有点像足球比赛，如果想赢，不仅要得分，还不能失分，所以前锋很重要，守门员同样重要，支行要把好第一道关口。

姚梦渊

能在圣骑士的团队是我的荣幸！新区支行，越来越好。

2016年初，当地街道办推荐了一个外资企业的贸易项目，支行客户经理跑上跑下，报表收集、系统录入全都做好了。在没有报审之前，支行先开了个碰头会，多数人觉得这是个好项目，但是朱正贤把该项目和支行以前另外一笔类似业务做了细致的对比分析后，提出了不一样的看法。他认为虽然是街道办推荐，但这个项目无法通过审贷会，并最终说服了大家，在支行层面把这笔业务PASS掉了。几个月后，听闻该企业找了附近另外一家银行，但是在该行总行审贷会上未能通过。“这样的事我们已经习惯了，朱行长眼光就是辣。”支行员工们内心里写着一个大写的“服”。“如果连支行层面都有疑虑，那就要进一步再进行细化分析，自己这关都过不去，就说明有问题。”朱正贤解释道。

2011年7月，朱正贤从分行授信审批部主动请缨到市场一线，到新区支行从事对公业务。2012至2014年，恰逢无锡地区出现了区域性不良爆发，经济金融形势较为严峻，全市银行业存贷款同比增速连续下滑，在江苏省处于垫底地位，不良贷款则呈现高发态势。分行不良率也在2014年末水涨船高。在这样的环境下，做市场的艰难可想而知。

都知道银行是经营风险的，但是真做市场的时候，如何平

衡业务增长和风险控制？审贷官出身的朱正贤看来，这两者本质上不存在冲突。由于有丰富的审贷经验，他的风险意识更强，对业务的把控也更精准，有发掘优质业务的独特眼光，也有潜心做精、做深客户的耐心和坚持。经历过风雨洗礼的三年，在朱正贤担任行长的两年多时间里，新区支行信贷投放规模一年涨了5亿多，与此同时，支行不良贷款率仅为区域平均水平的一半不到。

支行就像一艘鱼雷艇

“以往支行像一条小舢板，只能在岸边摸摸小鱼，现在队伍硬了，底气足了，感觉更像是一艘现代化的鱼雷艇，作战能力大大升级，而且身后还有一支航空母舰编队在支援，遇到棘手问题，分行驱逐舰就在身后，总行航母上的飞机也能快速支援，再大的鱼也能吃得下。”朱正贤这样形容现在的支行。

陈明朗

多年前，有幸和正贤行长打过交道，他的敬业精神、专业能力、待人接物给我留下了深刻印象，正如文章所说该同志很拼，确实是一位有激情、有办法、有凝聚力的将才，祝愿正贤兄弟越来越好。

H 集团是一家著名的全国民营500强，也是支行的老客户，但多年来集团与支行合作主要局限于传统信贷业务。2015年支行在“轻型银行”导向下对H集团进行了深入分析，改变了原有的合作思路，提出了一揽子综合金融服务方案。但是，当方案摆在客户桌上的时候，客户起初对此并不认同，“他们业务运转正常，又不缺授信，唯独我们拿了一个他们一眼还看不太懂的方案出来。”朱正贤带领客户经理三次登门，在详尽的说明、细心的解释和科学的分析下，H集团才终于放松了语气。

其后，在表内投放基础上，支行协助H集团发行私募债、超短融、中票等债券，还配套企业做了数十亿元的理财产品，该集团也成为了支行首家注册招银通平台的企业。随着股市、债市的变化以及信贷政策的收紧，提前预判受益的H集团对此赞叹不已，主动向招行又提出了CBS、现金池、员工代发、门店收款等业务的合作，成为支行紧密合作的战略伙伴。

“总行‘一体两翼’‘轻型银行’的战略导向非常明确，分行

黄小明

新区支行全体员工劳苦功高，为无锡分行贡献巨大，为你们点赞！新区支行加油。

的战术分解也非常科学，支行作为基层的经营机构，其实最重要的就是果断的执行。如果说刚开始的战略执行，靠的是制度约束，是贯彻要求，是招行的企业文化，但是实际操作运行之后，我们尝到的是甜头。”朱正贤由衷地感叹。

从前年开始，新区支行门口开始修地铁，门前整条路全被封了，只留有一条勉强可单向通行的“小路”。原本支行所在是个路口，现在几乎被施工围栏封住门，像关在一个深深的院子里，外面除了见缝插针的塞满车之外，感觉有一些冷清。然而，支行大厅里面居然人头攒动，热闹非凡。“虽然临时交通不便，但是还是挡不住我们专业的服务和良好的口碑，这点人算是正常的。”对于大厅热闹的场景，朱正贤早已习以为常。

有“颜值”，更有“内涵”

作为一个有着25年历史的国字号老牌高新技术产业区，无锡新区早在2011年就已突破千亿GDP，支行附近有非常多的外资企业，其中不乏世界500强。这些企业自然也成为了各家银行眼中的香饽饽，当地同业竞争异常激烈。在这样的环境中，如何PK掉对手，赢得并守住客户的“芳心”，靠的不仅是“颜值”，更是“内涵”。

“万变不离其宗，答案很简单，‘因您而变’嘛。”朱正贤笑道。分行有100多户外资企业客户，这些企业都有严格的标准，要求也比较苛刻，拜访他们时必须做足功课，尽可能地从客户角度出发，把方案做细做实。“别小看我们支行的姑娘小伙子，我们拜访客户做的方案可都是中英双语的。”他自豪地说道。标准的式样、规范的用语、招牌式的服务，这些就是“颜值”；专业的解决方案、贴心的服务团队、灵活的处理方法，这些则是“内涵”。营销客户跑断腿，但那只是开始，后续的服务保障和跟进才是维护客户的根本。

新区支行的活跃对公客群占无锡同城支行的20%以上，由此带来的运营压力也非常大。2016 年全年，支行运营人员人均业务笔数 181.42 笔，高居分行首位。在这样的压力下，仍然能够保质保量的让客户满意，靠的不仅是“吃苦耐劳，以苦为乐”的精神，还有点点滴滴的创新思维。

匿名

作为一名新员工，最期望的就是跟着这样的领导工作。

据统计，新区支行有千余户活跃对公客群，高峰时期，每天需解付的银承就多达 2000 多张，这成为支行运营人员头大的事情。按过去的常规复印方式，一次只能在复印机上摆 6 张银承，解付 200 张银承，需要反复摆满复印 30 多次，耗费近半个小时，支行运营人员为此苦不堪言。在一次座谈会上，大家聊起了这件事，朱正贤觉得，这个不科学，鼓励大家转换思维，放大脑洞，一定有办法能解决。最终，大家想到了重新设置扫描仪系统中银承纸张的大小，用扫描打印的方式来代替直接复印，200 张银承只需要五分钟就能完成，极大地节约了客户的等待时间。

他又辣又甜

来过江南的人都知道，江南人爱吃甜，无锡更为突出，从小笼系列到排骨都是甜的。朱正贤是无锡宜兴人，吃甜的同时，却偏爱吃辣。“朱行长又辣又甜”是一名客户经理对他的评价，当然这说的不仅是朱正贤的口味，也是他的“味道”。辣，是说他眼光独到，看业务又细又准，瞪起眼的时候，让人觉得脸上像沾了辣椒水，能让人发热出汗。甜，是说他还是个暖男。

一线跑起业务来，常常忙到连凑在一起庆祝生日都未必能实现，但是朱正贤从未忘记过员工的生日，总能在相近的日子里，挤出时间把大家招呼在一起，来一场温暖的生日趴。这个时候，他是甜的，不苟言笑的脸上总是合不拢嘴。“大家很辛苦，我比谁都知道。”朱正贤讲这句话的时候，能从他眼睛里看到温柔。

“朱行长是个工作狂，经常下班比我们还晚。”“他经常在群里给我们分享有意义的文章，大家累的时候，也会发上一个

匿名

又甜又辣，为我们的年轻行长骄傲。

段子，逗大伙开心一下。”“我怀着宝宝和他出去跑业务，都是他开车带着我，看起来板着脸，其实特别照顾人。”从新区支行员工们的七嘴八舌里，能够感觉到朱正贤坚硬背后的柔软。

“现在的形势，压力当然是很大的，但是有苦自己往肚子里咽，我从不在他们面前渲染困难，队长必须是一个正能量传递者，如果自己都觉得不可能，那其他人肯定就做不到了。”朱正贤讲这话的时候，目光里满是坚定。2015年他正式负责新区支行的时候，支行班子全部是新上任的，支行70%的员工是新员工，一边磨合班子，一边俯身业务，既当班长，又当保姆。“那是最艰难的时候，也正是最考验队伍的时候，支行的凝聚力和战斗力也是那时候淬炼出来的。”提到支行的队伍，他的脸上总是充满了自豪。

采访的最后，朱正贤提了一个小小的诉求，希望能够放支行全体的照片，“新区支行靠的不是我一人，是历史的积累，是集体的智慧，是团队的力量。”又辣又甜的朱正贤正如魔兽世界里的“圣骑士”，左握荣耀坚强之盾，右执光明信仰之剑，往前为队伍抵挡伤害，驻后给全场加血疗伤。他是团队核心的中流砥柱，永不言退。

迎“风”而立

“轻”作为终极目标，已经逐渐成为众多银行和企业的共同选择，招商银行要在诸多“轻公司”之间激烈的竞争中站稳脚跟，必须找到差异化的战略支点。

作为专事“高端武器”的“特殊兵种”，招行的投行与金融市场板块迎“风”而立，既可配合公司金融板块投放火力，也可独立发起进攻，因而成为招行“一体两翼”战略定位的新引擎。

周松：赶上所有“坏事”的幸运

◎王　烨

访谈人物：原投行与金融市场总部总裁兼总行资产管理部总经理　周　松

编者按：在招行的20年，周松始终与数字、风险相伴，他一面带领团队勇往直前，一面小心谨慎、于“危”中发现生机。回首过往，所有的危机与“坏事”，反倒成为另一种“幸运”，不仅提供了化解问题的现实样本，也淬炼了他处变不惊的沉着与大气，以及心忧招行的气质与担当。

匿名

这大概是我读过的最有感触的一篇《招银e报》文章，一看评论数量和评论质量，果然英雄所见略同。虽然没有直接跟周总打过交道，但从很多业务的处理过程中，能明显感受到总行资管的组织框架和流程设计有了很大的改观，审批权限也向前端推进，对瞬息万变的市场的应变能力大大增强！此外，周总对资金收益量化、对防火墙、对流动性、对大数据仓可视化的深刻理解也深深地触动到我！招行有这样的平易近人又锐意进取的领导，是招行之幸，员工之幸。

2016年冬天，久违的恐慌终于还是来了。债券市场告别持续两年半的牛市，市场上的资金变得紧张。一切都让人想起2013年6月的“钱荒”。

交易员们备感煎熬的2013年6月，时任招商银行计划财务部总经理的周松，承受着更大负荷的压力。每天轧平账户、不出流动性风险，是悬在每家银行头上的达摩克利斯之剑，周松和他的同事们必须力保这把剑不会落在招行。

“这些年所有‘坏事情’都被我赶上，不知道算有幸还是倒霉？”周松说完爽朗地大笑，镜片背后目光坦诚。从2008年金融海啸，到2013年“钱荒”，再到2015年股灾、2016年债灾，他恰好都身处关键位置，直面金融市场的跌宕起伏。

周松聊起过去的经历，有种“回首向来萧瑟处，也无风雨也无晴”的洒脱，而谈到手上工作，却又流露出急迫和忧思。一如他身边同事所评价，白羊座的他处世“性子急”，待人却温厚，看似矛盾的两面浑然天成于一人身上。

“洗脑”推动 FTP

今年正好是周松加入招行 20 周年。当初做决定时，周松有些犹豫，“在原来那家公司已经带团队管司库，到招行等于从头开始。”最初曾经在湖北工行短暂工作过的他，多少有些银行情结，又从某上市公司选择回到银行。

周松入职招行后第一个岗位是计划资金部的统计岗，做的是最基础的工作，到了招行，工资不涨反降，还遭遇走马灯似的部门总经理，他笑称每次出差回来就换了一位领导，一年多时间换了四任。现在来看，那些经历就像小插曲，难挡招行年轻、创新的职场魔力。“从领导到同事都相处简单，业务导向下的评价体系较为客观公平。大家在一个团队里把事情做成，个人也能从中获得发展，遇到这样的平台是一种幸运。”

回首过往，周松感触良多。从事资产负债管理工作时期，让周松印象最深的莫过于 FTP（Funds Transfer Pricing，即内部资金转移定价）系统在全行范围内的上线。招行是国内第一家成功引入 FTP 管理的商业银行，完全打破当时分行以存定贷的思维。“过去大家认为贷款赚钱、存款亏钱的逻辑是错的。”周松进一步解释，“FTP 管理把存款和贷款同时当作两个不同的金融产品来评价。”

作为 FTP 项目组成员之一，周松笑称当时最难的是给分行“洗脑”，让分行接受 FTP 的基本逻辑，认可其合理性。同时，还要确保对分行不会形成太大冲击，才能够化解各方阻力。在管理层坚定推动下，全行开展各层级的系统培训，帮助项目落地。

匿名

春风化雨，甘之如饴。
纲举目张，举重若轻。
谦谦君子，温润如玉。
势大力沉，超凡绝伦。

“过去中国银行业太传统了，一片空白，全是拍脑袋做业务，完全没有量化依据。”FTP、ALM、经济资本管理等是国外银行早已成熟的管理方法，对于彼时国内银行则是全新概念。缘于国内外金融环境的不同，完全生搬硬套地复制必然会带来水土不服的问题。中国的利率定价基于中国人民银行规定的基准利率，因此利率传导机制有别于国外，也就不可能照搬国外FTP定价方法，必须根据中国实际情况重新设计。

从曾经“拍脑袋”到引入管理工具进行量化决策，计划财务部在平衡流动性、盈利性、安全性基础上，得以科学配置资源，合理摆布资产负债表结构。周松认为，计财与做投资的逻辑一样，都需要找到最高性价比的业务。

“从FTP开始，计划财务部开始引领招商银行经营管理量化决策的持续进步。”周松说，“这也包括我个人的进步，那段时间特别苦，成长却突飞猛进。”

在此之前，他幸运地抓住了两次难得的竞聘机会。第一次在2000年，他直接竞聘上资产负债管理室经理；第二次在2004年，他竞聘上计划资金部（计划财务部前身）总经理助理。

空山寒竹

没跟周总打过交道，仅有的一次交集是在“招银先锋训练营”课堂上，彼时还是计财部领导的周总，用了三个小时，详细全面地讲述了我行的资产负债管理，特别是FTP、司库、管会等知识，他的讲解深入浅出，让我们这些门外汉一下子就有一种入门的豁然开朗之感，对计财产生了浓厚的兴趣。

随着工作年限增加，愈发体会举重若轻是何等不易，越是能把复杂的概念简单化地阐述，越是体现功底和水准。今天看了这篇文章，更深刻的感受是，果然没有人是随随便便成功的，积累和底蕴，一样都不能少。

为周总这样专家型领导点赞。

亲历发债第一大单

2008年，周松从挂职的武汉分行调回，升任计划财务部负责人。2008年也是多事之年，他坦言，“刚回来就碰到一连串事情，包括全球金融海啸、招行纽约分行成立、收购永隆银行……”那时，金融海啸已经蔓延到国内，原来的计划财务部需要负责监测市场风险，紧盯市场变化，关注流动性会不会出问题，而当时总行手上还握有雷曼债券。“我们真真切切置身于全球金融体系中，大洋彼岸的波动也会对我们产生重大影响。”

金融帝国不再永远屹立不倒，金融海啸打破华尔街神话。谈及当时最深刻的体会，周松笑称，“做事千万不能只看名字，某些声名如雷贯耳的大机构，说不定哪天就走到倒闭边缘。”

金融海啸发生以后，为了完成对永隆银行的收购，招行决定发行300亿元二级资本债。“这是一次必须完成的刚性任务，要收购永隆就得迈过这道门槛，以确保资本充足率满足监管要求。这是当时股份制银行债券发行规模最大的一单。且不用说2008年招行的盘子并不大，就算放到现在也不简单。这是我第一次经历大规模发债，之后我们也多次开展配股、高级债、宝岛债、资产证券化等各种形式的市场融资，但都不如这次给我的记忆深刻。”回想当年发债的艰难历程，周松很感慨。

这单债券由某证券公司牵头承销，报价当天，周松来到了该券商位于北京的办公室。这是他第一次直接守在簿记建档现场。各家报价需求通过传真发来再进行排序，报价随时在变。伴随着传真机不断响起，周松的心悬在半空中，他与同事紧张地盯着报价单，担心发行价格被做高。这种发行方式有利有弊，同时隐藏道德风险，报价单都由现场处理。

券商内部代表买卖双方的不同部门，为了发行价格打得一塌糊涂。投行部门代表作为卖方的招行，债券销售部门代表买方，两方的负责人直接在会场吵了起来。“那位代表招行的客户经理还吵哭了，她在现场维护着招行的利益。”周松回忆着当时的故事，庆幸结果圆满。最终，这单次级债以低出市场预期 30 多个基点的价格成功发行。

正是这次亲身经历，周松意识到投行内部“防火墙”的作用。通过防火墙，确保内部各方忠实地代表各自客户利益，防控极高的道德风险。而防火墙的设立，需要一整套规则、制度和技术的保障。“招行未来发展投行、发展资管、发展投资，也一定要按‘防火墙’的规则来做。”周松一边观察同业，一边思考内部风险管理。

匿名

我是分行公司条线的一名市场人员，多年前有幸在总行培训时认识周总，当时周总的专业、平和和真诚让我肃然起敬，后面有一次工作中遇到个复杂问题多方请教均未能解惑，报着试一试的心态向周总发邮件求教。令我备感意外的是，当天就得到周总的回复，让问题得到了及时解决。多年来，工作中得到过周总的多次帮助，而至今自己也只见过周总三次。庆幸招商银行有如此勤奋务实、真诚担当的领导，处变不惊的沉着与大气、心忧招行的气质与担当、关爱基层的朴实与真挚……这些都是对周总最客观准确的评价！

“钱荒”的煎熬

如果说 2008 年金融海啸，让国内银行业感知危机的存在，那 2013 年 6 月的“钱荒”直接将其置于危机之中。在计财部多年，周松认为这是受冲击最大的一次。

2013 年 6 月初，高温的热浪一波高过一波，资金流动性也越来越紧张。Shibor(Shanghai Interbank Offered Rate，即上海银行间同业拆放利率)连日攀升，直到 6 月 20 日这疯狂的一天。当日银行间隔夜回购利率最高达到史无前例的 30%，7 天回购

匿名

在招行接触过的所有认识周总的人，对他都是极高的评价，连行里车队的司机师傅也对周总的平易近人和为人着想连连叫好。经常看到周总凌晨或者周末全天还在行里加班，为有这样的好领导点赞。

利率最高达到 28%。而在很长时间里，这两项利率往往不到 3%。

“6 月伊始，市场预判资金会紧张，结果突然就演化成所有机构都没有钱。招行因为有点准备，刚开始感觉还好，但随着事情演变，就变得越发地不可控。”虽然已经过去了好几年，周松仍心有余悸。

那时招行在中国人民银行的账户白天都在透支，直到日终才能够轧平。每天出去的钱都备着，可进来的钱，直到收市才会知道能不能进来，交易员背负着常人无法想象的压力。

一天早上还不到 8 点，交易员就电话告知周松，一家地方信用联社准备出钱，大概有 70 多亿的规模。“那个时候几十亿规模的钱是真值钱。”周松回忆道，当时经历一番剧烈的思想斗争，“这笔钱要求半年期以上，利率 24%，已经赶上当时的隔夜利率。正常情况直接就拒了，但当时天天都处在透支状况。”周松想来想去，还是觉得成本太高，最后没要。

那个盛夏，每天都过得胆战心惊。周松处理完日常工作，会抽空去交易员那儿看看，一方面了解下市场情况，另一方面也是去看看交易员的身体、心理状态，稳定军心，安抚情绪。有天下午快收市的时候，周松站在交易员身后，看到一条消息蹦出来，是一家深圳机构的交易员问出不出钱，我们这边的交易员直接回“不出”。

彭双

有幸跟随周总从计财到资管，这些年对我的指导及鼓励历历在目，在他身上学到的不仅是专业知识，还有谦虚内敛的品格及推己及人的情怀。

“虽然我们也缺钱，但金额小、对方又很迫切的情况，可以适当出一点，这样市场上会感觉招商银行有进也有出。如果总是单边借钱不放钱，别人自然认为你最紧张。”周松解释道，这也是一种策略，那时候大家都在比谁先扛不住。

事实上，到“钱荒”后半段，大家意识到整个银行体系的账肯定能平，只是紧张的时候谁都不肯出钱。“钱荒”过后，招行总结经验，提高备付限额，全面优化预测模型。增加备付虽然要付出一些成本代价，但周松认为，在流动性问题上应当审慎些，而增加备付也意味着对潜在投资机会的更多把握。

从“股灾”到“债灾”

2015年初，周松出任资产管理部总经理。那时股市一片大好，资管部主要有两类业务与股市相关，一类是股票二级市场配资，另一类是股票收益权质押融资。

随着股指攀升，资管部陆续把杠杆降下来，而且提高了配资客户的门槛，基本上只有高净值客户才能做，而且绝大部分也都是分行比较了解的客户。

2015年6月12日，沪指站上七年最高点，随后的一个月内历经3次暴跌，股灾降临。资管部每天进行压力测试，如果从下一交易日开始无量跌停，客户不补仓，预估损失多少。周松每天盯着这个数，心里还算有底。

当以为状况不会恶化的时候，事实往往会比想象更糟糕。后来股市连续无量跌停3天，“觉得整个市场都快崩了，如果真出现市场关闭，谁在市场的敞口大，谁遭受的亏损就大。”周松心里一度感到悲凉。

但无论有什么样的压力和情绪，该做的事都必须做。在连续跌停的紧急时刻，周松与资管部的同事会同风险部门，分别赶赴几家合作的信托公司，直接到交易室去监控，具体盯每天采取的步骤措施，什么时间点通知客户补仓，什么情况下平仓。更关键的是，总行领导在任何时刻，都给予重要的指导和正面的鼓励。

庆幸的是一轮下来，招行没有任何本息损失。更为难得的是，零损失主要依靠的不是卖股票平仓，而是客户补仓。股灾过后，资管部总结经验，第一条就是要找到靠谱客户，了解客户永远要放在第一位，其次是合理设计交易结构，杠杆比例、风控标准必须跟随市场变化及时调整，缺少哪一环都可能出事情。

面对市场周期的历练，风险的洗礼，当又一次遭遇拐点时，过去的经验有助于早些形成决策与行动。去年四季度的债灾，

匿名

7年前，在分行筹建之时，我认识的第一位总行领导就是周总。在计财条线工作的几年乃至在招行的日子里，周总都给与了新建分行大力的支持，给与了我本人最真诚的帮助。这些年来，每当我面对困难的时候，我都会想起周总对我说过的话：“坚持下去！”，所以，今天我仍然在招行努力工作着！万语千言终究汇成一句话：谢谢您，周总。

周松为招行资管的提早应对感到欣慰，而这正是建立在过去预防与处置风险的经验之上。在市场流动性持续紧张的背景下，资管部因提早储备而顶住了压力：债灾发生前的几个月，资管部就依托零售渠道开始发行一年期以上的长期产品，同时也提前从同业拿了几百亿的相对低成本资金保障流动性安全。

掌舵风险管理核心

匿名

加入招行17年来，一直在周总领导下的条线工作，周总的专业敬业、谦和担当，思路清晰、方向笃定，作风严谨、敢于开拓，是“招银精神”的最好诠释，是我们的好领导、好导师！为周总点赞！祝福周总！

匿名

市场一线绝对是风险管理的第一道防线，依靠第二道、第三道防线，如同放弃健体强身，仅依赖于治病救人的的亡羊补牢的行为。周总一语击中招行风险管理的软肋。

刚到资管部的时候，周松发现业务团队不得不将大量时间耗在后台事务里，投资经理像是运营经理。周松上任的第一件事就是把大家解放出来，让专业的人做专业的事，另一方面也实现前后台分离，实现不同岗位之间的相互牵制和监督。只是他没想到推动时花了很大精力，也花了比预想要长的时间组建运行团队。在行领导和相关部门的大力支持下，组建过程总算顺利，目前运行团队可谓精英云集，为资管业务提供了专业支持。

“梳理风险管理流程的时候，遇到的困难就更多。”周松忍不住吐槽，“在2015年6月，我还经常看到2014年下半年的项目。”按照原来的机制，资管部项目需要经过总行几个部门会签后提交审批，由于业务量大而总行审批人员有限，审批流程又比较长，经常会遇到不能满足项目时效性要求的情况。

“我有个不太正确的道理，一直认为招行的风险管理过于依赖审批，依赖高竖准入门槛，而风险管理核心应该在一线，最关键、最主要的风险应该由第一道防线来堵住。”周松直言不讳地表达对风险管理的看法。

过去银行传统信贷业务，相比收益而言，更看重对风险点的全面把控。相比传统信贷业务而言，投资更看重效率和收益风险比，要求对瞬息万变的市场做出快速反应，把握稍纵即逝的投资机会。周松认为，若要具备这种快速反应能力，在市场第一线的业务团队应该在资管业务的风险控制中扮演更重要的角色。

基于上述认识，资管部根据不同业务特点进行风险分类管理。对于标准化的简单业务，风险团队主要负责制定业务标准与投后监测。对于复杂项目，风险把控多采用双签方式，更为专业的股权投资或争议较大的项目则由部门投决会集体决策。资管内部梳理出一整套流程，确保既能制约风险，又不影响业务效率。

“在投资这件事上，效率是第一生命力。冗长的审批流程，最终结果就是好项目早被人抢走，差项目才愿意等你。”周松认为这是非常糟糕的事情。

贷后管理也一直是招行的薄弱环节，资管部正在实践投后监测管理方法。对于市场风险的业务，由风险团队扎口集中监测，包括盯市、预警，以及管理人对平仓手段的落实。对于其他的类信贷业务，在总行贷后管理基础上，分门别类地制定投后管理标准，核心就一张纸。

“每个项目经理都承担着上百个甚至数百个需要投后管理的项目，根本没时间写那么多冗长的程式化报告，在一张纸上列明每项业务风险控制核心要点，只需专门去盯这些要点就好。”周松希望所有事情都可以真正落地，投后管理报告并不是越长越好。经历了市场的起伏以及巅峰状态，理财业务也将逐渐回归“受人之托、代客理财”的资产管理业务本源。所幸，现在的资产管理部已经厘清组织架构，建立风险管理体系，形成前、中、后台完整的机构设置。

匿名

最大的荣幸就是能在周总手下办事。

周松坦言一开始没这么大志向，但遇到问题，即便再困难，也得尽力解决。就像部门员工会在凌晨收到他回复的邮件，因为事太多必须立刻做。急性子的他，在提及每位同事时又流露出细腻，语气像称呼朋友一样亲和，甚至会聊到他们工作中的小事。文章开始时，那个“不知道算有幸还是倒霉”的自问，他下句就已自答：“说实话，还是挺幸运。”

韩刚：从林狩猎的“狼”

◎王　烨

访谈人物：总行投资银行部总经理　韩　刚

编者按：拥有10年国际投行工作经验的韩刚，回归国内投行后，并没有受到太多逆向文化震荡。相反，他迅速调整姿态，全情投入，仅两年时间，招行投行样板项目已遍地开花。更难能可贵的是，在韩刚的带领下，如同丛林狩猎的“狼”群一般，投行部整个团队快速敏捷、分工围猎，不眠不休，积极营造出招行内部的投行“小气候”。

耿琳

“对事 aggressive，对人 nice”，真是对韩总很贴切的描述。还不止这些，做事专业大气，为人低调踏实，遇到这样的领导，确是职业生涯中的幸事。愿韩总带领投行业务取得更好的发展。

“大家都觉得投行人很 aggressive”，韩刚笑着摊手，“但你看，我是不是这样的？”交谈中，他语速不急不缓，说到兴起，笑得开怀。

2015年，招行新设投资银行部，韩刚同年加入招行，担任投行部总经理。韩刚拥有工科本科背景和央财经济学博士学位，毕业后从国有大型券商职业起步，又辗转地方国有券商、民营券商，而后进入国际大行度过职业生涯最长的一段履历。来招行之前，他曾是国际大行全球最年轻的MD（Managing Director 董事总经理）之一，具有长达16年丰富而多元的境内外投行工作经验。

回归国内投行，而且是商业银行里的投行，韩刚似乎并没有受到多少逆向文化震荡，说话也很少会夹带英文单词。“实际上，我们的 aggressive 对事不对人。做业务需要敏锐地接触客户，一旦发现机会就积极跟进，把业务拿下。”也正是凭借这股劲，投行部成立短短两年，就披荆斩棘拿下一系列堪称样板的项目，迅速在竞争激烈的资本市场打响品牌。

手握四张“王牌”

源于过去做投行项目的惯性，韩刚一开始想做直营，跑了几个分行后，他发现这条路并不适合现阶段的商业银行投行业务。“以前做业务是项目制，一单接着一单。而商业银行的投行业务需要充分挖掘现有客户的需求，依托我们已经与客户建立起来的日常而频繁的联系，更需要形成投行与商行互相促进的协同效应。”于是，韩刚按照行领导对投行团队“特种兵”的定位，冲锋在前，跟行内资源打配合，与分行一起维护客户，一起跑重点项目。

张营辉

投行业务尤其股权是抓手，是敲门砖，带动公司零售等综合金融服务协同发展才是目的。这是韩总对股权业务的要求，也是行动准则。丛林狩猎，头狼领队，巧用利器，构建生态，商业银行投行大有可为。

在国内，投行业务过去长期是券商的领地，各家商业银行开展投行业务都还处于探索阶段。各家商业银行均设立了投行部，但里面装什么内容，各家都不一样。在行领导的前瞻性决策下，当时招行将公司金融总部下的金融产品部重组成一级部门，正式设立投资银行部，下设四大业务板块，包括债务资本、结构融资、并购金融、权益资本，并将风险团队内嵌在投行部内部，这在业内也是创新的架构安排。

“从我的角度理解，行里对于投行部这样的架构安排，既有对传统业务延伸的考量，更有对业务前瞻性的判断。”韩刚谈到这四大板块，就像在说手上的四张“王牌”。债券是最传统的商业银行投行业务，也是我们唯一有承销牌照的业务。结构融资作为新产品纳入，源于越来越多客户融资呈现出从表内到表外的趋势，通过基金、结构设计等方式筹集资金成为一种趋势。而率先在行业内组建并购金融、权益资本团队，韩刚认为这得益于行领导战略上的前瞻性。彼时并购业务正处于爆发前夜，提前的准备与安排，帮助团队抓住重要业务机会，也为投行部的一战成名埋下伏笔。同样地，伴随权益资本市场越来越成熟，体量不断扩大，原有的债务资本市场合作机制自然会向权益资本延伸，投行团队希望在风险可控情况下在权益市场进行新的探索。

四大业务板块架构搭建完成，“怎么推产品”“如何体系化作战”成为团队必须迅速攻克的难题。首先得让前线客户经理知道投行部能做什么，其次再由客户经理去告诉客户，打破客户对商业银行固有产品范围的刻板印象。

徐自华

招行投行部是一个勤奋务实充满活力和进取精神的大家庭，有幸能成为其中一员。

“光是嘴上讲，没多大用，关键是先做出来。”韩刚总结的打法就是，“从点到线，从线到面。”简单讲，就是抓典型项目，在四大板块里分别做出样板项目，并且在做的过程中搭建流程、总结经验并逐步形成标准化操作手册。

两年时间，投行部的样板项目遍地开花，中间业务收入也节节增长。2016 年，投行中收相较 2015 年同比增长 50%，资产投放也增了一倍多。在今年严峻的经营环境下，投行中收和资产投放仍然保持了较好的增长态势。

成名之役

匿名

对业务的了然于胸、对发展方向的精准研判，有韩总的带领，我们对投行业务发展充满信心！但更让我们小小确幸的是，韩总是一个充满阳光温暖的领导，低调务实带着满满的正能量。

细数投行部的样板项目，奇虎 360 私有化是奠定招行投行业务在资本市场江湖地位的关键一役。

2015 年 6 月，奇虎 360 发布私有化要约公告，宣布将从纽交所退市。彼时中国股市高歌猛进，掀起大洋彼岸中概股回归浪潮。面对奇虎 360 这块总交易金额超过 90 亿美元的“大蛋糕”，各家金融机构闻风而动，一场并购融资大混战一触即发。

韩刚回忆道，从开始接触到最后落地，是特别多故事的一年。就在 360 宣布私有化不久，7 月股灾爆发，一时间千股跌停，哀鸿遍野。中概股私有化的逻辑基础，就是境内外资本市场的估值差。眼见国内股市走低，客户也曾有过犹豫，难能可贵的是整个项目团队一直保持持续跟进客户。到后来确定要做的时候，已是年尾之际。

“客观讲，这样大规模的交易，客户最初的想法肯定是首选国有大行。”韩刚总结时指出，招行最后力拼对手，招行高层的直接指导和现场指挥，以及全行各相关行部的通力合作在其中发挥着重要作用，“360 私有化公告一出，赵驹副行长第一时间联系其董事长周鸿祎，后来又有多次交流；在战况胶着阶段，唐志宏副行长邀请周鸿祎来总行会面交流，以全行的支持让对方吃下定心丸；在项目审批阶段，王良副行长与风险条线各位同事多次亲临项目现场并加班审核，满足客户的时效性要求。”

“客户最后选我们，另一个关键在于赢得客户信赖。当市场转向，客户犹豫时，其他银行也开始观望懈怠下来了，只有我们的项目团队在持续跟进。”韩刚记得在公告当晚，他们便通过赵驹副行长联系上周鸿祎，第二天就与 360 相关负责人召开电话会议讨论项目。“坦白说，案子究竟怎么做，当时我们的脑子里也没有一个很完整的拼图。”

吴丽

韩总是专业、敬业、有格局的专家型领导，对我们员工来说，又是脾气好、性格好、凡事以鼓励为主鲜少批评的不折不扣的好领导，能在韩总领导的投行部工作，实在是我们的幸运！

“这种大规模的交易得以落地，遇到的困难和波折实在太多，远非单个人的作用简单叠加可以完成，我们的并购团队在这其中付出了很多很多。”并购融资有着很多技术性环节，从最初的融资方案设计，到巨额的银团分销、银团贷款协议谈判，再到最后的合作放款，项目团队显示出在专业领域的强大竞争力。

大额并购项目中，组建银团尤为关键。作为奇虎 360 私有化项目 34 亿美元银团贷款的牵头行，招行第一时间向国内 14 家商业银行发出组团邀请，并在三个星期内完成逾两倍的超额认购。通过牵头一批重大银团项目，招行在亚太地区银团贷款簿记行排名已跃居前列。

360 一役，完成迄今市场上规模最大的中概股私有化项目，口碑效应逐步显现，多家知名上市企业在公告私有化之初，就主动来找招行。

乡野里觅得新业务

在大多数人眼里，投行人穿梭在高级写字楼，做的都是像 360 那样动辄百亿的“高大上”业务，但投行人亦有不为人知的“接地气”一面。交谈中，韩刚饶有趣味地分享了投行团队植根乡土中国“很有意思”的一单，这也是投行部股权直投第一单。

在广袤的乡镇农村，淘宝、京东、国美、苏宁都到不了的地方，活跃着大量以卖电器为主的夫妻店，做着当地小范围的熟人经济。汇通达作为一个网络平台，为这些夫妻店提供支持。从前，这些夫妻店都是从二级批发商进货，现在统一由汇通达来做货源供应、配售。夫妻店门面很小，只能摆几个有限的样品，汇通达给这些夫妻店上系统配 pad，选货就跟网上买衣服一样，选好后统一发物流。在小镇农村，顾客大都因为结婚、盖房等大事批量采购，钱不够还会向夫妻店借钱，这就在熟人关系下形成相对安全的借贷关系。

> **周峰**
>
> 汇通达项目抓住了惠农和消费升级两大概念，为我行尝试进入农村市场奠定了良好的基础，该项目成功体现了招商银行投行专业的能力，以市场为导向的理念和敢为人先的精神，发展和价值可期。

“我们实地考察后，发现汇通达模式瞄准丰富的村民需求，植根人情社会的熟人经济，网络价值开发的前景广阔，拥有巨大的想象空间。”韩刚进一步分析，夫妻店销售安装维修都是这两人，一个小三轮就能完成送货，节省大量的安装维修成本，同时还解决了广大乡镇快递“最后一公里”的问题。这个运营模式，可以将消费端金融服务和小店主物流结合起来，可以不断充实品类，不单卖电器，还可以卖农机、农资、保险产品、旅游产品等，目前这些品类都已经陆续上架汇通达的各个门店。更为重要的是，我们可以通过汇通达的农村网络开展供应链金融、资金归集与代发、消费信贷、理财产品销售等多种银行服务。

虽然汇通达有特色模式、有市场空间，第一次上投决会却没能通过。当时汇通达只有约六千个网点，处于微利状态，后续要发展就要投入信息系统建设和增加运营的品类，还得往里投钱，所以大家开始对这个项目分歧比较大。

为做成这个项目，投行团队在客户配合下，附加了一些略显苛刻的条件。“这个项目最后能做成，关键在于业务模式符合我国农村市场的实际情况，且搭建的网络价值增值空间较大，加上这是项目创始人二次创业，本身具备回购和兜底的能力。”

2016 年 6 月，招行完成对汇通达的 B 轮股权投资。根据

汇通达C轮融资的最新估值，目前该项目的投资浮盈较高，并且与汇通达在供应链、现金管理、消费信贷等领域的合作也都已陆续展开。本次投资出于审慎原则，报行领导批准后由韩刚担任汇通达董事。

“虽然股权是一个长周期投资，但我们不一定要等到IPO。项目估值合适了，把招行的商行服务带进去之后，有合适的机会我们可能就会退出来。”韩刚说，招行不是一个PE机构，进入的目的除了分享收益，更为重要的是把商业银行业务带进去。截至目前，汇通达在招行日均存款超过3.5亿元。由总行交易银行部牵头提供的B2B在线支付系统已上线，上线两月以来，实现交易近千笔，增加活期存款3500万，供应链融资与闪电贷系统正在测试，区域网点合作也在稳步推进中。

“我们追求的不是项目收益最大化，而是综合金融服务价值最大化。”在韩刚眼里投行部既要做“敲门砖”，也要做“垫脚石”。用投行的差异化工具去敲开客户“大门”的同时，不追求投行单个业务的最大收益。“投行项目不挣钱的前提，是要找到能挣钱的地方，希望丢小钱挣大钱，增加客户粘度，把客户价值做到最大化。”

老业务遇到新问题

债券承销一直是商业银行投行的基石业务，但今年老业务遇到新问题。经历36个月漫长牛市之后，债券发行价格于去年11月开启上行通道。过去很多客户沉浸在低利率市场环境中，债券价格越发越低，几乎不需要做预期管理。行情反转之后，债券承销团队承受着越来越大的客户压力，韩刚带领团队迅速调整工作流程。

结合今年以来的市场情况，在债券正式发行前，投行部与金融市场部一起与客户沟通，推荐客户做路演和预销售。如果预销售的价格区间与客户预期相差甚远，就建议客户暂缓发行；如果与预期相符再去挂网，这样一来发行取消的案子大幅减少，也会减少对客户关系的伤害。“想要客户满意，总得超一点他的预期，但要超过预期先得管理预期。”这是韩刚碰到新问题时提炼的心法。

投行业务蓬勃发展之际，一些棘手问题亦随之而来。投行部成立后的两年时间，完成了风险审核团队的搭建和审核流程的梳理。随着业务的发展，投放、投后管理风险体系建设显得越发重要。

> **匿名**
>
> 第一次见到韩总的情景还记忆犹新，拿着文件说项目，说到兴起时挽挽袖子，毫无架子又字字珠玑，为务实亲民的领导点赞！

“我们的同事做项目时有一条兴奋曲线，从见客户开始，一路高涨推项目，项目投放时达到高点，一旦投放完迅速下滑。”韩刚边说边用手划出一条倒 U 形曲线。

针对这一情况，结合行里“扶油瓶”加强基础管理的工作安排，韩刚今年重点在投行部推动投后管理风险体系建设，整理项目档案，把基础项目材料录入电子数据库。

“我曾经被监管部门稽查机构单独约谈，多亏当时的业务留有底稿，不然今天我可能没机会坐在这里。”韩刚谈起亲身经历，眉宇间显出少有的严肃，“做任何业务都必须留痕，你说你尽职了、调查了，最后别人来查的时候，你得有东西证明自己。”韩刚希望每一位同事不要忽视这些必要的细节，关键时候能够保护自己。

“虽然目前为止还没出现典型的风险触发事件，可一旦出现，投行部的创新就可能会被紧急踩下刹车。”韩刚对此充满警惕。

猛虎怕群狼

田惠宇行长曾寄语投行人，要营造内部的投行“小气候”。“对事要有非把项目拿下的 aggressive，对人一定要多一份合作。”韩刚强调投行部不是单兵作业，一定要有“丛林狩猎式”的合作意识。就像在丛林里狩猎的狼群，整个团队快速敏捷、分工合作，追捕猎物不眠不休。“猛虎怕群狼”，投行部不仅内部协作，还要同分行以及其他部门紧密合作。

塑造投行“小气候”，韩刚希望大家对事往前冲，对人要合作，简单文化，业务导向，提升对客户的服务能力。“大家只需要聚焦客户做业务，就像任正非所讲的‘眼睛对着客户，屁股对着内部’。评判的标准在于对客户的服务能力，包括专业能力的提升和‘下地干活’服务客户。”

韩刚笑称投行人有“三多”文化——出差多、加班多、电话多。为了面对面与客户建立信任，投行团队跑遍全国。当天往返深圳北京，早上四五点钟到深圳后再工作一天晚上继续出差的情形，大多数的投行部同事都经历过，而韩刚本人的航旅纵横飞行里程也打败了99.8%的人，而这还不是投行部的最高纪录。

从成立之初起，招行的品牌与资源一直在滋养投行的成长壮大，而投行通过做“敲门砖”和“垫脚石”也在提升招行的竞争力，商行大环境与投行小生态形成生机勃勃的良性循环。但碰撞亦不可避免，如何更合理地评价业务价值，如何更有效地提升考核机制，都需要进一步地磨合与探索。遥望未来，投行的发展远不限于此。

正如田惠宇行长所说“不能一味拿着钱去做业务”，对投行部而言，韩刚理解的“轻型银行”是一个“由重到轻、先重后轻”的过程。最开始时会需要一些必要的资金资源投入，随着团队能力的提升和研究体系、销售网络的逐步搭建之后，应该向更轻的方向发展。以去年投行部搭建的结构融资市场交易（撮合）业务为例，现已在业内形成“招投星”品牌。目前已成功撮合的项目近70单，资产投放超300亿元。这个尝试其实最重要的是搭建了一个平台，形成了一个“朋友圈”，做到了行内外资产和资金的双向匹配，可以解决部分客户因为招行额度、集中度或者风险尺度等问题不能满足的需求，增加与客户的链接，回归客户服务本源。从长远来说，还可以改变业务团队的经营理念，用更为开阔的保险、信托、券商、银行同业的全金融视角审视项目，利用我们搭建的市场交易（撮合）平台，提升我们资产组织和资金融通的能力，提高整个投行条线的销售能力，为投行业务轻型化做准备。

匿名

站在商业银行客户的角度看投行业务，延伸价值链，提供投商行一体化的综合金融服务，确实是投行业务发展的方向，也是投行业务的核心价值所在。

穆成焱

很亲民很专业的领导，传统商行的一股清流。

做商行中最好的投行，假以时日，招行投行必和招行零售一样响亮。

未来，投行部将聚焦在产品标准化、培训体系化、流程精细化、方案个性化四件事上。“我们的目标是给客户量体裁衣，做商业银行中最好的投资银行。希望未来市场上说起招行投行，就像现在说起招行的零售银行一样。”韩刚说起未来愿景，儒雅地扶了扶眼镜，但镜片背后是跟狼一样锐利的目光。

刘继楼：我也是一名“创客”

◎丁国林

访谈人物：北京分行投行与金融市场总部资产管理部兼资产托管部总经理　刘继楼

编者按：“资产托管规模率先突破万亿”“托管规模和收入持续保持系统第一”“资产管理规模与业务收入逆势大幅增长”“指数增强基金成功获批”……这是北京分行资产管理部和资产托管部 2016 年交出的亮丽成绩单。刘继楼，北京分行资产管理部总经理兼资产托管部总经理，2003 年入行，且行且歌十四载。从亚运村支行到分行公司银行二部，再到投行与金融市场部、资产托管部、资产管理部，在不断的岗位调整中，凭着对招行事业的坚守，他以持之以恒的创业激情，完成了一次又一次漂亮的转身。

在很多同龄人中，刘继楼是幸运的。因为他有机会一次次站在了商业银行改革转型的潮头，亲历了公司银行业务从传统信贷向投商一体模式转变的历史进程。虽然，转型改革必然带来波动和阵痛，让身处其中的人永远处于“不舒适区”，但他总是处之泰然、甘之如饴。

匿名

继楼总是实干派领导，更是实力派领导，开拓能力令人敬佩，对员工的关爱令人感动！招行真的需要更多像继楼总一样的领导，才能持续保持优秀。

售楼处里的“第一桶金”

刘继楼研究生毕业便来到招行，成为亚运村支行公司客户经理。那时候，中国房地产改革方兴未艾，商品房买卖掀起第一波热潮，而按揭贷款也逐步兴起。

初到支行，刘继楼接到的第一个任务就是去楼盘售楼处营销按揭。那是个十几万平方米的大盘，业务量大，但竞争也非常激烈，一时间成了各家银行眼里的“肥肉”。没有特别关系，没有人介绍业务，那自己就主动出击，多付出一些，没有机会，就自己创造机会。

每天早上，刘继楼都会提前一个多小时来到支行，打完卡、背上一大包按揭资料、合同，在同事还没来上班之前就已经奔向售楼处，也是所有银行里第一个来售楼处的人。到了售楼处，收拾了招行的工作位，他便撸起袖子，帮着售楼处的销售人员摆展架、整理宣传单、换大桶水……就这样，一来二去，刘继楼和售楼处的销售员熟络起来，下了班没事还一起吃吃饭、聊聊天，慢慢地很多销售员都成了他关系不错的朋友。在这些朋友的帮助下再加上专业周到的服务，接到的单子也越来越多。“从第二个月开始，基本上一半的客户都选择了在招行做按揭。单子多了，有时也是一种‘幸福的烦恼’。”刘继楼讲到当年的“战况”。白天营销，晚上做案头工作，经常一做就到了深夜十一二点甚至凌晨。这种生活一直持续了半年多。

匿名

认认真真地读了一遍，虽然是素不相识的领导，但感动和敬佩依然如泉涌。

刘继楼是个爱琢磨的人。随着按揭业务量逐渐增多，他把眼睛放在了这些按揭客户身上。办理按揭需要开收入证明，上面明确地写着客户的工作单位和职务，其中不乏董事长、总经理、财务总监之类的客户。他敏锐发觉这是寻找企业客户、开拓对公业务的一条捷径。客户审批结果出来后，本来发个短信、打个电话，放款就完成了，他却主动去给客户送资料，这些客户对他的印象也越来越深了。从“刘经理”到“小刘”再到“继楼”，客户对他的称呼变得越来越亲密。

“有一天，我去给一个地产公司总经理送材料，没想到客户直接到办公室外面来接我，还拍了拍我的肩膀，然后领我进办公室，亲自泡了杯茶。”一瞬间，刘继楼有了“受宠若惊”的感觉，“他笑着跟我讲，‘小刘，你跟我接触过的其他银行客户经理不太一样，做事很用心，服务很周到’。”客户的夸赞，刘继楼至今记忆深刻。随后，这位总经理把公司的销售总监和财务总监叫了过来，直接交代公司一个新楼盘的按揭给招行做，顺便在招行开个户，把日常结算转到招行。“幸福有时候就是这么不期而遇，我当时激动得有点蒙，支支吾吾地连说了几声谢谢。”后来，通过这种深度挖掘按揭客户的创新模式，他开发了几个潜力很大的公司客户，对支行存款和资产业务都有较大贡献。

2006 年刘继楼离开亚运村支行的时候，他办理的按揭贷款余额超过了 6 亿元，而那时的一笔按揭贷款平均金额也只有 50 万元左右。

第一次“创业”

2006 年 3 月，北京分行在系统内首家成立了分行集团客户和同业机构客户的直营部门——公司银行二部，刘继楼很荣幸地成了部门初创“六君子”之一。

刚到分行工作时，刘继楼被应接不暇的产品淹没了，多少有些不适，他发现需要学习的东西太多了。集团客户的需求通常是全方位、多样性的，从日常结算到现金管理再到企业年金等等随时都会被客户问到，作为客户经理就必须全面掌握。“面对不足，你必须对业务学习时刻保持一种饥饿感，落实到行动上就是三个多，多看、多问、多做。”刘继楼竖起三个手指说。

匿名

有幸和刘总一起参加过培训，很真切地感受到刘总质朴，谦和，执着的特质！访谈中呈现的一个个业务场景，让我不由得再次为“每次站在潮头从来都没有让人失望的刘继楼”喝彩！向刘总学习，向优秀学习。

也就是那个时候，信托公司作为非银金融机构，在企业投融资中发挥的作用开始越来越大，部门领导果断带领大家加强了与实力较强的大型信托公司的合作。在与某信托公司业务经理交流时，刘继楼敏锐地捕捉到他们正在与银行探讨某种创新融资模式，这一模式在当时的市场环境下，是一个几方多赢的方案，具有很大市场空间。

“当时真的很兴奋，当天晚上就把所有交易合同研读了一遍，对业务也有了深入了解。我们行作为资金方，由另一方银行兜底，只要把握好不出操作风险，就可以保证招行资金安全，而且收益十分可观。”刘继楼现在回忆起来依然难掩兴奋。

很快，刘继楼和团队营销的第一单业务就有了结果，而且是一单大业务。上海某国有大行拟给上海世博会提供融资，但因没有信贷额度而无法放款。刘继楼得知消息后，第一时间与信托公司及国有大行相关负责人取得联系，但因业务及合同文本都太新，各方很难达成一致。

"有不同意见，大家可以坐下来聊啊，既然有操作先例，就一定有机会，我当时就这么想的。于是我们三方各自带着自己的法律合规部人员聚在一起，那时我们还是外聘律师，对合同条款逐一讨论。我记得他们从上海赶到北京是下午 2 点多，我们一直到晚上 11 点多才把合同定稿！"刘继楼激动地不由加快了语速。合同定稿后，业务很快就实现落地，第一笔就做了 40 亿元。因为融资发放及时，客户非常满意，后来资金宽裕后也保留了招行的融资模式，最后加上增额和续作，招行一共为世博项目提供了 120 亿元融资。

最后一笔操作时恰逢世博会开幕，刘继楼与合作伙伴们一起参观了世博园。"那种参观自己融资支持建设起来的场馆的感觉真的是太好了。"刘继楼的话语里满是自豪。

抓住风口

2010 年，招商银行"二次转型"正式起航，北京分行在系统内首家成立了投行与金融市场部，当时部门只有 5 个人，刘继楼是其中之一，团队一起开始了在新兴业务领域的创业与耕耘。

> **周建平**
>
> 楼总一步一步坚实的脚印走到今天，是我们学习的榜样，很多经历也鼓励着我们，相信未来会更好。

部门成立之初尚处于摸索阶段，重点做什么？如何做？还没有形成清晰的路径和打法。"当时，觉得这个也能做，那个也想做，可以做的东西非常多，一时间竟然不知道该如何下手。但是留给我们的时间并不多。"刘继楼说。那时候，一方面居民投资意识觉醒，大量资金存在银行，等待高收益投资渠道；另一方面，房地产、能源等行业等待输血，蕴含巨大融资需求，两者之间利差较大，推动了信托理财业务兴起，并逐渐形成风口。刘继楼和团队嗅到了机会，他们立足分行零售雄厚的客群基础，把信托代销产品创设作为新兴业务的重点突破领域。

信托代销产品创设，最核心的就是要找到好的项目。当时市场中，充斥着众多良莠不齐的项目，在经济高速增长下，很多都被层层包装和修饰，项目本身的风险和瑕疵被掩盖了。为了去伪存真，把真正优质的项目挖出来，刘继楼和团队不仅需要一双慧眼，一份不知疲倦的韧性，还需要一颗对分行、对客户负责的初心。

“那几年，零售客户产品需求特别大，部门人员又少，不得不早出晚归，出差经常当天来回。不过也挺好，不到一年就飞出了一张国航白金卡，如果飞机延误，可以免费在贵宾室里等。”刘继楼现在谈起那时的经历已然感觉很轻松，但要飞出白金卡，需要1年内飞够80次才有资格申请，细算下来才能体会那时的艰辛。有一次，某信托公司介绍了一个房地产信托项目，项目楼盘位于某二线城市核心地段，看上去市场前景非常好，项目负责人对该项目也是信心满满，加上非常可观的代销收入，让刘继楼和团队有一点动心。“但有时候，也要给自己泼泼冷水，必须把可能的风险点考虑清楚。”刘继楼坚定地说。当晚，他亲自带队连夜出发前往项目所在地，第二天一大早，他们就出现在了项目工地。

宋强

因为工作关系，和继楼总接触得很多，一起进行过多个项目的调研，他的专业和敬业给我留下了非常深刻的印象。

看了项目的地理位置，了解了周边楼盘销售情况，他觉得项目本身问题不大，但是他还是不太放心。随后，刘继楼又通过私人关系联系到当地政府机关的人，私下里调查了该项目公司的基本情况。从销售业绩、资金回笼、在投项目、信贷敞口、高管情况等多个方面，对项目进行分析后，刘继楼发现企业的摊子铺得过大，在投项目比较多，主要的现金来源是项目回款，在市场行情比较好的情况下，资金链不会产生太大问题，但是如果遇上市场调控或者其他特殊情况，公司的资金链将有断裂风险。在信托公司不同意招行提出的风险缓释措施的情况下，权衡再三，刘继楼和团队果断退出。“虽然项目最终还是发行和兑付了，但是我对自己的决定不后悔。”刘继楼说，“有时候，放弃也是一种胜利，因为一时的得失，不能说明什么，大潮退去，才能看到谁在裸泳。”

刘继楼在投行与金融市场部四年间，带领团队累计设计代销高收益集合信托产品百余只，累计金额超过 500 亿元，为分行实现中间业务收入超 20 亿元，更难能可贵的是没有出现一只产品发生违约或兑付风险。

第一家实现万亿托管的分行

伴随着中国加速进入“大资管时代”，银行资产托管业务也迎来了快速发展的机遇期。2015 年，分行将托管业务从同业银行部剥离，组建了资产托管部，统筹推动分行托管业务发展，刘继楼迎来了职业生涯的又一次转变，成了新部门的第一任掌门人。

部门刚刚成立可以用“缺兵少将”来形容，那时系统三大行业务规模差不多，其他行托管部有 30 人左右，而部门成立时一共 11 个人，还有 2 个人在休产假，员工平均下班时间在晚上 10:30 之后。“说真的，部门不少于一半的人在我办公桌前哭过，说的最多的一句就是‘实在坚持不下去了’。我感觉那时自己就是‘政委’，天天给员工做思想工作，给他们打气加油，其实也是在鼓励自己，再坚持一下。”刘继楼感慨地说，“那一年，对我来说是挑战最大的一年，你看我的白头发，一多半是那个时候长出来的。”他用手捋了捋清晰可见的白发。

匿名

继楼总最感人的地方，在于与员工一直站在一起，没有盲目让员工加班，而是体谅大家的难处，承诺改善大家的生活；本来，作为托管人，加班到十点、十一点可以，但不能是一种常态。真的为这样优秀的领导点赞！文章朴实感人，非真实不能够写出来。

当时，资产托管运营室管理着分行 4000 多亿元资产，人均业务量长期高居系统第一，人员配备严重不足，成了分行熄灯最晚的部门。作为部门一把手，看在眼里，疼在心里，刘继楼一方面不停地向分行人力资源部申请加人，一方面把自己和员工放在一起，用关心和陪伴鼓舞他们。刚开始的几个月，刘继楼俨然已经成了运营室的后勤部长，到了下班点张罗给员工订餐，到了晚上九十点让员工们加餐休息；部门新的电脑来了，为了给大家省出时间处理业务，他亲自动手去给大家组装。“毫不夸张，那时运营室一半的新电脑都是我给组装起来的。我半

匿名

身为部门一把手，为员工安装电脑，给员工订餐，从这些小事中可以看到楼总真正体贴员工，关心员工的工作和生活。

路出家，不懂核算操作，大家每天忙得一刻不得闲，也没时间教我，要不然我真的上去一起干了。他们很多都是'90后'的新员工，真的太不容易了。"说到这，刘继楼的眼眶有些湿润。为了鼓舞员工，刘继楼在运营室看到谁有空，就找他们谈谈心，帮助他们建立信心。"很幸运，运营室的这些孩子除了一个因为家庭原因离职，其余所有人都陪我坚持了下来。部门主管也很担当，给我分担了很多压力！"

刘继楼在2015年的年终工作总结里写道，"我刚刚来到部门时，曾向大家许诺，第一阶段争取让大家八点半下班，第二阶段，也就是年底前，能够让大家七点半下班，目前看只是勉强完成了第一阶段的目标。这主要是部门业务量上涨超出了我们的预期，也请大家放心，2016年一定让大家能够平均七点半下班，包括前台和后台所有人员。"寥寥数语，却让员工感受到了温情。

在人员问题初步解决后，刘继楼在部门干部员工的支持下，开始拧紧发条，推动业务快速发展。确立了"抓重点客群""抓重点产品""抓支行推动""抓中后台建设"的工作思路，通过名单制营销、条线联动、科学考核带动了分行托管业务迎来爆发式增长。在营销上，他从来不当甩手掌柜，坚持一定下地干活，带头去找项目、维护合作关系，甚至是推动项目落地。刘继楼从来没有因为成为管理者而远离市场，反而在江湖的名声越打越响。"做资管和托管业务都是要有圈子的，你必须把自己放在那个圈子里，混出名堂，你才能获取更多信息，得到更多业务。"刘继楼说。

在刘继楼及团队的共同努力下，北京分行的资产托管规模每年都上一个台阶，2016年系统内率先突破10000亿元大关，2017增势依旧不减，年中已经达到16100亿元，继续保持系统第一。

刘泽宇

每次工作觉得辛苦压力大的时候，想起楼总的艰辛和拼搏就有了无穷的动力，在业务中遇到任何阻碍找到楼总，他也都能第一时间帮助妥善解决，感激有这样的好领导，使我们可以跟着他干得很踏实，有动力！

2016年9月，刘继楼迎来了新的挑战，成为组建不足半年的资产管理部的一把手，用他的话说，自己再次来到了起跑点，一段新的征程等着他去征服。面对快速多变的市场环境和相较兄弟分行起步较晚的不利现状，注定了他的这段旅程并不会轻松。但是每次站在潮头的刘继楼从来都没有让人失望，“特别感谢招商银行这个优秀的始终引领着创新的平台，和给予我无私帮助的领导和同事们，让我有机会站在中国商业银行改革创新的最前沿，我也会一如既往地继续努力，创业很艰辛，劳动最光荣！”

李嫣怡:明星交易员炼成记

◎张治青

访谈人物:总行金融市场部外汇交易室外汇交易岗　李嫣怡

编者按:李嫣怡身上有多个标签:国内期权市场盈利能力最强的交易员;招行首位自营盈利过亿的外汇交易员;招行最年轻的高级交易员;名副其实的明星交易员……她经营着全国规模最大也是最赚钱的期权自营交易组合,2016年1月份,她准确把握了人民币期权市场波动最大的交易时机,单月盈利超5000万人民币,2016年全年交易盈利超过2亿。

陆家嘴环路1088号,静静矗立着招商银行上海大厦,这是陆家嘴金融圈的"金角"。六楼,总行金融市场部交易室。落地窗外的黄浦江波光粼粼,整整两层的挑高大厅里,冬日的阳光特别温暖。每个交易员工位面前,都安放着两排六个16英寸屏幕,上排三个,下排也是三个。

长方形的交易电话上,横竖几排共二十来个按钮,电话显示屏上的信号灯不停闪烁,一条条报价透过免提在播报,男声爽利,女声清脆:"一年4.5offer""三个月RR,0.4bid""六个月要offer,有兴趣吗?"

"4.5有多少个?我都拿了。""嫣怡姐,50个成交。"一笔一年期5000万美元的期权交易就在这简短的对话中完成了。我们今天访谈的主角——期权交易员李嫣怡结束了上午的交易,开始和我们娓娓述说她与招行的故事。

齐肩的短发带着干练,温和的笑容透着干净,灵动的眼神经过镜片的折射而更加活泼，眼角的余光仿佛还在时刻关注着屏幕上的行情。难以想象，这样一位年轻温婉的姑娘，却是国内人民币市场公认的"期权一姐"。

楼兰

文章里的热爱、激情、骄傲、幸福，真的很美好！

2014年6月，李嫣怡加入招行。招行期权交易从零起步，半年内交易量超过400亿美元，占2014年银行间市场交易量的三分之一，2015年蝉联冠军，2016年继续领跑。2016年10月，招行成为第一家自营期权交易量突破千亿美元大关的做市商。除了自营盘，嫣怡还负责为全行客户提供期权产品报价，招行客盘期权交易量超过200亿美元。

从业五年，加入招行仅两年半，她又是如何从一名普通交易员华丽地成长为明星交易员呢？

热爱，是最好的向导

近年来，人民币汇率的话题越来越成为大家讨论的焦点。在风云变幻的外汇市场里，交易员在腾挪博弈中赚取利润。交易员的角色本来就带着一丝神秘色彩，期权交易员更加高大上了。那么，在嫣怡的眼里，一个期权交易员的日常又是什么样子的？

"交易有一种推导求解看答案的快感。每一次交易之前，我都需要计算衡量潜在的风险和损益，寻找、测算、选定我认为性价比较高的交易，然后放到市场中去实施，去检验我之前的判断。从交易进场开始，市场的每一轮波动都是一步步地接近答案。最后，答案揭晓，我再根据市场运行结果回顾反省自己的预判。底牌掀开了，如果预判实现了，那是一种纯净的快乐；如果预判失误了，下次调整后再来。每一天的市场都是新的市场，每一次交易都是全新的旅程。"

"这个过程特别像打德扑。"说到这里，嫣怡的眼神亮了，像天空里的星星。德州扑克，是交易员群体最喜欢也最流行的游戏。德扑的游戏规则里，参与游戏的人彼此博弈，根据概率计算自己的胜率，并时刻通过观察参与者个性、表情、语言和叫牌策略来不断调整自己的策略，这种博弈和交易在很多地方都是相通的。

匿名

金融市场部不愧是最低调，却又最专业的一支尖刀部队。

在李嫣怡看来，期权交易比即期交易更好玩儿，因为期权交易涉及的变量更多，它是三维的。即期交易只赌涨跌方向，期权交易还可以在涨跌幅度和时间节奏两个维度上布局。即期交易像一场短兵相接的战斗，期权交易则更像是指挥一场战役，需要考虑天时地利人和多个变量，调度三军协同推进有序配合。她随手点开了一份 EXCEL 表文件，十几幅心电图一样的图表"唰"的一声展开，让人眼花缭乱。这些都是各种期限各种维度下的波动率曲线，是她在每一个交易日成千上万笔交易中积累下来的，可能是国内期权市场最全的市场参数和数据库。这些图表，就是她指挥她的期权大军在市场上攻城略地的秘密武器。

2016 年新年伊始，人民币对美元在一周内从 6.5 贬值到 6.6，境外人民币（CNH）一度贬至 6.75，贬值有加速迹象，市场上一片混乱，许多一次性贬值的论调铺天盖地。买期权来对冲人民币大跌风险的交易策略，成为市场主流，期权波动率和期权价格因此暴涨。就在这一周里，李嫣怡的期权组合高歌猛进，五个交易日盈利几千万人民币。从中间价改革到国庆节前后，人民币市场曾有两个月的平静期，她在市场上持续买入了大量的一年期期权。2016 年新年伊始，期权价格猛涨，她作为市场最主要的做市商，几乎是唯一在向市场抛售期权的交易员，自然赚得盆满钵满。

故事还没有结束。1 月中旬，央行果断出手，打击了境外对冲基金为首的人民币空头，人民币止跌回升。但市场对人民币的贬值预期仍未消退，买入期权成为做空人民币的主要手段，期权波动率仍在高位，尤其是期权报价中已经严重偏向看跌人民币这一端。在期权的市场报价里，仍然隐含了强烈的单边贬值预期。左手边是单边贬值预期，右手边是央行对人民币的信心。到底如何取舍，是信市场还是信央行？

李嫣怡首先设计了巧妙的对冲机制，通过复杂的交易结构大幅度提高了交易的性价比，然后谨慎而果敢地站到了央行这

匿名

精准把握市场脉络，靠的是扎实的技术与过人的胆识。金融市场部这样生机勃勃的团队令人击节赞叹。

一边，卖出人民币贬值方向的期权，保留了部分尾部风险。只要不发生一次性贬值，上述交易策略就会大赚特赚。即使出现一次性贬值，全年交易亏损概率也不大，毕竟她手中还有几千万已实现利润可以提供缓冲。

事实证明，她的预判是极其准确的。人民币汇率稳定在6.58，并在春节之后升值到6.5附近，期权市场的紧张情绪消退，波动率大幅下行。2016年1月，期权波动率先涨后跌，逐渐回到了起点。在这一涨一跌之间，通过低吸高抛、反手做空，她在一个月时间内为招行赚取了超五千万人民币，“期权一姐”的地位由此确定。

虽然只用了一个月，李嫣怡就超额完成了期权团队一年的利润指标，但她没有停止继续研究市场、继续进场交易的脚步，因为交易是她的最爱，是她的热爱和兴趣所在。做好自己，利润自来。这让笔者不由得想起了爱因斯坦的名言：“对一切来说，只有热爱才是最好的老师，它远远胜于责任感。”

在采访中，笔者注意到一个小细节：嫣怡是经济学硕士，但大学里却选修了数学专业课，这种与生俱来对数学的敏感与热爱，和她最终在期权市场中大放异彩，自然是分不开的。天性里的喜欢，才是真喜欢；只要真喜欢，做出成绩不过是时间早晚。

匿名

不要仅看到成功，成功路上一定有荆棘。除了高智商高专业，更多是非常强大的抗压力，向强者致敬！ ps：同是标准“铲屎官”一枚。

风险，是最好的老师

看嫣怡在市场上的操作，常给人以进退自如、智珠在握的感觉。在我们的访谈中，这位1987年出生的年轻交易员始终保持着一份平静与淡然。

“去年中间价改革，我已经吃过亏了。在市场的波动面前，盈亏只是一时，唯交易理念长存。”嫣怡坦然地向我们讲述起曾经的挫折与磨难。2015年8月11日，央行启动人民币中间价改革，人民币汇率两天内波动超过5%。市场极度紧张，期权波动率快速上涨，嫣怡的期权组合账面浮亏近千万。

面对这样突如其来的大幅波动，嫣怡曾深刻反思：当时的敞口规模并不大，按照模型给出的情景分析，币值变动在正负2%之内的概率大于99%，即99%的概率期权组合不会出现大幅亏损。概率低于1%的情景变成了现实，波动率朝不利方向变动，组合出现大幅浮亏。“我当时不断问自己，为什么没有设定政策变化的情景预案和压力测试？期权交易对数学模型有天然的依赖，但电脑依旧不能替代人脑。只有人脑想不到的，没有电脑做不到的。譬如在市场最流行的量化交易中，日常交易策略与执行由电脑负责，但交易的核心思想与逻辑还是要依赖于交易员的人脑。”

自2014年进入期权市场以来，招行取得了一系列成绩和荣誉。她总结道：“这些成绩给自己带来了一些虚幻的安全感和成就感，这样的情绪很危险。中间价改革之后，真的有那么一瞬间，我突然明悟了巴菲特那句经典——在别人恐惧时贪婪，在别人贪婪时恐惧。在此之前，对自己的交易策略过于自信，在小幅波动的市场中，对期权费收入和每日累积的小利润过于贪婪，却没有及时警醒，这也是问题的所在。”交易员必须时刻警惕、居安思危，在客观上要管理好风险，在主观上要管理好情绪。

知行合一，认清了问题就要付诸实践。在交易管理上，首席交易员、交易主管和她多次探讨浮亏原因、业务模式和交易逻辑，严守风险底线思维，寻找并确立面向未来的稳健的交易管理模式。在风险参数的设置上，她和市场风险管理部同事对交易反复复盘，综合考虑各种情景分析和极端市况，重新厘定了期权业务风险管理参数体系，增加了更多的二阶风险限额。在期权组合日常管理上，她增加了压力测试环节，增加了期权组合风险的立体监控、覆盖了二阶和三阶风险参数，从时间架构、期限错配、市况大幅波动、系统风险对冲四个维度设计了全新的交易管理报表体系。

市场永远有机会，正确的交易理念一定会开花结果。在两个月之后，账面浮亏大幅削减，年底前利润重返年中水平；国庆前后，她在市场上逐步购买了一年期期权；在2016年年初期权价格暴涨之际，她果断抛出手中存货；于是，她在市场恐惧情绪蔓延之时，毅然反手做空波动率，赌人民币币值相对稳定。没有2015年8月的磨难与反省，也就没有后续的故事和成绩。

伙伴，是最好的平台

“感谢中间价改革，让我能够快速成长；更要感谢我的小伙伴，让我安心成长。”嫣怡这句话，说得很诚恳。中间价改革之后的账面浮亏，让她承受了很大的心理压力，但更多的是她对自身交易理念的反思与提升。无论是交易主管、交易总监，还是总经理室，都没有对她的交易策略指手画脚，更没有越俎代庖。上至总经理室成员，下至交易主管，本来就是一线交易员出身，非常能够体会市场波动对账面盈亏的冲击，能够给交易员足够的授权和信任，允许交易员在风险限额之内充分地自主决策和自我调整，并在必要时提供帮助，把握风险流程控制。

匿名

金融市场部果真是群贤毕至，希望招行能够通过机制、待遇将此类金融精英悉数延揽。真心钦佩李嫣怡老师！与这么优秀的人共事真是荣幸之至啊！

“这是我喜欢招行金融市场部的原因，在这里，有交易员主导的工作氛围。我周围的小伙伴都是因为热爱交易而走到一起的，中外资、海内外，天南海北走到一起来，干净热烈的工作氛围吸引着彼此。一群志同道合的小伙伴，就是凝聚力，就是生产力，就是最好的平台。”嫣怡所在的外汇交易室，现有交易员17人，其中13人是金融市场部搬迁到上海之后从全国各金融机构中选聘出来的，嫣怡也是其中之一。

在加入招行之前，她曾在国有银行的期权交易台工作，是国内第一批人民币期权交易员。谈起不同银行交易室的区别，她说：“招行虽是小集体，但有大视野，聚集了更多志趣相投的人。”汇率、利率、贵金属等各个市场都会发生交集和联动，嫣怡经常和不同交易团队的小伙伴们一起头脑风暴，讨论跨市场观点和交易策略。每当聊出一个小成果，搞出一个小策略，或者解决了系统的一个小问题，她总是笑呵呵地夸奖“你太机智了！”偶尔也自夸：“我太机智了！”这已经成了她的口头禅。

婿怡眼中的小伙伴不只是交易团队，还有销售团队，还有各家分行的授权交易员。嫣怡和销售团队一起，把自营的交易经验和想法，融合到客户的实际需求当中，为客户提供解决问题的思路和动态管理方案。在这样的思路指导下，随心展、海鸥期权、倍享远期等一系列新产品受到了客户的欢迎，外汇远期搭配各种期权组合的方案更是层出不穷。2016 年，全行对公客户叙做的期权产品规模超过 200 亿美元，分行获利上亿人民币。而两年半之前，全行人民币期权客盘业务数据还只是零。

风口，是最正确的方向

人民币汇率市场化是商业银行发展的历史机遇，汇率业务是风口，人民币期权更是风口中的风口。"招行认准了汇率业务风口之后，就特别重视期权业务，在市场营销、交易资源、人员配置上都做出了快速反应和适度倾斜。招行期权业务做得好，我只是整个链条中的一个环节。"这是李嫣怡的切身体会，也是这两年招行外汇业务发展的真实写照。

两年前，金融市场部确定拓展人民币期权业务后，在市场上广招贤才。嫣怡清晰地记得，两年半之前，总经理和主管副总都曾借出差之机，亲自去北京与她面谈。这也坚定了她离开北京，到上海做出一番成绩的信心。个人价值和团队价值目标相互契合，无论对个人还是团队，都是一件很幸福的事情。

风清扬

第二次看了，很受鼓舞。人民币在国际化的征程中，人民币期权将还有更大的发展空间。汇率期权是金融交易的大方向。根据文章中的描述要好好研究一下与之相对应的期权策略。很受鼓舞。

在金融市场部，像嫣怡这样来自各个金融机构的优秀人才还有很多。金融市场业务特别符合招行"国际化、轻型化"的发展战略，是招行七大战略业务之一。金融市场业务的发展，必须依托于专业人才；金融市场业务的竞争，就是人才的竞争。丁伟副行长曾非常生动地指出："我们要发展金融市场业务，就必须吸引人才。如果能请到市场上最好的专才，一个专才就能带动一整块业务；如果请不到，就想办法尽快把我们自己的人才培养成市场最好的专家。""期权一姐"李嫣怡，就是招行自己培养出来的明星交易员。

生活中的李嫣怡是一个天生的乐天派。她喜欢弹钢琴，喜欢开卡丁车，爱听巴赫的巴洛克古典，也是众多摇滚乐团的粉丝；喜欢清酒和红酒，各个等级、各个产区的酒都能说个名堂，旅行时以逛酒庄为最大乐趣，朋友圈里会看到她偶尔小酌一杯的身影；喜欢猫，是个尽职的“铲屎官”，从北京抱来了两只猫，花脸的加菲猫能“萌人一脸”。丰富多样的兴趣爱好让她快速地审视自身，摆脱负面情绪，重整旗鼓继续前行。

“一直觉得交易是个很酷的工作，当中的努力可以被很容易地量化，选择的结果在不长的时间内也能被有效检验。交易中，我们增长了在绝望中发现希望的勇气和在泡沫中控制贪婪的能力，不断挑战性格的缺陷，更从自己的犯错中学习成长。持续的学习不仅给生活带来幸福感，也能让我逐步开始思考个人价值与社会价值的统一，在这个层面上，交易丰富了我的生活。”这是李嫣怡在获得中国外汇交易中心优秀交易员时的获奖感言，也很好地回答了我们最初的问题。

“市场风云起，欲坐钓鱼台，何以慰尘心，唯有OPTION。”

景长新

兴趣造就专业，专业带来自信，自信成就业绩，业绩彰显荣耀；大赞特赞，牛！

绝望中发现希望的勇气，泡沫中控制贪婪的能力，能做到的绝对是大神。

金融科技银行

伴随大数据、云计算、人工智能、区块链等新兴技术的兴起，“金融科技（FinTech）”这一名词被大众所熟知。依托这些新技术，招商银行秉承实干创新精神，陆续推出手机银行 App、集中运营、可视柜台、无纸化等吸引业界目光的明星产品，而这些产品已然成为招行在金融科技领域再领跑的强力助推器。

与此同时，招行明确定位为一家“金融科技银行”，并把科技变革作为未来三到五年的重中之重，让科技为转型下半场提供源源不断的“核动力”。

刘学武：不走寻常路的“第五特战队”

◎胡晓晨

访谈人物：总行战略客户部五部总经理　刘学武

编者按：面对变化，勇于挑战；面对成绩，保持警醒；面对未来，充满期待。刘学武与他的“招商银行第五特战队”创新专业，精心耕耘互联网时代的新经济、新产业，并致力于将招行打造成中国新经济、新行业的最佳服务银行。在招行30周年行庆颁奖典礼上，总行战略客户五部荣获“十佳营销团队”的称号。

严飞五

学武总的思想其实是服务理念的又一次升级，也是我们招商银行“因您而变”精神的体现。其实在创业初期，我们并不知道客户到底需要什么，这就需要我们有敏锐的嗅觉，从行业特色来进行分析，从企业特点来进行解剖，从服务时点来进行跟进，同时也要对国内外大环境进行总览。学武总正是因为做到了这些，才成为了TMT行业金融服务的弄潮儿。

采访定在一个闷热的下午，灼热的阳光照进窗户，让人略有乏意。“给你们订了coffeebox，是一家互联网创业企业的产品。”刘学武见面第一句话，让人备感亲切与周到。

环顾四周，刘学武的办公室，简洁明亮，没有多余的装饰，让人一眼就能聚焦窗台上“招商银行2016年度十佳营销团队”的奖牌。他笑得憨厚而灿烂：“很高兴拿到这个奖，感觉团队成立三年终于实现了第一个小目标。”刘学武口中的团队是总行战略客户五部（TMT及文化团队），花名“招商银行第五特战队”，是一支深耕于互联网时代新经济、新产业的创业团队。

改革，恰逢其时

时间的指针拨回到2013年。这一年留在刘学武印象里最深的是一种预感变革将至隐隐涌动的兴奋。

这一年，招商银行总行公司金融组织架构调整正式启动，新一轮改革的号角赫然吹响。开展总行公司金融总部相关部门总经理室成员竞争性选拔的通知，让时任郑州分行公司银行部总经理的刘学武看到了开启未知之门的钥匙。

虽然当时的刘学武对战略客户部的未来发展还没有清晰的概念，却朦胧地感觉到了总行公司银行体制改革和战略客户部成立的重要性。于是，当总行公司金融自上而下的改革机会摆在眼前时，他毅然选择成为第一批参与者。不想当将军的士兵不是一个好士兵，这句放之四海皆准的话，是他当时内心最真实的渴望。

王业举

学武总勤学、善思、专业、专注，值得学习。

机会，总是在不经意间到来。"我记得很清楚，2013 年 12 月 31 日报了名，2014 年 3 月 8 日到总行参加竞聘，同年 4 月 25 日正式任命。"刘学武在竞聘报告中给自己的角色定位做了鲜明的注脚——当好参谋，做好将军，让自己的团队成为"不走寻常路"的优秀团队。

五部，挑战不一样的自己

战略客户五部聚焦于 TMT（科技、媒体、通信）产业，对当时的招行来说，这是一块尚未触碰过的空白区。九层之台，起于垒土。刘学武就这样开始了艰难的"创业"过程，他和他的队员一起将简陋的阵容逐渐完善，为一片空白的领域填充鲜活的色彩。

回想起步之初，刘学武不自觉地将身体往后，靠在椅背上，微微扬头，眉头轻锁。"那个时候真的很苦，是熬过来的，开拓市场就像培养一个婴儿一样。"尽管对互联网行业非常陌生，但刘学武还是决定接受挑战，真正接手后才发现困难比想象的更大。

由于长期扎根基层，刘学武没有在总部层面工作的经历，更苦恼的是，由于没有从事互联网等新兴行业的经验，业务无从下手。"河南地区的企业主要集中在煤炭、钢铁、装备制造、军工等领域，从长期服务于重型企业转向'轻型'的互联网客

段立贵

学武总不但提出“特战队”的说法，可贵的是坚持了“特战队”的做法、打法，每天能够从学武总和“特战队员”微信中学习到互联网的知识，更可贵的是对行业执着深入的研究，让我们感动和尊敬。有幸和学武总共同服务一个客户，在工作生活中学习了很多，祝福刘总和“第五特战队”。

户，这个过程是复杂而痛苦的。”

如何了解互联网行业，刘学武选择了笨办法。他从互联网企业的新闻、微信公众号入手，看创始人的讲稿、访谈、视频。在万德数据库里搜集企业的财务报表等资料，慢慢梳理互联网行业的发展历程、运行模式、经营规则，及行为背后的商业逻辑。“刚开始的时候什么都不懂，像引流、支付快捷、网关这些词都没听过，不懂就百度，慢慢看，慢慢学。”

刘学武有做学习笔记和心得的习惯，他把这些文字当成痛苦的支撑点。感到焦虑时，他就去慢跑，跑着跑着竟悟出了道理——人生就像爬坡跑步，不断前进必定会感到不舒服；追求舒适，是平庸的开始。

三年后再回顾这段白手起家的日子，刘学武发现，自己的人生在不经意间改变了方向。他坚定地笑着说：“现在看，还真是入对行了！”

摸索，一个“不成功”的案例

刘学武认为，人生有巅峰，也有低谷。当身处最低谷时，人生才真正开始。

在艰难的适应过程中，刘学武开始走访客户，但洽谈并不顺利。基于对银行业的刻板印象，大部分互联网企业对存款价格的敏感度很高，一开口就直截了当地要求降低甚至减免零售手续费费率。谈判常常因为找不到双方共同的契合点而陷入僵局。

张伟

第一次见面就感受到了学武总的雄心和干劲，刚看了访谈文章，果然不同凡响。

转机出现在2014年下半年，大量曾供职于外企的财务专业人员进驻阿里等互联网企业高管层，他们带来了国际金融机构的成功模式和经验，对招商银行总行层面参与谈判的“总对总”（总行对企业总部）模式认可度颇高。与阿里巴巴合作的B2B保函项目——“1688诚易保”就这样应运而生。

这是招行联合阿里巴巴国内交易市场1688平台研发推出的根据交易天数收取日息、额度2~50万、最快3分钟可完成银行授信放款的银行授信担保服务。招行基于阿里平台交易数

据，通过给予平台卖家全程电子预付款保函的增信，来帮助信用好的卖家提前拿到预付款。该项目上线后共计服务企业逾5000家，累计发放授信900余万笔，保单额超过5亿元，还一举斩获了《亚洲银行家》2015年“银行家之选”的“亚太最佳供应链金融管理”大奖。

然而，在互联网这个不见硝烟的战场上，要应对无数的危机与挑战，每一个掌声雷动的荣耀之下，几乎都隐藏着失败者的灵魂。“1688诚易保”项目最终被终止，但它所带来的思考远比是否能产生收益的现实考量更有意义。

从项目立项到上线运营，半年时间，刘学武的团队高频次地与阿里公司的技术骨干打交道，“第一次真正认识了互联网企业。”在磨合的过程中，刘学武发现传统银行与互联网公司在风格、流程、创新、文化等方面的迥异。“比如，我们的流程是要一次成型的，成型后改起来很难，但他们是迭代更新的。我们对公业务是从早上9点到下午5点的，他们是7×24小时的。很多矛盾在项目运营的过程中逐渐暴露，又慢慢磨合。这些互联网企业虽然挑剔，但在被‘虐’的过程中，我们的收获更大，对他们的理解更深。”

匿名

看完了全文，振奋之余，反思自己，“比你优秀的人，还比你努力”，做好自己分内工作，目标是将“好”提高到“卓越”。未来在远方，道路在脚下。祝福“第五特战队”，祝福刘总。

项目终止，心血付诸东流。但这是摸索期必须要经历的阶段。刘学武把它形象地比喻为“吃馒头”——“吃了五个馒头感觉很饱，但不是第五个馒头让你吃饱的，是从第一个到第五个让你饱的。”过程积累有时候比结果更重要。反思“诚易保”项目，刘学武认为正确认识到招行的战略优势很重要。用我们的短板服务客户，没有优势，没有护城河，也没有客户满意度，项目的终止是必然的。他在项目总结报告中写道：未来需要认清招行已经形成和正在打造的战略优势，在招行战略和客户战略目标中间找到交集，将交集部分做深做透，实现双赢。

聚焦，找到优势突破口

摸索期的挫折并没有磨灭刘学武的斗志。相反，他很快找到了招行的优势——发挥“跨”的优势，用网络服务网络。

通过梳理，刘学武发现跨境内外、跨条线、跨区域为客户提供金融服务是战略客户部的一个优势。客户五部服务的绝大多数客户有跨境资金的流动需求。以此为突破口，刘学武和他的团队终于找到了与互联网企业连接的桥梁：用招行总行优势为客户提供跨区域体验一致的公司现金管理和融资创新业务；联合零售条线为客户提供零售业务的综合解决方案等等，客户的满意度大大提升伴随客户综合金融服务的深入，“客户圈”的裂变扩张也随之而来。高瓴、红杉、IDG、华兴等风险投资机构陆续进入了刘学武的视野。借助私有化、跨境并购等项目，不知不觉，他的人脉和资源如同蛛网一般盘根错节，不经意间就将一个个独立的点，扩展为开阔的平面。在客户间建立的网络状的客户关系，加上招行网络化的服务体系，新经济新产业领域的战略客户服务满意度在不断提升。

尹博

因湖南广电业务认识学武总，虽只见过一面没有交流过，就觉得这是个儒雅、有思想、有学问的好领导，来评论区看到评价都这么一致。从战略五部的同事们身上也可以看出这个团队的激情和团结！学习致敬！

业务关系的建立并不让刘学武满足，他开始思考如何真正和客户交朋友。立同袍之谊，需步调一致，借用互联网的说法就是语境要搭。

“我们的客户比我们还拼，这是互联网行业的特点。”为了赢得客户的尊重，刘学武迅速调整工作方式，把“第五特战队”也作为创业团队。凌晨12点和客户会谈成为了常事，边吃盒饭边谈工作也不稀奇，“高效”成为了团队的关键词。采访时，他随手打开电脑邮箱，指着一封邮件说：“这份报告是凌晨4点发来的，这个员工上午八点要坐高铁去天津，下午从北京飞重庆，明天到成都，后天到广州，然后到深圳，这就是我们的工作节奏。什么叫语境一致，就是逻辑思维一致，工作作风一致，才能得到客户的认可。”

创业，不仅要拼，还要会拼。刘学武认为，战略客户五部是一支创业团队，这些优秀的企业是我们最好的学习标杆。真正得懂客户是深入服务客户的第一步。团队要求每一名特战队员“长着CEO的脑子、客户经理的腿”，真正了解客户在想什么、客户的战略目标是什么，才能找到和客户共同的语言，才能知道如何用金融服务为企业创造价值。为了进入网易，刘学

匿名

学武总儒雅、深刻、豁达，并且乐于引领年轻人，多次在周末接到学武总从办公室打来的电话，更为他的拼搏精神所感染。

武找到了团队里一个曾创过业、推广过邮箱业务的管培生，让他一起参与讨论，从网易内部核心人物及高管的角度来思考网易的发展和转型路径。这篇专业的分析报告撬开了网易的大门，找了深度服务的机会。

刘学武善用比喻，他对部门年轻的特战队员说："追客户就像追姑娘，先要知道姑娘喜欢什么，才能对症下药。真正的懂企业所想，才能看到合作的交集在哪里。否则，就会无的放矢。"他还长于总结，在内部学习例会上，他将这套方法论细化成具体的步骤——"首先和企业的核心层换位思考，考虑他在思考什么，他的未来规划是什么，他拿什么指标考核中层。再和中层换位思考，如何帮助中层完成考核，如何让他们在公司获得成功。"

匿名

学武总的专业、敬业和职业令我们受益匪浅，在与第五特战队的共同作战中，分行的同志们不约而同的被感染、被带动，特战队员也成为我们身边的不二榜样！祝愿学武总和第五特战队的小目标提前实现。

破题，抓住客户关键需求

刘学武希望自己成为真正的互联网人，像个猎手一样，懂得蛰伏，冷静应对风云变幻。"有句俗话叫'天帮忙人争气'，在变化中寻找客户在这个时间点上的关键需求，一旦机会出现一定要牢牢把握！"

刘学武的机会出现在2016年初。境外市场美元融资利率走低，让成本敏感度很高的互联网企业计划筹措银团贷款以满足未来投资需求。刘学武和他的团队敏锐地抓住了市场机遇，迅速反应，主动营销，短短两个月内，组织参与了总金额逾100亿美元的四笔境外银团，成为中资股份制银行中独家参与BAT三家境外银团的银行。这被刘学武称为招行互联网巨头"融资上的第一次突破"，而招行的高效审批也给互联网企业留下了深刻印象。

机会接踵而来。年中，随着人民币汇率持续看贬和行业内顶尖企业生态布局需要，客户跨境并购需求持续爆发。6月7日，腾讯集团邀请招行牵头参与其跨境并购supercell项目，该项目交易对价78亿美元，其中债权融资35亿美元。"我们是

武书源

和总行“战五”有较多接触，也有缘和学武总见过一面简单聊过一次。学武总很平易近人，带领的“第五特战队”也处处能体现出金融服务专家的精英气息，祝学武总和“第五特战队”所向披靡。

第一家被通知的，作为主要牵头行之一，我们参与包销了5亿美元份额，一个多月时间就完成了审批。”

奇虎360私有化融资成功落地、顺丰上市前44亿人民币员工持股计划、搜房网10亿元股权质押融资、滴滴集团5亿美元境外美元资产管理……刘学武的团队在经历了2年磨合后，终于开始步入正轨，从默默耕耘到声名鹊起，成为行业内无法忽视的力量。

许是深受互联网行业变化莫测的影响，越是说到成绩，刘学武的表情反而越凝重。“我们是银行业第一家将互联网行业作为特色客群经营的专业银行，成绩的取得很大程度上是因为招行的先发优势，客户的好评很大程度上是因为对银行业期望值不高。如何在客户期望逐级提升的情况下，在其他银行开始重视这个行业的情况下继续保持优势，让我深感压力和责任。”说这话的时候，他的目光投向窗外，望向远方。

未来，路在脚下

特战队员

靠山吃山，做好银行和以前变化的是要聚焦和专业化！找到和打造在区域竞争差异化的竞争优势很重要！互联网时代，把招行全行网点资源、总部资源用好，用网络服务网络应该是我们可以形成的差异化竞争优势！

未来在远方，道路却在脚下。高速迭代的互联网企业，是刘学武服务的对象，学习的榜样，也是敬畏的对手。用刘学武的话说，对他们，自己又爱又怕。

刘学武不喝咖啡，却喜欢在“连咖啡”下单。员工们高兴地分抢咖啡，他在旁边冷静地观察送货包装、保温设计、客户体验，研究背后的商业逻辑。

“连咖啡的创始人连长（王江），在咖啡馆里观察发现，大约50%的人会选择把咖啡带走。于是他创立了咖啡外送消费品牌‘连咖啡’，提供星巴克等连锁品牌咖啡的代购外送服务，吸引了天使投资和钟鼎创投、星创投的A轮投资。”刘学武指着记者跟前的咖啡有些兴奋地说起这个创业故事，眼中闪着光，“连咖啡不是我们的客户，但‘连长’投资的企业是我们客户生态圈的组成部分。”

刘学武对互联网思维颇感兴趣，也津津乐道于形形色色的创业故事。但当他站在蚂蚁小微贷16楼的展厅，亲眼看到屏幕上实时更新的大数据，精确到每分每秒的提款时间、金额、地点、提款行为分析等信息时，他直言科技让人颤栗。“花呗用户数去年1个亿，今年就翻番到了2个亿。借呗用户数去年2000万，今年达4000万。互联网企业的业务模式相比传统银行是两个生产工具的对比，影响是颠覆性的。”

站在未来的角度思索当下，刘学武认为人才是竞争的核心，打造“招商银行第五特战队”的人才优势迫在眉睫。

为什么叫“第五特战队”？刘学武笑称，刚开始向客户介绍战略客户五部时，一股脑儿从一部介绍到八部。最后客户反问那你五部的特点是什么？这让刘学武意识到互联网企业品牌意识很强，对个性化、差异化感知度极高，必须打造独特的标签才能让客户过目不忘。“特战队”的提法在他脑海中萌芽。

“特战队就是告诉客户，我们不是普通的客户经理，是招商银行服务于最优质客户的精锐部队。”刘学武的嗓音低沉浑厚，反思短板时他微微皱眉，似睿智的学者；说起带兵打仗，又透出一股子硬朗。

“特战队精神”也成为了刘学武团队自我施压的紧箍咒。穿过战略客户五部的办公区，几个员工正在做百丽国际私有化项目复盘。看着自己的“队友”，刘学武的目光变得柔软：“他们中很多人在分行时考核名列前茅，来这里后收入降低了。但他们都有创业的理想和情怀，愿意在更广阔的平台提升自己。有个年轻员工说他看重的不是总行本部的工资，而是在实战中个人估值的提升。这句话让我特别感动。”

就是这样一股精气神，让战略客户五部从零开始，拾级而上，不断复盘，螺旋盘升，练就了不知疲倦、英勇顽强的冲锋状态和不畏艰险、敢打敢拼的亮剑精神，形成了永不自满、永不懈怠、自我反思、自我批判的学习状态。刘学武形象地打比方：“不似老驴拉磨原地打转，而是逐级登阶不断向上。”

要专业专注成为专家，还要聚焦。回望三年的成长，刘学武颇有心得地说：“优秀人才之间的差异并不大，但聚焦点在哪里很重要。因为中国银行业不缺万金油式的干部，缺的是专

吴莎莎

用价值投资的理念经营客户，用创业的理念经营自己和团队，“第五特战队”用战狼精神打造过硬的专业团队，令人叹服。

章杨清

刘总的确是令人称道的战狼队长，表面憨厚、内心执着，眼界开阔、勤耕不辍。致以敬意。

陈俊良

作为落地分行，真切感受到第五特战队和队长的务实、高效、热情，亲眼看到特战队的发展壮大。然而更让人敬佩的是，比你努力的人，拿出比你多得多的时间去思考和分析。

业的金融服务专家。”只有聚焦到互联网行业，才会发现狭长的时光走道，沿途林立学问的路牌，不断拾起零散的知识片段，慢慢堆积，才能铸成强大的力量。

成为商业银行中的高瓴和华兴，是刘学武的梦想。“他们（高瓴和华兴）深得中国新经济、新产业领域创业者、投资家的欢迎，愿意和他们握手同行，甚至乐于贴上被他们投资、服务的标签。这样的资本，是能够帮助企业创造价值、不断超越进步的资本。”刘学武希望招行也能成为与中国新经济、新产业最优秀的创业者、投资家并肩同行、相互成全的合伙人。

在送给客户的定制版笔记本的扉页上，写着这样一段话——

“我们聚焦于互联网时代出现的新经济、新产业，着力发挥、整合并不断提升招商银行全行网络优势、人才优势和创新优势，发现并为业界最优秀的投资机构、最具潜力的企业、最有格局的创业家、投资家提供全面金融解决方案，在帮助他们取得成功的过程中打造中国新经济、新行业的最佳服务银行。”

“这是我们的团队愿景，算是下一个三年的小目标吧！”刘学武爽朗地笑着说。

杜兵:做手机银行就是创业

◎贺莉丹

访谈人物:现广州分行党委委员,原总行零售网络银行部总经理助理　杜　兵

编者按:作为国内银行业互联网金融领域的专家,杜兵长期负责招行零售互联网金融产品的创新与运营工作,完整见证并深度参与了招行手机银行App的更新与迭代。他谙熟手机银行产品的每个细节,从招行手机银行App1.0到App5.0,一打开话头,也就开启了行云流水般的篇章。

在位于科兴科学园的办公室,杜兵忙碌不已。他的手机不断响起,门口不时有访客,是希望能跟他讨论的产品经理,他们会腼腆地站在门口探头询问:"兵哥,你现在有空吗?"

"兵哥",产品经理们至今都喜欢这样称呼杜兵。一开聊,数据埋点、产品迭代、用户需求……各种金融科技领域的专业词汇轮番蹦跶出来。

"我1997年大学毕业就来到招行工作,今年刚好是20个年头。我是招行宝宝,最青春的岁月,最好的时光,都留在了招行。"杜兵开门见山地说。他个子高大,声调抑扬顿挫,讲话极具感染力。

问他,回忆这20年过往,有何感想?他沉吟了一会儿说:"冥冥之中,就是缘分。"对杜兵而言,20年前来招行的这个选择,也是20年后他最好的选择,无怨无悔。

肖蕾

不断更新,不断前行,但始终保持着对事业的热情,招行需要这样的你、我、他。

这是命运的召唤，机缘巧合

1997 年，在湖南财经学院念大四的杜兵并不着急工作的事。当时他有两个选项：其一，留在湖南继续攻读研究生；其二，一家国有银行已向成绩优异的他伸出橄榄枝，如无意外，他可在故乡长沙拥有一份优渥的工作。

但那时一些变化已默默酝酿。1997 年，深圳建立人才大市场，首开人才商品化之先河，成千上万的应届大学毕业生涌入深圳。杜兵的想法很简单，“就想去深圳看看，当时也没有想到招行。后来很多事，是缘分吧。”

杜兵后来去了深圳人才大市场，还在发展中的招行当时亦求贤若渴，当天在那设了人才招聘栏位。密密麻麻的人群外，杜兵观望，他思忖，这么多人，排到什么时候才是个头？

这时戏剧化的一幕出现了。一位男子维持秩序，大手一挥，“学金融的到那边排队，这里招IT！”正戳中大学里学信息专业的杜兵的心中所想。人群四散开来，现出一条通道，通道那头，站的是一脸观望的杜兵，“我当时就是路过……但那一下子，就变成好像我一个人在排队了。”于是他顺水推舟，投了份简历。

就在招聘栏位前，那位维持秩序的男子对杜兵开始了现场面试，杜兵侃侃而谈。后来他方知，此人原来是当时招行总行IT 部门副总，求贤之恳切，可见一斑。

20 年后忆起当年进入招行的经历，杜兵对于这个颇具戏剧性的面试印象深刻，他总结：“这是命运的召唤，机缘巧合。”

两次转型，都是去做自己喜欢的事

1997 年，21 岁的杜兵到招行电脑部报到时，一个人拎着 2 只破皮箱。家人都在长沙，当他只身一人坐上公交车时，偶感一切就像梦一场，自问，为何要这样义无反顾去深圳？

但当他沉下心去研究他深爱的专业时，这种感觉烟消云散。他觉得自己来对了地方。当时招行的氛围是技术驱动，鼓励 IT 背景的年轻人锐意创新。

杜兵先是在总行 IT 部门做了两年研发，研发出一款颇具分量的产品，即自助查询终端（VTM的前身），这套系统一直服务到 2013 年才退役，服务生命期长达 15 年。

从那时起，杜兵就对做生命力长久的产品产生了浓厚兴趣。1999 年，他迎来了职业生涯中的首次转型，从技术人员到管理干部的转型。那年，总行人力资源部招聘负责薪酬福利系统的管理干部，须同时具备财经与计算机专业背景，而杜兵刚好条件相符，他当时也想换个部门开阔眼界，就调至总行人力资源部薪酬福利室做招行薪酬福利系统。

匿名

杜兵始终追求完美和极致的做事风格。作为曾经共同奋战的 HR 战友，清楚地记得当年，我们一起上线系统时的艰辛与坚持，杜兵为了能够使系统完美落地，亲自参与改写程序，8 条命令整整写了 8 个小时，不分日夜，十分敬佩。

此间两年，杜兵负责研发出另一款经典产品 SAP 人力资源管理系统，这套当时最先进的 SAP 系统到今天依然在全行广泛使用，深受领导与同事的好评，也荣膺深圳市创新成果一等奖。

做这套SAP 人力资源管理系统的团队包括杜兵在内只有七八人，其中包括两名顾问，但在两年间他们创造了一个奇迹。杜兵体验到成就感并为其所驱动，“做出一个好产品让人心潮澎湃，30 多家分行的薪酬发放都能通过这个系统解决，并能得到数字化的呈现。这是我喜欢的事。”

自助查询终端与 SAP 这两款经典产品的共同点是：它们不仅解决了人与机构的痛点，且能长期为人们所使用。这也带给杜兵满满的成就感，他很享受这种成就感，“我感觉最重要的是，你要对做好产品有浓厚兴趣，对怎么做好产品也要有深刻体会，并且组织团队和协调，时刻考虑怎么去实现目标。”

App1.0，我就是产品团队，产品团队就是我

2010 年 5 月，杜兵调至总行零售银行部，这是他职业生涯

何川

招商银行的手机银行像一家互联网公司做出来的产品，好用！这是我听到的对手机银行最高的评价。

中的第二次水到渠成的转型。“在零售银行部这7年，是我职业生涯中最美好的7年。”杜兵神色诚恳。

此间，杜兵负责的第一个任务就是开发手机银行App1.0。他回忆，“手机银行当时是边缘业务，客户接受度非常低，银行业的主流业务是专业版。那时网银专业版一年的交易额接近一万亿，手机银行即使搞了营销活动，一年也才十亿左右。”

然而杜兵坚信，手机银行App是未来银行业应对金融科技时代挑战时最有力的回答。这种信念，源于他多年的爱好与观察。多年来杜兵对数码、科技一直很敏感，“我的手机一定是最先进的，最潮的。”杜兵笑着说，他的笑声很有穿透力，来自故乡湘楚之地的口音并不明显。

2010年被称为移动互联网元年，杜兵回忆，“当时慢慢有了站在风口的感觉。”彼时，果粉对iPhone3的追捧如痴如狂，杜兵也买了台iPhone3细细研究，他发现，iPhone3的入口就是App。身为产品经理的敏锐嗅觉告诉他：这是趋势。他即刻跟部门领导提出开发App的设想，很快得到响应，“那时，市场上还没有太多人把App当回事，但我们一直坚信，App就是未来的方向。”

那段时间，除了睡觉，杜兵天天都在琢磨手机银行App1.0。他研究了当时国内外的App，发现不少App很不人性化，比如用户一打开App，须登陆才能使用，“我认为这是反人性的。”杜兵提出，招行手机银行App1.0要做成第一家用户不用登陆也能使用的手机银行。

当时App1.0的GPS定位功能有个BUG，造成定位时有时无，始终查不出根源。杜兵晚上开车围着南山区兜圈、测试，一发现问题就报给IT，直至深夜，他总算发现问题根源。

仅四个月，手机银行App1.0就研发出来，在业内首次提出要做客户的“金融助手”，1.0承载的革新是，若客户查找的是工具型需求，无需登陆。

对于手机银行这种当时的“边缘业务”，杜兵决定找准切入点。他去找了彼时在中国市场独家卖苹果手机的中国联通。2010年9月，招行联合中国联通举办App1.0发布会，在业内首次主打“金融助手”这个行业差异点，甫一亮相，一鸣惊人。这不仅是招行手机银行进化史上一次可圈可点的精准营销，也昭示了手机银行之后版本进化的逻辑。

“做App1.0时，只有我一个产品经理，我就是产品团队，产品团队就是我。1.0页面的每个草图都是我亲手画的，可惜没留下来。”杜兵有点小遗憾。

我问他，一个人的产品团队，产品、营销甚至画图都得干，觉得辛苦吗？

他答，特有意思，很带劲！

作为创业者，找到了挑战自己极限的感觉

历经两年多孤军奋战，2012年底，杜兵的“光杆”产品团队终于增加了一名人手。2013年1月手机银行App2.0推出时，杜兵提出，App2.0要做“一站式生活平台”，这一“平台”理念又是业内首次提出。到了手机银行App3.0研发时，杜兵的产品团队增至4人，App3.0生长出类似今天微信的界面，注重极简金融、极简体验，“但还是在讲功能，工具属性强，是交易型工具。”杜兵如是说。

从App1.0到App3.0，手机银行的体验和流程在不断优化；而从App4.0到App5.0，手机银行已从交易型工具向经营型平台转型。

> 1000
>
> 手机银行不是指标，是平台，是趋势，兵哥是您带兄弟们一同打拼才确立了这个位置，未来的路还很艰辛，继续努力，加油！我们永远支持您。

与此同时，行业趋势也从PC端向移动互联网端迁移，手机成为人们生活必不可少的延伸。

在杜兵看来，最近这两年手机银行的变化，用“变革”形容更贴切，“有两个事很重要，一是我们组织架构的重构，‘手机优先’的战略明确和手机银行平台项目组的成立，让我们把IT也合在一块，大家协同努力，这说明我们不再是作坊式的小打小闹了，这次组织的重构是一个非常具有里程碑意义的事情，从根本上解决了对手机银行的资源投入不足以及怎么样用互联网组织形式去配置资源的问题，有了这个保障，很多事水到

渠成。二是方向性问题，我们的App在从交易型工具向经营型平台的转型，我们承载了流量经营，承载了招行零售客户经营的重任，这指明了我们未来的方向。我认为这两点对于招行意义重大。”杜兵说。

这些蜕变也反映在招行手机银行App5.0的版本迭代上。App5.0甫一面世，就缔造了六项国内银行业的“第一”，它的互联网特色也更为鲜明。

我问他，怎么定义“创业者”？

杜兵分享了一段罗振宇对于创业者的定义——创业者不仅仅是那些拥有一家公司的人。“在一个企业做一件全新的事，并为这个目标努力，对这个结果负责，就属于创业。尤其在资源严重不足时，把事情办成，做到给用户力所能及的最大的便捷，这就是创业。作为创业者，我很想挑战自己的极限，我也找到挑战自己极限的感觉，这个感觉在过去几年经常有，在这个过程中，我很享受。一切的付出都是值得的。”杜兵说。

> **匿名**
> 兴趣点与工作的完美结合迸发的力量是无穷的，学会在工作中寻找兴趣点，不随波逐流，顺势而为。

但仅有个人的付出是不够的，还得与团队协同作战。7年来，杜兵感受至深的就是与IT团队的精诚合作，“我是从IT部门出来的，我了解IT人，了解他们做事的风格。我觉得做产品最核心的是对产品要有清晰目标。IT人希望做一事、成一事，尤其是在资源极度紧缺时，每一步的迭代都必须成功，不能失败，我们没有反复试错的余地。”

在与IT团队的合作中，杜兵最看重两点，“一是把握产品方向，通过换位思考跟IT团队达成共识，我们必须有共同的目标，这至关重要；二是要有双赢思维，一荣俱荣，一损俱损。所有出了成绩的，我都说，这是我和IT兄弟们一起打下来的。本来我们就是一个team，遇到问题一起面对。”他说。

值得一提的是，杜兵是招行零售史上第一位、也是迄今唯一一位首席产品经理。这些年来，他激情澎湃地面对产品的每个细节与问题，将手机银行App产品当成自己的孩子，个中辛酸，冷暖自知，“这些年，我对手机银行有份难以割舍的感情，就是必须让它好。我特别想把事做得再好一点，不允许出现瑕疵，不允许犯低级错误。其实再多的苦累，再多的挫折，咬咬

牙，挺挺，也就过了。”杜兵说。

你必须把这些事都拼下来

2015 年 3 月，杜兵荣膺 2014—2015 年度中国银监会系统青年五四奖章。证书至今放在他办公室的书柜里，他希望能借此激励自己，不忘初心，继续前行。

一晃 20 年，招行究竟在杜兵的血液里打下怎样的烙印？“招商银行的基因在我们的血液里流淌。蛇口精神，就是务实做事，追求创新，简单直接，全力以赴地把事情做好。”杜兵说。

不仅如此，对即将迎来的手机银行 App6.0 及之后的版本迭代，杜兵也有很多他的思考。罗振宇的 2017 跨年演讲，也给了他不少启发。

对罗振宇提出的“时间战场”，杜兵认为，一个人时间是有限的，往后怎样去帮助人们省时间很重要，“首先，手机银行天然具有金融工具属性，能帮客户省时间、省事；手机银行还要帮助人们把时间浪费在美好的事物上，对于手机银行 App，我们希望能帮助客户保值增值，让客户更清晰地了解自己的收益；另外，人生还有很多小目标，需要在财务上有预算安排，我们要帮助客户去实现这些小目标。其次，服务升级，罗振宇讲了母爱算法，对于金融而言还需要父爱算法，金融还很无趣，你不懂，去看我的资讯，听我的，内容驱动这件事对于手机银行很重要，但做内容，我们需要母爱算法加父爱算法一起来。再次，智能化，手机银行比拼的是界面背后的此人此时此景的实时反应能力，不仅懂你，而且专业，在金融行业，人工智能未来十年是个风口。”谈起未来的畅想，杜兵侃侃而谈。

在杜兵看来，招行手机银行 App 的未来规划，不仅要提升金融的效率，更重要的是能让金融有温度地传递给客户，“不光这个，在未来，手机银行要成为经营型平台，实现手机与客户、客户与客户经理、客户与客户网点的连接，共同构建生态体系。”

楼兰

很实干。

手机银行不应该承担所有的流量和所有的功能，希望咱们的手机银行又简单又好用。先做加法，再做减法，繁简本就一念间。

杜兵一直记得当年进招行时，有个 IT 姐姐跟他打趣，“你才 21 岁啊，太小了！”时间一晃而过，现在跟杜兵讨论产品细节的产品经理和IT人中不乏 90 后，一张张年轻、润泽的脸庞，浑身的热情与冲劲，宛如当年那个他。

“我一直跟年轻同事们讲一句话：要顺势而为，要看清楚大势，要看清楚移动互联网的趋势，要去挑战自己的边界。挑战自己的边界，虽然很痛苦，但也很享受。这件事到最后能做多大，取决于你的努力。但你必须去拼，必须把这些事都拼下来。”杜兵说。

夏雷:胸中自有丘壑

◎张　艳

访谈人物:总行信息技术部研发中心副总经理　夏　雷

编者按:2009年,招行渠道开发团队成立。夏雷作为团队负责人,带领团队成员,为招行支撑起了5000万客户数量级的IT服务,业务范围覆盖网银、电话银行、网点柜面、自助设备、办公自动化等众多领域。近年来,在移动互联、云计算、人工智能等新兴技术层出不穷的金融科技蓝海,渠道团队更是秉承实干创新精神,陆续推出手机银行、集中运营、可视柜台、无纸化等吸引业界目光的明星产品,而这些产品已然成为招行在金融科技领域再领跑的强力助推器。

熊开

早有耳闻。因为工作,谈了几次,虽然简短,但很实在,话不多,到点子,有分量,是一个值得学习的FinTech专家。

夏日炎炎,生机盎然。来到位于深圳市南山区的科兴科学园,在错落有致的写字楼群中,笔者感受到浓厚的前沿科技氛围。在这里,"往来无白丁,谈笑有鸿儒",空气中充盈着"移动互联网""大数据""人工智能"等时下最热话题。总行信息技术部渠道开发团队的大本营亦囤兵于此。

不虚此行,一向低调的夏雷愉快地接受了我的专访。没有宽敞豪华的大办公间,也没有严肃庄重的正装打扮,就在他靠窗边的普通办公卡位上,夏雷随手拉过旁边座位的椅子,笑着说:"平常我们讨论工作也是这样的,就在这开始吧!"

典型的金融科技“实干家”

马军

一个永远为一线客户部门着想的实干家。

1998 年，互联网在中国刚刚起步，夏雷加入了极具创新基因的招行，并很快成为了第一代招行网银系统的核心研发技术骨干。夏雷本科学习信息技术，研究生学习金融工程，毕业论文做的是期权定价模型，“我算是典型的金融科技人了。”他笑着说。凭着一股韧劲，他们这群“拓荒者”从无到有，开启了中国崭新的网上银行时代，尤其是 2000 年网银专业版问世，更是开创了招行互联网银行引领行业的辉煌。

早期电子化建设为招行开疆拓土提供了强大的推动力，但 IT 科技行业的发展日新月异，在 IT 建设的道路上，夏雷一直保持着奔跑之姿。从一网通搭建，到现在的可视柜台、招商银行 App，多年的金融科研工作实践也形成了夏雷对银行业务和科技之间关系的独特视角。“银行作为金融中介机构，天然就是信息的处理和交换者，而信息的处理和交换无疑是 IT 技术和工作最本职的部分。这种信息的处理和交换，越来越摒弃人工并转向 IT 系统。银行员工的知识和技能，一旦稳定即可转化为系统实现，银行知识传承的载体就转变为 IT 系统。”访谈中，夏雷语气平和，语言精辟，言谈之间无不透露出“实干家”的气质。

在夏雷看来，IT系统落后的银行，将无法和IT系统先进的银行抗衡，只能在系统先进银行的视角之外苟延残喘。互联网的到来，使得IT因素在金融价值链中的比例骤然提高，以TAB（腾讯、阿里、百度）为代表的国内几大互联网金融公司无一不含有技术基因。“技术已经全面融入各项业务。”夏雷继续介绍道，“未来，银行谁能快速生成技术基因，并能在价值链中快速实现高的技术占比，谁就获得了未来时代的生存机会。”

知行合一方能根深叶茂

IT世界，充满变化，速度之快，超出想象。作为一名IT人，必须时刻让自己勇立潮头，方能步步领先。在夏雷看来，要掌握新兴技术，在未来获取更大的生存空间，就不能满足于“知”，更要注重“行”，知行合一。“知行合一的收获，不是看报告、学资料能学来的，特别是最前沿的领域，没有人能给你讲解，谁也不知道该怎么做，只有在一线的实践中去了解，去思考，才能融会贯通，应用自如。”

匿名

曾跟夏总一起排查过一次系统问题，对夏总身先士卒、运筹帷幄的工作风格印象深刻，为实干型领导点赞。

如今，夏雷带领的渠道开发团队已有500多人，尽管日常事务繁杂紧凑，但对于最前沿的技术，他总是会到一线去。夏雷坦言，“这样做的目的有两个，一是管理者不能认为自己比下属高明，必须通过实践掌握新知识；二是需要寻找一个工作断面，深入下去，通过一线的实践去保持自己对团队工作状态的感知，只看表面的报告远远不够。例如手机银行、人工智能，我就经常和程序员一起讨论，和他们探讨算法细节和数据结构的合理性。”讨论时，夏雷就是其中普通的一员，常常带着他自己的创意和想法与同事PK，除去“老总”的光环，在大家心目中，夏雷其实也是一位“技术大牛”。

当然，除了关键领域的知行合一，更要跳出细节，部署未来，把握全局。对此，访谈中夏雷特别强调，作为一名金融IT从业者，从经济形势到银行战略，从业务发展到管理变革，都需要了解，重点是思考这些变化与IT的关联逻辑，否则难以做好基础设施的提前布局和攻关。如果坐等业务需求的到来，然后再部署底层，就已经来不及了，更谈不上捕捉新技术的潜在商机，成不了行业领先者。“基础设施是银行各类业务系统的根基，根基不牢，其上承载的业务功能也走不远，根深才能叶茂。如果没有在移动技术、大数据、信息安全、分布式架构上的基础布局，手机银行是很难支撑起5000万客户服务的。”夏雷认为只有知行合一，方能根深叶茂。

为了满足现在及未来庞大的需求，招行IT部门已经在基础设施和基础技术上提前部署，建设了一批高门槛的重型IT基础设施，如移动服务集群、开放API(Application Programming Interface，应用程序编程接口)、招乎、大数据基础框架、云计算平台、AI(Artificial Intelligence，人工智能)基础能力体系等。这些基础设施与技术的投入，让招行“金融科技银行”的定位更加名副其实。

> **匿名**
>
> 给夏总点赞，稳健创新主动高效的践行者。条线负责人办公室拿给我们当会议室用，自己挤在员工位。

“这样的背景下，我们更要坚持自主掌握基础核心技术，先进的IT系统，靠买是买不来的。即使是外购，很容易被忽悠，而且很容易被供应商绑架，失去持续发展能力。”这也是招行IT的显著特征，更是这么多年夏雷对自己工作的一个基本要求。“当然，我们也会大量与外部厂商合作，但是核心技术一定要自己掌握，我们既要有开放的胸怀，又要有自主的勇气与担当。”

文化要融于血液

掌握基础核心技术，使得招行的发展更加独立自主，除了政策、资金的倾斜，更少不了一批又一批优秀的金融IT工作者。而组建、培养这些出类拔萃的IT后生们，正是夏雷入行多年来最引以为豪的事。“最让我开心的不是一款款明星产品的横空出世，也不是一项项核心技术的重大突破，而是‘建立了渠道团队’。”夏雷介绍道。

> **匿名**
>
> 很早就认识夏总，从金狮班开始，一直到后来“福流”同学。夏总低调、内涵、务实、专业，见解独到！为老同学点赞。

正是因为有了这样一群优秀的IT工作者，30周年行庆“时光隧道”展示了招行成立以来的大事件，20个与IT相关的产品创新中，其中有15个来自渠道团队；渠道团队处理的需求占全行需求的1/3。此外，由于渠道系统对服务连续性有极高的要求，团队也承担了相当大的监管压力。“如手机银行、网上银行、电话银行、柜面、ATM等等，只要这些渠道系统的任意一个短时间出现故障，就会产生大量的客户投诉。另外，还有信息安全、客户保护等监管高度关注的问题。”说到这里，夏雷的表情变得严肃起来。

对于渠道团队这支成员最活跃、创新最多、任务最重、技术应用最广泛的队伍，夏雷有着自己的管理之道。“文化让团队拥有共同的价值观，成员之间就很容易达成一致，明确方向，拧成一股绳，力气往一处使。而文化的核心是价值观，价值观要能落地，能操作，不复杂，融于血液，脱口而出。”在整个访谈中，夏雷多次提到文化。说话间，他指了指前面一个单独房间，那是团队负责人办公室，“我没有去，我更愿意跟大家一样，坐在程序员中间工作，也算是倡导互联网的平等精神吧。”

文化为本，这正是夏雷的管理之道。“稳健、创新、主动、高效”这八个字的价值观，是融于每个渠道人血液中的文化精髓。例如稳健，不光要稳，还要健，不能是“亚健康”状态，需要在基础技术工作上大量投入，需要前瞻性地不断建设和优化自己的系统。如果今年是1个亿的用户，那明年要考虑3~5个亿的用户规模如何支撑；如果今天先进，明天依然要先进。再如创新，除了常规的支持创新，夏雷强调要挑战不合理的业务需求，当业务需求提过来时，IT要提中肯意见或建议。他认为，一个合格的IT人，要能识别业务的价值，把握技术和业务结合的方向和时机。

张高峰

总行信息技术部牛人多、队伍很稳定，老同志有时候比一般业务人员更了解业务，很好地处理了系统稳定和业务发展的关系！

在团队内部，为鼓舞士气，夏雷特意设置了一些奖项激励成员。“创新之星奖”是这些奖项中规格最高的，由夏雷本人主持。“我每次都会亲手将奖杯和证书发到开发人员手中，并与他们分享最新的业务和技术观点。IT人的贡献，不仅在于其勤勉地实施了业务需求，实施需求那只是劳模，更重要的是IT人通过自己的主动性、创造性、技术挑战性，做到了行业领先，并且技术在价值增量中占比很高，这才是我们最需要的人才，也是我们的英雄。这样的IT人才具有相当的稀缺性，我们需要用隆重的仪式表达对他们的感谢。”

正是在渠道价值观的熏陶下，渠道人开拓创新，敢为人先，硕果累累：引领业界的人脸识别技术，已应用于各类渠道业务；可视柜台实现了无纸化、自助化、扁平化；网点柜员服务集约化、远程化、标准化；各类网点设备助力网点微型化、销售化；招商银行App突破了5000万的下载量，用户基数直追工商银行、建设银行，用户活跃度则远超这两家银行。

人工智能大有可为

在2017年年中工作会议上，田惠宇行长明确指出，“招行要把自己定位为一家‘金融科技银行’，把科技变革作为未来三到五年的重中之重，为转型下半场提供源源不断的‘核动力’。”谈及对“金融科技银行”的理解与实践，夏雷直言，人工智能正是他选择的一线实践断面，且渠道团队已经做了大量的技术积累，部分成果已经投产，并产生效益，“未来的银行，人工智能将如同水和空气一般，融入到各类业务中，成为各类业务的标配。”

鲁良

夏总专业精深、低调务实，即使与他共事的时间不长，仍让人获益匪浅。

首先是“智能获客”。例如我们在今年行庆期间发布的扫招行logo活动，便是利用前期积累的生成对抗神经网络（GANs）打造的一个应用，并取得了很好的效果。在即将发布的招商银行App6.0中，还会有类似的技术应用；在“智能服务”方面，场景更多。例如人脸识别、指纹识别、语音识别等，已经在大量业务功能中应用，尤其是基于自然语言处理（NLP）的智能客服，已能够大幅替代人工，产生重大效益。此外，IT团队还在运用深度学习技术，开发开放语境下的自然交互系统；“智能推荐”可以说是当前业界人工智能最主要的变现领域，招行也不例外，基于大数据的客户画像、推荐模型已经广泛应用，自然语言处理的文本自动标签、文本理解、协同深度网络、知识图谱、客户行为特征预测等等，都在研发中；“智能风控”“智能运营”也都有大量应用投产，这些也是技术密集区域，计算机视觉（CV）、生物探针、客户关系图谱、基于神经网络的OCR、机器学习客户意见情感分析……都是人工智能大有可为的地方。谈起这些，夏雷充满了兴奋，“我们正处在一个人类智慧的转折点，能参与其中，很幸运，也很有趣，我很享受这个探索过程。”

对于未来的IT布局，夏雷深感任重而道远。“不过，我们有信心。”夏雷的信心来自他所带的这支积极进取、敢为人先的IT团队，更来自招行清晰坚定的金融科技战略。

陈曦：蓝军出身的红军新锐

◎杨继龙

访谈人物：总行信息技术部手机银行项目组移动安全团队负责人　陈　曦

编者按：没有硝烟，没有呐喊，看不到敌人，听不到掌声，有的只是不断滚动的数据和急促、清脆的键盘声，但这个无声的战场更加危机四伏、险恶异常。作为招行信息安全专家，陈曦每天面对的工作需要专业、韧劲，更需要耐得住寂寞的平常心。入行不到3年，陈曦便以深厚的理论基础、极强的创新执行能力，在推动招行移动安全及反欺诈体系的构建中立下了汗马功劳。他个人也由一名技术骨干迅速成长为手机银行项目组移动安全团队的负责人。

夜幕缓缓降临。窗外，远处点点灯光闪烁，与天上的星光交织在一起，一片宁静。窗内，屏幕前每个看似平静的面庞上，都透露出一丝紧张的气息，一场没有硝烟的演习正在上演。红蓝双方拿出最精锐的“武器”展开攻防，几轮较量下来，红军成功守住阵地，同时在蛛丝马迹中追寻对手的足迹，发现威胁并封堵漏洞，成功阻断进攻。

这样的场景在总行信息技术部渠道移动安全室时常上演，没有硝烟，没有呐喊，有的只是不断滚动的数据和急促、清脆且响亮的键盘声。演习背后的指挥官，就是本文的主角——“2016年招行十大新锐人物”之一，陈曦。

匿名

专业、敬业的信息安全专家，为陈博士后点赞！为移动安全团队的幕后英雄点赞。

初见陈曦，宛如邻家大男孩，面貌清秀，举手投足彬彬有礼，很难将他与信息安全专家的身份连接起来。翻开陈曦的履历，这一切就不难理解了。2012 年西安电子科技大学密码学专业博士毕业，美国罗切斯特理工学院信息安全专业公派访问学者，2013 年加入招商银行总行博士后工作站学习……

从"蓝军"到"红军"

陈曦初入招行之时，国内移动互联的大幕刚刚拉开。相比于传统 PC 时代，网络黑产势力正在逐渐壮大，一场更为严峻、腥风血雨般的持久攻击即将来临。"与看不见的黑产势力斗争，要预防自己的疏漏，抵御黑客的攻击，最关键的是掌握主动。"陈曦介绍道，"模拟演习则是实现知己知彼的快速途径之一。"

一开始，陈曦的角色是"蓝军"（即假想敌的扮演者），负责模仿各色黑客的进攻战术，并与"红军"（负责安全管控的正面部队）进行针对训练。"那会的工作便是对招行网银安全体系进行各种攻击测试，同时对潜在的风险逐一梳理。"

匿名

学霸、安全技术大咖、颜值哥，不得不服。

在风险挖掘工作中，陈曦通过测试性攻击手段，从应用层、框架层、内核层等多个角度，对安全理论中存在的攻击点进行遍历，发现了多个潜在的威胁，并在产品上线前及时阻断风险。此外，他还领先同业，设计了安全评估模型，用于对移动风险定级，优先响应高危风险。

2015 年出博士后工作站时，陈曦的研究课题《商业银行移动金融安全体系研究》得到行领导的一致好评。加入总行信息技术部后，陈曦从"蓝军"转为正式"红军"。正是这段潜下心来、默默无闻的"蓝军"经历，让他对各类漏洞、风险点、攻击面有了更充分的研究与认识，为后来有效构建招行的移动安全体系，成为一名合格的"红军"打下了坚实的基础。

红军"实战"首秀

陈曦主持的第一个项目是手机银行加固项目，这也是他的

“实战”首秀。不同于演习，这一次的对手不再是“蓝军”或者“红军”，而是真实的黑客们。

当时国内应用市场管理混乱，可检测到仿冒招行的山寨应用便有几十款。客户对山寨应用无分辨能力，时常在非正规途径下载到黑客发布的盗版应用：小则广告乱飞，影响客户体验；大则直接盗取客户账户密码，造成客户资金损失，同时对招行的声誉也造成了负面影响。

“我们知道，普通的移动 App 容易被逆向分析，执行逻辑易暴露，攻击者可以植入恶意代码，发布在应用市场中诱骗用户下载，从而窃取到用户的账户、密码等隐私信息。传统签名校验、混淆、花指令等方式已经无法有效阻止攻击者。”面对严峻的风险形势，陈曦与团队成员一起，从系统底层入手，开始设计基于虚拟机的强安全加固方案。

这场战役打得并不轻松，“方案实现的困难程度远远超乎我们的想象。”说到这里陈曦仍会皱起眉头。重构 Dalvik 与 Art 虚拟机的困难、底层加密算法的性能平衡、Android版本碎片化和国内手机厂商系统实现不规范导致的兼容性等等问题，给陈曦和他的团队带来了重重考验。

然而，功夫不负有心人，项目组成员不辞辛劳、集思广益，甚至不分昼夜的攻坚克难，最终顺利推出加固方案，这也是同业中第一个自主研发实现的加固方案。方案上线后，招行的盗版应用数量急速下降，根据第三方统计结果，截至目前，招行的盗版应用数量为 0，而同业每一个手机银行 App 平均有 4.7 个盗版应用。

董加加

陈博后为我们树立了好榜样。

后来，国内也陆续出现了多个做此类产品的安全厂商，公司规模一般都在 30~40 人。“他们听到我们当初 5 个人的团队就实现了加固方案时，显得特别惊讶。”舒展开眉头的陈曦，又多了一分自豪。自研加固方案的推出，有效保证了招行移动 App 安全风险的快速收敛。

要够潮，也要够严谨、低调

凭借着漂亮的第一战，以及对安全工作研究的逐渐深入，一场又一场“安全攻坚战”落到了陈曦肩上：推出移动安全评估系统，为产品推出前安排专属“质检员”，保证招行移动App与外购类SDK的安全一致；建设移动防护系统，通过终端部署特种“侦察员”，有效提升招行威胁感知能力；发布技术风控系统，为风控布防“重装骑兵”……

随着风险评估、风险感知、风险管控等支撑能力的快速提升，陈曦及其团队逐步构筑起立体、全面的移动金融安全体系，保障了全行“移动优先”战略的顺利推进。据权威第三方安全厂商评测报告显示，招商银行App综合安全评分在同业中领先，成为招行90%以上交易的坚强后盾。

“风险形势很严峻，风险态势变化快，我们必须了解最新技术以便快速响应。同时木桶原理也决定了我们必须全面严谨地考虑安全问题。”谈到安全工作的特点，陈曦的体会是，“简单来讲，就是要够潮，也要够严谨、够低调。”

黑客的攻击点非常分散，更新非常快，必须时刻跟进最新的漏洞信息和第一线的攻击案例。针对近两年日益猖獗的电信诈骗，陈曦从登录、转账等关键业务流程下手，从账户、设备、行为等多个维度对异常交易进行识别与管控。管控方案上线后，招行客户报案数量与被欺诈金额明显下降，客户资金安全得到有效提升。

匿名

强人啊！没有坚实的安全基础，就没有手机银行的辉煌。

“安全工作要耐得住寂寞，才守得住芳华。作为开发后台的后台，也许很多人都不清楚我们究竟做了哪些工作，但网银安全形势逐渐好转，就证明我们的工作是有价值的。”面对工作，陈曦没有一丝抱怨，习惯幕后奋斗的他，脸上的笑容，透出他对这份工作的执着与热爱。

管理有“道”

移动安全团队是一个年轻、充满朝气，高颜值、高学历的团队。“记得有一次和人力的同事聊天，他们提到我们室的人员是整个部门最年轻的。”年轻的团队，碰上同样年轻的领导，又会碰撞出什么样的火花？作为一名管理新秀，如何让“双高”团队再晋级，成长为“高绩效、高水平”的团队？陈曦有着自己特别的方法。

“那些最前沿的创新与技术攻关，我一般会交给最年轻的90后员工。”在陈曦眼里，年轻人身上没有传统的思维定式，可以充分利用他们学习能力强、新事物接受快的特点，积极营造拥抱人工智能、大数据等新技术领域的氛围。每个月，陈曦的团队会定期举行技术沙龙，组内成员分享最新的技术、最新的漏洞、最新的攻击、最新的病毒等，这样可以快速、全面更新组内成员的知识库存。

“曦哥经常会在室里的微信群推送一些最新的技术咨询及安全热点事件，这些‘梗’很好地促进我们彼此之间的交流，也增强大家对于安全前沿技术与方向的敏感性。”团队的成员如是说。

匿名

高大上，技术人才的楷模。

“关于团队管理，我觉得总结起来就两点，一是目标要清晰，二是切中要害。”在陈曦这里，复杂的管理变得简单起来。对于前者，便是打造专家型团队，“我们这里很多的决断拍板都要靠专家。”工作中，陈曦积极鼓励大家朝新技术方向的专家发展，并在相关技术方案设计之时，给员工决定权以及试错的权利。“刚提出方案的时候，谁都不确定理论是否可以形成实际可部署的方案。但一定要敢于试错，并做足充分的验证性测试。”常年从事技术研究，陈曦对此深有体会。

切中要害，便是要搞懂年轻人的想法，顺势而治。90后普遍有朝气、不惧怕权威，最在乎是否公平公正。“我赶上了一个好时候，部门大力推广的‘看板’，给公平公正创造了良好的土壤。”陈曦介绍道，“看板这种控制现场生产流程的工具，让基层管理透明化。我们每天通过‘看板’向团队里面的每个人，而不是上级领导，证明自己是优秀的。”极度的动态透明化，一方面可激发成员自我管理的能力，另一方面也使得团队的运作规则清晰简单。

关于未来，陈曦认为，“打赢未来之战，最重要的是创新。要敢于尝试，不要停留在纸面、理论层面的研究。新技术一定会带来新的安全问题，新技术既是矛也是盾，攻击人员也许会更快尝试。因此，我们对新技术的应用必须处在领先位置。”

这两年，陈曦团队基于机器学习、生物探针等技术，设计并推出了多款创新性的项目，在保证招行在同业竞争中处于有利位置的同时，也建立了招商银行移动安全的金牌口碑。暴利驱动下，网络黑产集团化、产业化做案程度不断提升，作为银行的安全部门，未来任务依然艰巨。所幸，陈曦及其团队已经做好继续攻取下一个堡垒的充分准备。

侯智勇：我是一名程序员，也是一名父亲

◎张 艳

访谈人物：总行信息技术部零售业务开发团队侯智勇

编者按：作为一名招行人，侯智勇是专业、优秀的。12年来，他从事零售收单业务系统开发与维护，勤勤恳恳、兢兢业业。其所在室负责的系统日交易量1600万，银联交易质量连续多年名列前三。作为一名父亲，侯智勇是乐观、坚强的。2016年4月，他的女儿检查出白血病，自此，他挑起家庭与工作的双重重担，一边精心陪护化疗的女儿，一边在无数个深夜里挑灯熬战，力保十几个项目按时高质量上线。他用招行人的担当，向不公的命运宣告：责任加爱，必将产生奇迹。

匿名

看到这篇文章，眼眶又湿润了，12载默默耕耘着招行的支付结算，12载默默地支持着我们无数的诉求，没有老侯，就没有今日的招行支付，此话他担得起！去年4月，这个消息传到网络部的时候，无需召集，所有人一日之内给出支援，这是源于大家的信任和认可。

侯智勇个子不高，长相普通，身材微胖，脸上总带着憨厚的笑容，放眼人群，如果不是特别关注，你基本不会留意到他。此时，他已坚守开发一线12年，也陪伴着罹患白血病的女儿顺利完成了三个疗程的治疗。

初见即爱上

“我是慕名而来的。招行IT藏龙卧虎。我希望身边有优秀的同事，可以向他们学习以提升自己。”初到招行，侯智勇赶上了“招行第二代核心业务系统”上线前的冲刺。虽然只是承

王新留

看完两行热泪，曾经一起共事多年，如今也是好搭档。

以事业为重，父爱也如山！祝宝宝早日康复，祝老侯好人一生平安，家人平安健康快乐。

担着收单业务系统与核心业务系统的对接工作，没有真正参与核心业务系统的底层开发，但每天耳濡目染，招行IT对技术的精度、应用的深度、工作的热度让侯智勇印象深刻。

“IT 人很拼，为了赶工，很多人吃住都在培训中心。”侯智勇之前在IT公司也是做银行业务系统的，在他们眼中，清算环节有个“黑暗区”怎么都绕不开，却被招行拿下了。“当时 IBM 最高配的AS/400 都在招行，招行的综合业务系统，无论是架构设计，还是对性能的考量，甩开同业不止一丢丢。”谈起初见招行的印象，侯智勇依然是满满的钦佩。

半年后，侯智勇便与室内的另一名同事接下了信用卡的重点项目——银联还款机。这个项目分为通讯、交易、清算、对账、调账五大模块，对内与储蓄、新系统、信用卡对接，对外与卡友公司联网。“刚看完需求的时候，真有点无从下手的感觉”，但再硬的骨头也必须啃下来。经过长达一周时间的需求与可行性分析后，侯智勇跟同事一起确定了原型开发的思路。

开发过程中，面对大量的源码与繁杂的参数，他们俩除了分工合作、夜以继日的投入之外别无他法。很多时候，侯智勇准备下班签退时，却发现已经是第二天了。四个月后，银联还款机项目顺利上线，看着长达 676 个程序的清单，侯智勇如释重负。

经历时间与项目的磨练，侯智勇身上也打上了招行 IT 人敢拼能拼打硬仗的烙印。之后十多年的开发生涯，他能撇开杂音，心无旁骛地在收单业务系统开发领域专心打磨，便得益于招行 IT 人这股韧劲与闯劲。

很庆幸我是其中的一员

施平

老侯在收单室内是我们工作上的靠山，在家里更是女儿的坚实依靠。祝宝贝早日康复。

入职一年后，侯智勇回到了收单平台开发室的基地——蛇口工业六路（原电脑部所在大楼 501 室）。此时的侯智勇已经完全适应了招行 IT 的节奏，磨刀立马，蓄势待发。

2005 年 7 月，随着收单渠道的不断拓展，总行信息技术部启动了收单平台建设，侯智勇参与其中，与收单正式牵手。时至今日，侯智勇已陪伴收单平台走过了12个春秋，“我参与了收单平台从无到有，并日益完善、不断壮大的成长过程，投入了很多精力，也倾注了许多的感情。”所以，当内部新技术研发团队、分行或外部同业向侯智勇抛来橄榄枝时，他依然选择留下。

收单平台建设和使用的十多年来，客户需求和监管要求也发生了巨大的变化。2008年，在没有先例参考的背景下，侯智勇与小伙伴一起顺利将收单平台分拆至独立主机，为主机节约了至少10%以上的性能开销；2012年，开创了招行史上第一次，将备份机投入生产角色日常使用的先河；2015年，主导实施的AS/400史上首个应用系统双活，实现了高保障业务计划内切换时间为零，非计划停机时间大幅缩短至分钟甚至秒级的目标……

小魏

有幸曾为501的一员和老侯共事四年，参与收单平台的建设过程。老侯是组内的技术大拿，我们的良师益友，也是名典型的IT适用男。

希望乐观坚韧的老侯继续加油，小朋友早日康复，祝一切顺利。

所有这些第一次、首创的背后，是侯智勇与团队同事们无数加班加点，无数争论，无数推倒重来，优化再优化的结果。12年里，他们记不清多少次半夜上线投产，处理问题。无论何时何地，部门电话铃响起，他们一定立即满血复活，最快响应。也正因为这些付出，侯智勇所在收单开发室主要负责的系统日交易量高达1600万，银联交易质量多年以来一直保持着全国前三甲的优异战绩。

“做技术的人，更关注解决问题。”侯智勇坦诚地说。招行IT团队也让他更深刻理解了“因人成事，因事成人”的道理。你牛，才能做大事，做了大事，才能更有价值。

事件之外，关于考核、级别、薪资，他却向来不太关注，他更愿意看“我做的事情是不是很重要，是否有价值。”收单业务系统作为与客户高频次接触的业务系统，它的稳定、安全、体验好，让侯智勇备感骄傲。

为了这一天，值

“双11”是购物者的天堂，却是银行支付系统的炼狱。在支付宝巨量交易压力下，支付业务主要相关系统的性能和可靠

匿名

志勇很坚强、乐观，在单位是个踏实能干的员工，在家里是个负责任勇于担当的丈夫、父亲。有爱才能创造奇迹，愿宝宝早日康复，全家人平平安安。

性都面临空前的压力和挑战。侯智勇和小伙伴们主要负责信用卡快捷支付的保障工作，据统计，每天信用卡快捷交易在全天交易笔数占比超过65%，“双11”甚至接近85%。

这一天，总行信息技术部会安排与“双11”保障有关的同事轮班现场值守，其中，凌晨高峰期又是保障的重要时点。侯智勇作为团队骨干，从招行2011年推出信用卡快捷支付起，已经坚守了6年通宵。“每年，我都是用高考的心态对待‘双11’运维保障的。”侯智勇咧嘴一笑。零点高峰时刻，在数据机房ECC，侯智勇与同事们一起，目不转睛地盯着电脑屏幕，看着交易数据曲线骤然升高，他们的心也一下被吊到半空……随着时间的推移，曲线慢慢回落时，他们才会稍微放松一点。

6年值守，并非一帆风顺。2014年“双11”零点高峰时段的交易堵塞，至今历历在目，“那个时候我就像个犯错的孩子。”侯智勇心有余悸地说，“所有领导都在现场，我和老李现场修改程序，手心全是汗。”2014年虽然成为侯智勇和同事们心中的一个结，但分析错误才能使其成为防错标准。

匿名

IT条线上就是有这么一帮每天默默付出、默默耕耘的同事，工作不分早晚、没有节假，但他们的奉献只有与其接触的同事才能看到，他们的成绩通常都埋没在业务条线的成果当中，每个功勋章中凝聚着他们的汗水，但每个庆功会上都很少见到他们的身影。为默默付出的IT同事点赞，为侯工的责任心点赞。

“双11”结束后，他们针对所有可疑原因进行了大量分析与测试验证，最后发现程序目标授权策略是影响性能的一个重要方面。残酷的事实告诉他们，系统容量评估不能简单采用线性模型，一定要重视性能测试。2015年，他们克服重重困难，大力推动实现生产在线压测。同年7月，他们还重新开发了专门的信用卡快捷支付系统，简化了交易处理流程，优化了数据队列使用。

关于“双11”保障的努力，侯智勇他们付出的，远不止一个通宵。每一年，针对“双11”大交易量、高并发的特点，总行信息技术部都会未雨绸缪，结合往年交易量及保障经验，推动各平台的性能容量扩容、支付流程优化、系统升级、网络提速、应用瓶颈改造等多项前期工作。

当被问及动用这么大的人力物力成本，就为这一天，同时还背负着“为他人做嫁衣”之嫌时，侯智勇肯定地回答：“我觉得是值得的。”消费支付业务是客户对银行的基本诉求，“双11”能否顶住也是招商银行零售服务先进性的重要标志。这么多年“双 11”保障下来，不仅我们应对高并发业务更从容了，我们的系统性能、稳定性也得到了很大的提升，更为重要的，我们的队伍得到了锻炼，在互联网金融大潮中，慢慢回归金融主角角色。

“2017 年，领导提出了‘双 11’信用卡快捷支付支持10000TPS的目标，这是一个很大的挑战。”侯智勇觉得，目标定得高远一点，才能进步得更快。

女儿是我永远的骄傲

2016 年 4 月 5 日，“如果可以选择，我宁愿生命中没有这一天。”这一天，侯智勇 5 岁的女儿，被确诊为急性淋巴细胞白血病 L1 型 B 系中危，俗称：白血病。刚确诊时，侯智勇和家人根本不能接受这个事实。他心里有一种莫名的恨，恨老天爷不公。爱人嚎啕大哭，侯智勇不能，每次他一个人开车来回医院的路上，脑海里都是女儿痛苦的表情，侯智勇眼泪就会止不住地流，视线模糊时再用行服衣袖一次次抹掉……

“女儿一直是我的骄傲，她性格好，身体也很棒，很少生病。”刚被检查出白血病的时候，由于不清楚致病原因，不了解治疗方案，也不知道女儿病程的恶性程度，“这些不了解，让我内心充满恐惧。”但侯智勇还是一直告诉自己，越是困难越要坚强，在侯智勇泛红的眼眶里，我看到了作为一个父亲的爱与坚毅。

> 匿名
>
> 认识老侯的人都知道他对工作的认真与负责。当父母的最看不得孩子受苦，希望小宝贝健康快乐成长，老侯加油。

冷静之后，侯智勇开始在网络上查找资料，阅读相关医学论文，咨询在医院上班的同学与朋友，加入一些病友微信群，慢慢地对白血病有了一定的了解。在综合考虑方便照顾、节省费用、医疗水平的因素后，他们最后决定在深圳进行治疗。

“女儿生病以来，我的压力确实非常大，在我最煎熬的时候招行给了我莫大的关爱，同事们也给了我很多帮助。”说到这里，侯智勇满满的感恩，“领导给我安排弹性工作时间，还推荐医疗资源，同事也主动分担我的活，让我可以兼顾照顾女儿与工作。

杨宁

原来主人公就是昨天帮我解决银联收单问题的总行同事，十分感激！专业性和责任心没的说！祝令千金早日康复。

一位老同事在得知我女儿的事情后，直接打了3万元到我账上，还有很多同事，包括分行认识不认识的同事都伸出了援手。”命运的磨难无法阻挡，那就积极乐观、坚强坚定地面对吧。

这一年，正是招行“一网通”支付大发展的一年，业务需求多且时间急迫。在女儿住院期间，侯智勇一下班便赶去医院送饭，打扫完病房卫生再回公司把白天耽误的工作忙完。女儿很坚强，医生出身的爱人照顾也很周到，但每次“腰穿”带来的剧痛以及“输血小板”带来的过敏反应，还是让小姑娘害怕得浑身发抖。侯智勇总是计算好从公司出发去医院守护女儿的时间，尽最大努力陪伴女儿熬过难关。周末替换爱人照顾女儿，则成为他繁忙工作中积极的休息方式。

“侯智勇是个责任心非常强的人。家里发生这么大的事，他的工作基本没有落下，负责的十几个项目都按时、保质保量地完成了，得到业务部门不少好评。”同事老李这样评价。

从2016年4月确诊到2016年11月，侯智勇的女儿前后住院十几次，完成了三个疗程的化疗，进入了维持期。“这个病最怕治疗期感染，维持期复发。”虽然心里的石头要等5年后才能着地，但看着女儿的病痛在一步步缓解，侯智勇也慢慢走出心理低谷。

匿名

有你这么优秀的父亲，你的女儿也会同样出色的！祝小家伙天天都可以画欢乐图，愿她健康快乐每一天！我在营销一线，可以感受到你们后台对我们的支持，招行有我们一起加油，明天一定会更美好的。

因为没有上学，也不能常去人群密集的地方，小姑娘很多时候都是在家里玩。她会拿笔画自己的心情，比如一张沮丧的脸，表达“我怎么那么倒霉，得了这个病”；定期检查时，如果某个指标好了，她会画一张欢乐的图，“那个药不用吃了耶”；一家人挤在小三房中，她会画一个大大的房子，希望长大后能给爸爸妈妈买个大房子……面对女儿的懂事，侯智勇满是怜爱与歉意，“我经常加班，每次听到我要加班，她会挡在门口，不想让我走……”

“父亲是我的家庭角色，更是一份沉甸甸的责任，希望家人都能平平安安，健健康康。对于招行，写程序不仅仅是我的谋生技能，更是自我实现、创造价值的舞台，我希望能发扬工匠精神，踏踏实实、兢兢业业，坚韧、坚持、坚强，在IT团队为招行贡献一己之力。”侯智勇如是说。

关璐:“不安分”的北京女孩

◎丁国林

访谈人物:北京分行基础客群与网络银行部薪福金融室主管　关　璐

编者按:感动,源于勇往直前的创新。谈到创新,大多数人首先想到的是产品经理或IT达人。身处一线,关璐并不天然享有创新的优越条件,但“不安分”的基因从她16年前加入招行之时,便已深深印刻在她的职业生涯中。2014年,关璐从前台转入中台,受命组建北京分行市场经理团队,“不安分”的她继续钻研,创新客户经营之道。借大数据经营的大势,她首创了一套代发企业经营数据视图;乘移动互联网的东风,她创建了O2O模式下的代发业务“薪”平台。创新之路荆棘密布,关璐带领团队在夜色中触摸到曙光,为丛林突围指明方向。

关璐,北京分行基础客群与网络银行部薪福金融室主管,一位典型的北京女孩。“大大咧咧”“不服输”“女汉子”是她给很多人留下的第一印象。她2001年加入招商银行北京分行,16年来,从支行到分行,无论是在零售营销的第一线还是在推动代发业务的中台部门,她都力争做到最好。

在支行,她是得过MDRT的营销尖兵;在分行,她是把代发业务做到总行系统第一的产品骨干。2017年,当关璐接过“感动招行年度人物”这个沉甸甸的奖牌时,“女汉子”也有柔情,那一刻泪眼婆娑的她,激动地像个孩子……

“不安分”的柜员与1亿元存款

初入招行时，关璐才刚满19岁，青涩未脱，但想法却一点不少。她的第一份工作是建国路支行的储蓄高柜柜员，那时候的建国路支行还没有今天的规模，人员的配备也不是那么充裕，储蓄柜员大多是来了不久的新员工，这让储蓄主管操碎了心。一方面担心他们服务不周到，业务操作不熟练，容易出差错，不敢布置营销业务，只求把柜面业务操作好就谢天谢地；另一方面大多数新柜员也十分紧张，老老实实地练技能，认认真真地办业务，生怕出一点差错。

“不安分”的关璐没有按照主管划的道走，也许是天生的营销基因在“作祟”，她总是自己私下里搞小动作。有一天，她临柜的时候，碰到一位客户办一笔简单的汇款业务。按照正常的流程，这笔业务应该很快办完，可是过了5分钟，还不见客户离开的迹象。主管看了有点着急，以为出了什么差错，赶紧来到关璐身后。仔细一看，关璐业务早办完了，她乘着没有等号，就自己做起了营销，邀请客户办理招行的一卡通，还把一卡通的功能、优势说得头头是道，看那架势颇为老练，有几分营销老手的样子。

为这事，主管“生气”地批评了关璐几句，可是对这“不听话”的徒弟，他也是又恨又爱。“我就是一个不太循规蹈矩的人，总是喜欢做一点跟别人不一样的事。”回想起刚入行的“糗事”，关璐嘿嘿一乐。也许正是凭着这股特立独行和不安分的劲，入行不到一年，在其他同事还在忙于熟悉业务技能时，关璐个人名下的储蓄存款已经超过了1亿元。

陈高兴

正是如关主任这般的“不安分”，才使招行拥有了一个又一个的创新，大赞关主任。

分行零售业务的第一批试水者

2002年，支行成立了专门的零售银行部，关璐走出柜台成

为招行零售业务的第一批“试水者”。当时零售业务刚刚起步，没有成熟的业务管理系统，没有丰富的财富管理产品，更没有形成科学有效的零售营销体系，一切都是“摸着石头过河”。

当时，个人贷款作为较为成熟且能带来稳定利润的业务板块被支行锁定为零售业务开拓的重点领域。走上营销岗位的关璐，激情和能力被全面激发。做个人信贷没几天，关璐便独立营销了北京的一个新楼盘“世纪东方城”。从最开始的客户营销到协助客户准备所有贷款材料，再到全部材料的整理以及初审……涉及的流程和环节都相当繁杂，同时审核材料时还需要极度细心以避免业务差错和风险，这对关璐而言不能不说是一次“巨大”的考验。

“那段时间，我连续三个月基本周末无休，从每天的早八点到晚八点，总计1080个小时，办了几千笔业务。”关璐感慨地说，“不挑战自己，你就永远不知道自己的能量，我真的是拼了，把自己潜力一下子全挖出来了。人有时候就是为一口气，我就是要证明自己，招行。当然，努力之后的结果是好的，我最后营销战果超过了3个亿。”说着她骄傲地竖起了三个指头。

烧麦

每一次成功的转身背后都是不遗余力的付出，学习、点赞。

时间进入到2003年，那是北京分行的财富管理元年。这一年支行开始销售第一支公募基金，关璐成了所在支行的首单缔造者。伴随着这支公募基金的销售，关璐也正式开启了零售客户经理之路。短短几年，关璐多次荣获分行先进工作者、MDRT会员、MDRT顶尖会员、福布斯理财师华北赛区50强、“最具潜质私人银行家”奖等等。

关璐说：“总结这么多年的营销经验，要做好营销其实就是一个字‘真’，就是真诚、真实、真性情。”关璐曾经有一位女性客户，由于没见过几次面，电话沟通效果一直不理想，对方总是很冷漠，经常很快就挂断了电话。关璐提出上门服务，客户也是不冷不热，不置可否，这让自信的关璐头一次怀疑自己是不是和客户不对脾气，气场不和。但是在关璐的眼里没有服务不了的客户，肯定是服务的一些方法或细节还不对头。她认认真真做起了功课，通过很多的资料和客户沟通的细节，她的脑海里描绘出了客户的基本轮廓：企业高管、女强人，平时工

王伟

"不谈产品，多谈感情"，说得很好，必须赞一个。

作节奏快，老公和孩子都在国外，有个性、很孤傲、缺乏关心。

顺着这条脉络，关璐得出了自己的维护方案：不谈产品，多谈感情，合适的时候再给客户一点点感动。有一次，关璐和往常一样给客户打去问候的电话，从电话中听出客户精气神不是很好，还有轻微咳嗽，关璐判断应该是感冒了。放下电话，她就立刻跑到同仁堂买了川贝，又去超市买了梨，自己在百度下载了川贝雪梨的药方，用一张粉色的纸工工整整地抄下来，并在最后附上自己祝福的话语，按照客户的地址快递到家里。

这件小事就像一颗小石子投入平静的水面，事虽小，但在客户心里荡起了涟漪。客户收到快递后，马上给关璐回了电话，说话的语气变得柔和很多，还主动邀请关璐去办公室面谈。后来，这个客户成了关璐的高端客户和无话不谈的朋友，陆续给招行贡献了 1 亿元存款。

从前台到中台精彩依旧

关璐在支行干了 13 年，自己也从花季少女升级为美丽辣妈，但是那股子"不服输"的劲丝毫没有减少。

曹博

给璐姐点赞！感谢您搭建的平台，在互联网大潮下，让我们面对客户更加从容！在您的带领下，市场经理团队会越来越棒的！

近几年，由于柜面业务电子替代率越来越高，分行觉察到纯粹以网点获客为主的"坐商"模式已经无法适应市场的变化，必须建立"行商"获客模式。基于此，分行成立了一支最年轻的市场经理团队，专门走出网点到客户身边做代发，做服务。关璐受命组建和管理这支队伍，从而也迎来了她职业生涯的第三次转身。

"其实，我刚开始接到通知时，心情很复杂，第一，我在支行做一线营销惯了，去分行部门做业务推动和队伍管理能不能胜任？第二，对于市场经理团队的定位，还不是很清晰，自己还没想明白。说实话真是赶鸭子上架。最后，还是自己不服输的臭毛病胜出了，不管如何，一定要试试。"她说。

快速发展的业务压力没有给她太多适应和喘息的时间。明确团队定位，找准业务方向，提升团队整体战斗力和凝聚力，带领队伍迅速成长……一个又一个问题，她都必须尽快给出答案。

要管好队伍，出产能，不是每天喊喊口号，开开会，喝喝鸡汤就可以，必须带领市场经理亲身到战场去摸爬滚打，才能锻炼出真正的战斗力。队伍刚开始组建时，很多都是新员工，为了让他们快速成长，关璐每周都要专门安排两个半天时间陪同客户经理实地走访企业，手把手传授如何营销客户，如何进行关系维护。无论是风吹刺骨的冬天，还是烈日当空的夏日，陪同市场经理营销，她从不缺席。

有一天，北京黑云压城，风雨欲来，在办公室忙得满头大汗的关璐约了一位市场经理去拜访代发企业。看到天气十分糟糕，市场经理建议可不可以换一天再去，关璐说，和客户约好了，如果客户不取消，无论如何都应该按时赴约。由于天气不好，打车非常困难，又要赶时间，他们决定边走边打车。当他们走到半道上，狂风乍起，暴雨倾盆，关璐自己撑的伞，被风雨扯得乱成一团，自己也被吹得东倒西歪，冰凉的雨水直接浇在了身上……等他们到了客户那，浑身已经湿透。从客户处回来，一冷一热之间，关璐一下子就病倒了，但值得欣慰的是，客户对招行人，对招行的服务十分认可，最终也促成了业务的落地。

“红宝书”与“新”平台

为了提升客户经理成长速度，除了手把手教外，关璐还不断对代发企业经营流程进行总结、思考，尝试打造一个代发企业经营的标准化流程，形成代发企业经营标准工作范式。

关璐拿着一沓资料，抖了抖说：“这可是代发企业经营的‘红宝书’，无论你之前有没有维护过客户，有了它马上就能上手。”正如其所言，这个范式对存量和新增代发客户的营销模式、关键节点进行了梳理，并从企业分类、目标企业筛选、企业维护周期确定、企业经营策略选择等多个方面做出了明确指导

匿名

“不安分”的领导带领北分“不安分”的市场团队，不断的创新，不断的进步：“干群”“羽毛球赛”“相亲活动”等创新，让市场团队的业绩再创新高。新的一年加油。

和规定。

不仅如此，“红宝书”还对进入企业的前、中、后三个阶段的主要工作进行了细致描述，规范了各阶段规定动作及参考值，并总结提炼了各类型企业、关键人经营策略与案例，编制了各类型企业营销话术及营销模板，非常具有指导性。

“打个比方，你要去开发一家游戏公司。按照范式要求首先你的功课得做足了，比如要掌握企业有哪几款游戏，游戏在行业内所处地位，自己最好下载企业比较热门的游戏，亲自试玩，拉近与企业的关系，你看我这手机上，就下了好多游戏。”关璐比划着手机说，“当然，你还要充分了解企业周边环境，特别关注饭馆、商场以及周边电影院是否在信用卡优惠活动名单内，为营销信用卡打伏笔。还要了解企业的员工收入及人数规模，如果收入较高，人数也较多，可以列为重点开发企业，把突破点放在信用卡推广及功能渗透上，财富类产品及个贷产品先做简单引入，为后续财富进企留伏笔……工作范式我们可是写了几万字的，特别细，一时半会也说不完。”她说着拿起水杯，喝了一大口水。

在队伍管理逐渐走上正轨后，关璐开始思考如何把代发业务做得更好。十年前，北京分行首推“传输易”代发，通过免开户、费用优惠等打造分行代发业务优势，但随着同业的不断学习和复制，“传输易”的工具优势已经减弱。2016 年，在分行领导的指导下，关璐和团队突破传统金融行业的固有思维模式，结合 O2O 的新思路、移动互联网的新手段，打造了 OAO（OnlineAndOffline）模式下的“薪”平台，成功实现“线上+线下”有机融合的代发一体化经营模式。

郭校冶

关主任一直是我们的榜样，她的作风别具一格，谈吐优雅，营销能力强，真的让人佩服！

经过一年多的搭建及持续升级，她带领团队在代发企业之间织出了一张无形的“营销之网”，覆盖优质代发企业 3000 家，企业关键人 6000 余人，企业员工 100 万人。

谈到这个平台，关璐好像有说不完的话，眼里写得全是自豪：“‘薪’平台在对外服务方面由线上‘千群计划’、线下开薪沙龙、线下大型活动三大模块组成，实现代发企业、关键人的立体化经营。在对内管理方面以代发客户流量数据为基础，首创代发企业经营数据视图系统，包括‘企业经营可视化地图’‘代发资金流入流出数据视图’‘代发企业信息管理’三大系统，有效监测、挖掘代发企业及代发客群特性……”

一路走来，创新之路荆棘密布，但关璐这个“不安分”的北京女孩带领团队在夜色中触摸到曙光，为丛林突围指明了方向。2016年，分行的代发业务再攀高峰，多项指标位列系统第一，这也说明，关璐的第三次转身依然华丽，身处中台，风采依旧。

从支行柜员到分行团队负责人，从支行一线到中台管理支持，一路走来，冷暖自知，关璐凭着他那股“不服输”的劲与勇往直前的创新，实现了人生一次又一次的成功转身。

曾颂：做有趣有用的商业研究

◎易　静

访谈人物：总行办公室政策研究岗　曾　颂

编者按：作为行领导的参谋助手，企业的政策研究员除了给人专业、精英之感，还颇具几分神秘色彩。一篇影响深远的报告是如何写出来的？扎实深入的调研如何影响招行的管理与战略？作为一名研究员需要具备哪些专业和素养？本期访谈人物，我们邀请到了总行办公室政策研究员曾颂。以语为刀，以笔为剑，从资深财经记者转型为金融政策研究员，职业身份的变化没有改变他专业专注的风格与态度。

战友

胸中丘壑、笔下生金。为政研室及曾颂点赞。

初次见到曾颂，他这样介绍自己，“我叫曾颂，就是‘免费赠送’的那个音，好记。”后来知道他有一个外号叫“狗叔”，大家怀着八卦心一遍又一遍地去问他外号的来历。他答，这是过去帮同事照料猫狗得到的“尊称”。真诚、幽默、好相处是大家对他的第一印象。

角色转换的关键在思维

来招行前曾颂已经做了十年记者，天天跟文字打交道，先后涉猎过时政、社会、财经三个种类的报道，写过一些颇受好评的稿子。“但没有惊天动地、出生入死的传奇故事。”他补充道。

正式转行前，他是《21世纪经济报道》金融板块的“名记”。刚进招行时，常常有人问他，做记者是一种什么体验？以前那么自由，能适应办公室坐班吗？“自由是一把双刃剑，对于有清晰目标的人来说很好，可以优化时间安排；但对刚毕业的年轻人来说，自由的结果往往是茫然无措。所以传媒业人才素质分化严重，既有精英也有混子，理想化和污名化并存。”曾颂说，初入职场的他也曾迷茫多年，才最终确立做专业财经报道的方向。

这段从业经历也给他留下了一些财富。比如受众思维，曾颂在北大学的是广播电视编导专业，了解了影视行业的受众心理研究，而新闻作为大众传播工具，写作上也必须处处考虑读者需求。他认为，掌握了受众心理后再去学其他文体，能够融会贯通。比如饥饿感，再好的作品也只能带来几天的成就感，很快会有更新的消息刷屏，必须不断写出好稿。又比如自学，毕业时他连复式记账都不懂，到后来面对眼花缭乱的同业玩法，也能画出交易结构图，并且理解各环节在法律或者记账规则上的门道。

加入招行后，这些积累给他的转型带来了很多裨益，两年的政策研究工作也让他能从机构内部理解组织运行，学习“管理”这门学问。“角色转换不在业务知识，更不在作息安排，而在思维。任正非说，‘只有组织起千万人一同奋斗，才摸得到时代的脚’。以前我听这些道理，只是入眼入耳，没有入脑入心。在招行这几年，为了写材料想了很多事，终于想通了这个道理。用‘想通’这个词可能还不准确，个中体验不是逻辑打通，而是汗毛直竖。”他说，这几年最大的收获是意识到个人的渺小，理解了组织的力量。“我一直觉得，在恰当的人生阶段加入招行，做一份很有契合度的工作，实在幸运。”

诗怡

对曾颂的钦佩之情从一次内部分享开始。他如庖丁解牛一般，从读者心理学的角度剖析文章的写作规律，清醒至极，透彻至极，角度之新，至今难忘。之后的合作与接触中，常常被他身上强烈的好奇心和执着的目标感所触动。

身处以码字为生的岗位，汗牛充栋是自然，但曾颂从不“埋首故纸堆”，而是始终不忘抬头看路，关注规律和趋势，尤为看重“思想”的输出，实属难得。

手动为你打 call。

研究要对经营管理“有用”

“政策研究”一般指组织的写作班子，兼有调查研究、决策

杨思

文字的背后是思维和逻辑，而不仅是“文笔”，好文章产自活跃而不失严谨的大脑，不设边界、保持学习、不断进步。

参谋等职责。政策研究室的调研工作非常聚焦——金融科技。为配合全行的金融科技转型战略，政研团队今年年初全面启动了金融科技系列调研，一方面是考虑到新领域有较强的信息不对称，行领导需要高质量的信息参考；另一方面也想摸索出新的研究方法论。“我们注意到，金融业的研究报告已经形成了成熟的模式，研究主题也相对固化；但在互联网公司的影响下，商业研究有一些值得关注的动向，新的研究范式正在形成。研究新问题，必须要有新方法。”

曾颂饶有兴趣地分享他的观察：“这种趋势主要表现在两个方面。首先是引入了多学科思维，《人类简史》之类的书籍在商业圈走红，说明越来越多人关注社会学、人类学、心理学在商业上的应用。”去年，他在北京拜访了一个叫“青年志”的团队，成员是一群八零九零后，以社会学和人类学的理论背景，通过田野调查的学术方法来研究青年文化，为雀巢、宝洁等快消品公司提供商业咨询服务。“这跟传统咨询公司很不一样，能沉浸到研究对象的生活里。他们关于小镇青年、中产阶级的基础研究，对金融业形成产品直觉会有帮助。”对于新领域，他始终保持着“饥饿感”。

方方

一篇好文章反映的是思想水平、理论水平、经验水平以及语言表达水平，文字工作者，其压力，其成长，其成就，酸甜苦辣，苦乐同行，只有大量的阅读、积累，才有认知，只有充分的认知，才能表述，只有创意的表述，才能被记住，向永远保持好奇、学习状态和思考状态的文字工作者致敬。

他认为，金融理论假设钱与人的欲望、理想、情感无关，事实上，金融与大多数社会学科的研究主题紧密关联。比如心理学的“心理账户”概念，可能是金融产品场景化的起点；小镇青年的借贷观念，可能是消费金融找到蓝海的关键；人类学关于“礼物”的习俗研究，可能帮我们做出比“微信红包”更火的爆款……他很认同查理·芒格提倡的“格栅理论”，用不同学科的思维模型去审视同一事物，获得更全面的认知。“跳出金融看金融，是我们做研究的出发点之一。”

另外一个趋势是“需求倒推”的逻辑。“我们在学校学到的观念是，学了金融才可以干金融，有了锤子再找钉子，但是真实世界往往是先有钉子后找锤子。”曾颂提到《腾讯传》的一个细节，说QQ早期通信协议是不加密的，后来要求程序员开发加密软件，结果过了两个星期，程序员还在看《加密原理》第一章第一节。“做研究也一样，特别是研究新问题，一定要先抓问题再找答案，确保针对性。否则采取多学科思维，岂不是要把所有科目学一遍？”今年五月，曾颂拜访蚂蚁金服研究院时，发现他们的方法论就是从实际的业务需求出发，短平快地给出策略，一旦哪页 PPT 没有扣住问题，领导马上要求“跳过去说重点”。因此，政研室的研究报告尤其注重问题导向，给出明确的行动建议。

“使用新方法、研究新问题，我们其实给自己挖了一个大坑，前路漫漫，能够走多远心里没底，现有的报告也还很稚嫩。但正是这种不确定性，使道路充满魅力。我们希望多跟行内外的研究力量接触，大家一起来做点非传统的、有趣又有用的商业研究。”曾颂如是说。

狗叔经纪人

为叔打 call！狗叔的研究报告生动实用，走新金融科技场景下的田野调查路线，散发出一种彪悍又不失人文色彩的谜之气质。

通过不断的尝试，曾颂与小伙伴们总结出了一些做调研报告的方法论，总结为四条准则：首先是要以问题为导向，这与前面提到的“需求倒推”的逻辑一脉相承。第二，要坚持一线访谈、实地考证。在概念满天飞的现状下，坚持实证主义的研究，做到“现地现物、常情常理”。第三是运用跨学科的思维模型，多角度看问题。最后是要使用鲜活的语言，既降低领导的阅读成本，又考验执笔者的理解深度。他坚信，如果你对一个事情足够了解的话，充满表达欲，写的时候不自觉便会有很多鲜活的语言蹦出来。

今年上半年，曾颂在密集访谈后主导完成了两篇金融科技调研报告，《招行 FinTech 创新中的组织设计经验》，以及《移动支付入口垄断下，商业银行的战略抉择》。第一篇总结信用卡中心、手机银行项目组在组织架构上的成功经验；第二篇用《跨越鸿沟》提出的科技产品营销理论来复盘银联在移动支付上的败因，提出“聚焦优势场景”的原则。

“支付这个课题千头万绪，我们遍历了能搜到的各类报告，发现分歧很大。要么很悲观，认为微信、支付宝的垄断不可动摇；要么很乐观，认为可以照搬互联网的打法，抢几块地盘自保。我们决定不选边站，先复盘，搞清这个市场的生态规则。”他说，梳理头绪期间特别痛苦，直到接触了“鸿沟理论”才豁然开朗。“问题不在悲观还是乐观、干还是不干，而是怎么找到

匿名

颂颂用他犀利的笔头、开放的思维、矫健的身姿，以及讲究的穿衣搭配，很好地诠释了一个优质文字工作者应有的专业范儿。

银行的优势场景。报告从一线访谈中提炼了几条思路，希望对进一步讨论有帮助。"

目前，他正在着手第三篇关于用户研究的调研报告，讨论如何在银行业嫁接互联网公司成熟的用户研究方法论，优化产品研发流程，从而引入"用户思维"。"我只有一套研究方法，对其他领域都是外行，每次访谈都像拜师学艺。"他说，"和思维活跃的业务骨干交流，时而如沐春风，时而如临险峰，每次都大开眼界，平时我们坐在办公室有太多的想当然。不过我们向外走得还不够多，主要是时间约束。唯一的办法是分清轻重缓急，尽量见缝插针。"

信息"筛选者"与观点"提炼者"

在招行，政策研究室的定位是"行领导的参谋助手"，日常工作以码字为主，既要自上而下，协助行领导形成并表述思想，进行文字宣导，又要自下而上，深入调查研究，形成报告作为决策参考。同时，日常要进行大量阅读，定期为行领导筛选外界有价值的文章。

"就写公文而言，我有个可能不太恰当的说法，政策研究是'管理的第一公里'，是整个管理链条靠上端的一个小环节。"曾颂说，以行领导的思想为起点，政策研究室要将思想火花整理成系统的、逻辑严密的文字，作为全行理解战略和开展工作的依据。"目前我们的能力只能说基本胜任，但重要报告还是欠一点火候，画好龙后要等领导点睛，比如提炼'四大战役'之类的概念。相信随着团队成长，未来我们也能扛起大旗。"

徐炜旋

作为前同事现同事，最欣赏狗叔的专业、专心、专注。

文字要求高，肩上担子重，特别大部分材料还有时效性，熬夜通宵、脑力激荡便成了常态。在起草年初和年中两次工作会议上的行长工作报告的时候，为了赶进度，政研室有小伙伴直接在办公室睡了半个月。曾颂透露，起草一篇报告，95%的工作量都在动笔前。"领导的风格很务实，要求我们完全吃透重要信息，并且经过大量访谈后才能开始写。"为此，政研室一般提前两个月就着手梳理信息，相继约访部分分行行长、总行重要部门一把手以及各位行领导，整理访谈笔录。一个流程走下来，大家对重点议题已经心中有数，再下笔就有的放矢了。这种工作方法很受小伙伴推崇，“每次访谈都有不同领导给你系统地讲最新思考，这种学习机会，应该是政研室的特殊福利吧。”

对于写作，曾颂整理了一套自己的看法。从新闻写作转向公文写作，由于功能和受众不同，行文规范也有很大差异。比如说，新闻为了阅读方便，会把信息点切割成一个个小包，像“脉冲”一样接连发送，产生的效果是段落偏短，一般三句之内要换段；工作报告是用来细读和执行的，信息量极大，逻辑严密，段落关系实际上是逻辑关系的映射，每段内容更加丰满。再者，新闻讲究阅读的愉悦感，行文力求亲切；工作报告是领导讲话，强调力量感。

最重要的一点，新闻是单纯的信息承载器，用完即抛，只要把事说清楚即可；工作报告则必须“入脑入心”，影响力贯穿半年乃至全年工作，因此必须提炼“文眼”，也就是主题思想的精炼表述，这对写作者的格局要求很高，“也是我们一直攀援却不见其顶的山峰。”写公文的乐趣并不亚于写新闻，进入“心流”之后的峰回路转、柳暗花明，只有实操过才能体会。“但不论新闻写作还是公文写作，本质上只是一门工艺，不难学会，真正要磨练的还是思维。”他总结道。

名

入行以来，认识很多牛人，狗叔是其中之一。文字案头工作熬心烧脑，着实不易，但狗叔做到“四有”：有才、有料、有型、有趣。比如，结尾就“自黑”得漂亮！哈哈！为结识这样的狗叔庆幸！

粗略统计，上半年政研室起草的各种报告、致辞、署名文章等大概有30份，虽然因为每篇稿件的工作量差异极大，篇数没有太大的代表性，但也从一个侧面反映出了工作的繁重。但事实上，政研室没有大家想象的严肃、枯燥，团队的工作氛围有点像高校，读书写字、讨论问题。工作间隙，小伙伴们都喜欢运动，曾颂更是保持着一周三次的运动频率。十几年坚持下来的运动习惯，让他时刻保持着清醒的头脑，以及挺拔的身形。

“行领导的战略思想明确后，战略宣导就成了最重要的事，只有把这些战略思想触达一线，才能协调不同条线不同岗位的同事们更有效、更有目标感地开展工作，唯有如此，战略才能转化为生产力。”年中工作会后，战略宣讲成为政研室参与的另一项重头工作。据了解，由办公室牵头组织，几大总行部门负责人组成的宣讲团，已经在分行巡回开讲。

追求完美的实用主义者

虽然不相信星座，但曾颂认为“天秤座追求完美”的说法也适用于他。工作之外，即使是消遣娱乐也毫不放松，身为“杀人游戏”小白，他抽到平民时每轮都要跳出来分析，“活得比警察还累”。

因为小时候身体瘦弱，他从初中开始运动，并一直坚持了下来。出汗之余还看运动生理学类的专业书，了解人体的关节结构、供能系统、肌肉恢复所需时长等，制定适合自己的锻炼方式，认真劲不亚于写报告。“没有必要切分工作和爱好，读书、码字和访谈和体育运动一样，都产生乐趣，也都产生紧张疲惫，吃好睡好就会满血复活。”

政策研究室“书虫”汇聚，曾颂在其中怡然自得。他偏爱科普读物和人文专著，喜欢“让一本书带你去找另外几本”，因为“世上的书都是互相联系的”。他坦言很久没有看过消遣类的书，选书都带有很强的实用主义性质，“领导鼓励大家独立思考、多开脑洞，但也讲求思想和实务紧密结合。”他说，这种开放务实的氛围，正是他迅速融入招行文化、产生强烈认同感的根本原因。

张涛

写材料是一件孤独的事情，所以“汗毛倒竖”和“蛤蟆的油”极其形象，相信很多奋战在码字领域的小伙伴们都会会心一笑心有戚戚焉。

多年前，曾颂看过黑泽明自传《蛤蟆的油》，书上介绍日本民间传说有一种蛤蟆长得奇丑无比，逼它照镜子，会被自己吓出一身油，这种油很有药用价值。“回想早年的从业经历，也像蛤蟆照镜子，只看见自己的局限，吓出一身冷汗。所以一旦找到了方向就要全力以赴，不能再重蹈覆辙。”

陈福潮：实干的“潮哥”

◎周晶磊

访谈人物：杭州分行零售金融事业部零售信贷部收付易业务部负责人　陈福潮

编者按：在朋友眼中，陈福潮是一位专业的“银行人”，对行业、市场和产品有着深刻的了解和清晰的思路；在同事眼中，他是一位操心的“家长”，肩负着杭州分行收付易业务条线50余人队伍的管理职责；在领导眼中，他更是一位实干的“80后”，通过一年的时间使分行收付易各项业务指标在系统内排名前列，无愧于总行“年度十大新锐人物”的荣誉称号。

陈福潮是一位来自浙江台州的80后小伙。他说话声音不大，甚至带着些许腼腆，但聊天久了，言语间可以明显感受到台州人的实干精神。这种精神特质不显山不露水，却已深深地刻入他的骨子里。

不是在商场，就是在去商场的路上

作为储蓄存款和“双金”客群的重要新增渠道之一，杭州分行从2014年下半年开始，大力拓展收付易业务。有着同业多年收单业务经验的陈福潮正是在这个时候加入了招行，并承担起了分行收付易业务团队的组建、营销推动及风险合规等各项相关工作。

匿名

我行收付易团队今年开展商户经营方面取得了不少经验，结算存款、双金客户稳定增长，并逐月开始盈利贡献。在这次“费改”补签工作中不分昼夜、不畏艰难，达成每天两千多户的上门签约，战斗力简直爆表了！

“刚接手时，问题还是挺多的。当时，我们的团队还没组建起来，全行客户只有1万余户，而且比较分散，也没有统一的营销规划。类似产品同业竞争非常激烈，特别是农行、华夏等，一再降低费率门槛。”陈福潮对收付易产品面临的问题有着清晰的认识和判断。

破局是关键。根据业务目标，陈福潮白天和团队一起跑市场，做市场调研和营销，了解客户需求和同业政策情况，市场关门后便回办公室撰写收付易业务发展规划，以及营销活动方案。“潮哥基本每天都是最后一个离开办公室。”一边的同事补充道。

“那个时候，我不是在商场，就是在去商场的路上，你找我还不一定能找得到，”他打趣道，“那里的商户倒是会知道我今天在哪家出现过，见到我会热情地打招呼，有任何问题都会找我解决。”频繁的走访，扎实的调研让陈福潮对目标市场了如指掌。“只要是分行辖内有点规模的市场，你随便问，我可以直接告诉你这个市场的商户数量、交易规模、市场特点及商户金融偏好等。”

同事的介绍也充分验证了这一点，“有一次我和潮哥去环北丝绸城分头去排查几个疑似风险商户。那个市场约有一千余户商户，但因为建得比较早，缺乏统一规划，商户编号很乱，如果不熟悉，找一个商户非常难。当时，我在市场里绕了好几圈硬是没找到，最后只能向潮哥求救才得以顺利完成。”

每天改变一点

浙江既是招行收付易业务拓展的沃土，同样也是他行同类产品的觊觎之地，在市场收单方面做得有点规模的便有七八家之多，还不包括当地城商行等，竞争之激烈可想而知。面对竞争，陈福潮的理解是，“首先，竞争激烈说明各行都比较看好这块业务的前景；其次，一个银行能在竞争中脱颖而出，才能充分体现这个银行的特点和优势。当然‘知己知彼、百战不殆’，我们还是要好好分析他行的政策和做法。”

匿名

体现出我们市场拓展人的价值！把简单的事做到极致！赞，潮哥加油！

陈福潮边说边随手从文件栏里拿出一份资料，“这份是省内主要几家竞争行同类产品的政策对比，包括优惠费率政策、入账方式等，我们团队人手一份，我要求他们要熟记于心。”据他介绍，在刚接手收付易时，他和团队成员用了一周时间，通过向商户或网点咨询等方式详细了解他行同类产品的政策，同时要求成员在后续市场拓展中，随时反馈他行政策动向，并整理成册。一方面为招行制定收付易政策提供参考，另一方面方便团队成员掌握招行与他行产品间的优劣势，营销时突出长处，提高成功率。

在熟悉市场和业务目标的基础上，2014 年下半年到 2015 年上半年，陈福潮带领团队利用市场春秋的旺季，集中力量，足迹遍布杭州各个大小商圈，并重点拓展营销同城四季青环北、绍兴柯桥轻纺城、义乌商贸城和海宁皮革城等“七大”商圈，清退无效和低效商户，大力引进优质客户。与此同时，他还与支行联动，利用周末时间在市场的主要出入口以每月两次的频率举办了近 20 场次的市场路演和客户活动等营销活动。“我们同事去市场派发宣传单页和名片的时候，我都要求他们必须提着印有招行 LOGO 的手提袋，多好的一个流动广告。”事实上，在拓客渠道大大拓展的今天，我们很大一部分客户仍是靠着前线客户经理一个一个挖掘，一点一滴积累起来的。

精工出细活。通过短短不到半年的用心经营，杭州分行收付易客户和沉淀存款均翻了一番，在“七大”重点商圈的覆盖率大幅提高。

匿名

正能量啊！80 后有这样的团队视野我觉得很了不起，真是好榜样！

我特别喜欢“百人访谈录”这个专栏，招银文化是通过这些看似普通，却不平凡的人，一点一滴渗进我们的精神中去的！

截至目前，杭州分行收付易客户规模达 3 万余户，留存储蓄存款超过 30 亿元，其中 96%为活期；通过持续地引进优质客户，退出无效和高风险等客户，收付易客户户均存款和有效户率较 2015 年初均提升了近一倍，客户和存款规模名列全行第一。在杭州同城的四季青和环北等市场商户，招行收付易产品的覆盖率更是达到了 40%以上。“现在那里的商户，只要有新办 POS 机的需求，都会第一时间给我电话，后期大部分新增客户还主动上门要求办理。”陈福潮咧嘴一笑。

“有什么经验与技巧吗？”“第一是坚持，第二也是坚持，第三还是坚持。”他思索了一下，又说：“其实做零售没有什么高大上的东西，唯有了解你的市场和客户需求，努力坚持做好客户营销和服务，每天都改变一点，日积月累，最终会达到你想要的目标。”这是陈福潮工作与心态的真实写照，也是千万奔波在一线招行人的日常诠释。

“吹毛求疵”的天秤座

正如前文所述，陈福潮刚加入招行的时候，百业待举，他不仅负责收付易业务的团队管理和营销推动，又负责系统运营和风险合规，日常工作非常繁琐，千头万绪。大到业务审批、客户开卡和特约商户协议用印等流程，小到办公电脑申请、用品领用，及客户小礼品采购等，事无巨细，都需要陈福潮亲力亲为，因此那时的他经常处在“5+2”“白+黑”的工作状态中。“可能因为我是一个天秤座的人，个性就是追求完美，对日常工作中碰到的一些问题，特别是影响团队业务拓展效率的问题，总想着尽快解决，不然心里老觉得有个疙瘩在那里。自己辛苦一点没关系，办法总比困难多。”有一个小例子可以说明他的“吹毛求疵”。通过对开卡和用印等流程的梳理，客户签订协议到成功装机这一项业务，从最初需要5—7天压缩到现在的3～5天，这极大程度提升了收付易的客户体验。

伴随杭州分行逐步将收付易从简单的小微结算产品定位，转变为小微获客的手段和渠道，以及条线垂直化管理的落地，陈福潮带领的收付易团队也从20人增加到了近50人。这50人大部分在异地，管理难度和半径随之增加。为确保管理到位，陈福潮给自己提了一个硬性要求：每月必须保持六个团队的全覆盖走访，了解他们的困难和问题，便于及时提供帮助，因此也有了平均每周1.5趟的高铁乘坐频率。“电话、邮件、视频说得再多都不如亲自跑一趟，这样看到的情况才是最真实的，大家的感情也是在这样的一来一往中培养起来的。扎进去，踏踏实实，不管结果如何，至少问心无愧。”陈福潮身上有一股让人心生敬意的韧劲与狠劲。

除了高标准要求自己外，陈福潮也常常要求团队长，“我们负责一个团队，70%要靠带，30%才是管，团队主要是靠带出来而不是靠管出来的，我们是领头羊，所以我们自己要管好自己，只有对自己比对他们的要求更严格，才能带好他们。零售是个“脏活、累活、细活、慢活”，最需要的就是实干精神。”

“操心”到底

在采访过程中，不时有部门员工来汇报工作，其间听到对陈福潮最多的称呼是“潮哥”。他笑着解释，“‘潮哥’这个称呼可比陈经理来得不容易，职务是一纸任命，但‘潮哥’可是需要为他们操很多心，解决很多实际问题的。”谈到团队管理，陈福潮认为团队长必须起到带头引导作用，用他自己的话来说，就是“操心”到底。

于岩

从一声"潮哥"中可以看出，这个团队长是非常平易近人的。

一个新人从招聘、录用到报到，陈福潮便开始“操心”。“新人只有尽快认同我们招行的文化与工作方式，才能让他快速融入团队，适应岗位，发挥战斗力。入职后前三个月往往是最迷茫和无助的时候，而这段时间最需要有人告诉他们这些，所以这时候就要开始‘操心’了，除了安排岗前培训外，前几个月要不断找他们聊天，掌握他们的状况，有问题及时纠偏，不要期待着员工主动来找你，因为新人往往会有一些‘胆怯’。”陈福潮的这种“操心”一直持续到团队成员后续的工作、生活和成长，甚至是调岗或离职之后。

在“操心”新人的同时，陈福潮还随时要“操心”老员工的日常，关注他们的近期业绩情况和心理状态。为让“操心”变成一种管理习惯，他要求团队负责人每周必须找本团队两人以上的成员谈心，一个月实现全覆盖，同时要有专用的记录本做好记录。

“记得刚到招行时，整个部门只有十余人，而分行给的目标任务是按照30人的编制下达的，虽然每周有新人报到，但因

梁茂峰

这个团队、这个市场、这个产品，从我行基本空白到现在的突出成绩，非常之不容易。文字朴实，也确确实实是客观、真实的写照。用力点赞。

为都是外包编制且又是营销岗，因此人员流失率非常大，我当时急得像热锅上的蚂蚁，却又束手无策。”但陈福潮心里明白，团队的稳定才是业务完成的关键。他结合多年从事人力资源管理的工作经验，通过分析，要想团队稳定且有战斗力，必须做到两个事情：一是建立公平合理的绩效考核制度；二是打造团队文化。

方向明确后，陈福潮马上修改原有的考核办法，并向各团队成员征求意见，将团队成员的考核结果按月进行公开，形成“你追我赶，力争上游”的工作氛围，打造积极向上的文化，让团队成员能感觉到是大家在一起作战。

通过一段时间地调整，团队的战斗力大大提升，超额完成了分行和总行下达的各项指标，流失率从50%下降至5%以内。2015年，陈福潮的团队有4人因业绩突出转为分行正式编制，其中一人被树立为“最佳实践”的典型，这也给了团队很大的激励。“这是他们应得的，有付出就会有回报。”谈到团队的进步，陈福潮笑得很开心。

“有春绿必有秋黄，实干才能圆梦。”这是陈福潮经常说的一句话，他也用自己的实际行动为“实干”赋予了全新的内容：雷厉风行，脚踏实地，用扎实的成绩让梦想变成现实。

幕后也精彩

在银行业务系统中，除去市场中奋力拼搏的一线服务员工，还有更多中后台工作人员。这些大量的默默无闻的后援团队们，在客户看不到的地方，在聚光灯无法触及之处，兢兢业业，孜孜以求，支撑着招行业务的发展，同样为服务客户竭心尽力。

刘辉:始于数据,不止于数据

◎舒燕妮

访谈人物:现总行投行与金融市场总部总裁兼资产管理部总经理,原总行资产负债管理部总经理 刘 辉

编者按:1995年,刘辉加入招行,至今已二十余载。与招行相伴的时光里,刘辉一直深耕计划财务岗位,用精湛的专业能力与全面的业务能力,收获成长,赢得尊重,为招行的稳健发展做出了重要贡献。回顾过去,她感恩每次重要的选择都有一个美好的结果。面向未来,她信心满满,手持剑盾,等待号角。

作为一个需要对招行业务的总量、结构和风险状况进行整体性研判、管理的关键部门,总行资产负债管理部成天与数字、报表打交道,一个小数点的差池便谬以千里,其负责人想必也是严肃而不苟言笑。但刘辉却是个例外:20多年浸淫计财条线,除了专业严谨、逻辑清晰,随时遇见,她都是亲和随性、笑意盈盈。

黄小燕

专业、严谨、全面,言之有物,亲和大方!这就是我认识的刘辉总。

两次重要的抉择

时间拉回到1992年的那个盛夏,刘辉刚从中南财经政法大学毕业。在一辆去往桂林实习的绿皮火车上,她与银行20多年的故事不经意间拉开了序幕。

“那个年代,我和很多人一样,不了解什么是金融。当时

最热门的专业是贸易，我学的也是贸易经济。”在火车上，刘辉遇到了一位银行前辈，并相谈甚欢，“他建议我去银行看看。”一句“银行关系的是国家的经济命脉和核心”，让原本打算做外贸的刘辉转向了银行的大门。于是，刘辉一毕业就进入湖北省某国有银行。刚工作那几年，正好碰上银行息高储丰时代，银行业务基本是送上门的。很多时候，国有大行的同事们都过着“一杯茶，一张报纸看半天”的“惬意”生活。或许是当时的领导见刘辉虽刚大学毕业，但凡事好学爱钻研，他主动提出：“待这一辈子会把人都毁了，你应该离开。”没有过多考虑，1995年，刘辉南下深圳，决意闯荡一番。这一年，恰逢招行推出了“掀起中国储蓄服务方式革命”的“一卡通”，并开始在金融界崭露头角，引领潮流。两者互相吸引，彼此属意。

匿名

第一次认识刘总，是在13年前的一次会议中，被她的温文尔雅、落落大方深深吸引，张弛之间不失稳重。不管是工作中，还是运动时，都是我欣赏和学习的榜样，今天看到此文，更觉厚重中透出了清新，为刘总点赞。

报到那天，刘辉拖着一个大箱子从华强北深纺大厦（原总行所在地）坐了近一个小时的班车前往蛇口南水宿舍，同行的还有同批入行的十来个年轻人。在宿舍楼下，刘辉傻眼了，心里冒出一个念头：哦，原来这就叫股份制商业银行。原来，去银行报到的时候，宿舍是提前准备好的，脸盆、席子等生活用品都按规定摆在相应位置，行李一下车就有人帮忙送上楼。她感到了一种强烈的反差。“自己身上可能还带有一些国有大行的‘娇气’。”刘辉笑称。入行没多久，由于宿舍和办公区距离较远，刘辉没赶上班车迟到了，被当时的领导狠训了一通。“你不要把在国有银行的‘娇气’带到这里来，我们这里是商业银行。”严厉的措辞给刘辉上了生动的一课，她从此更严格地要求自己，业务上的成长非常迅速。

一次管理的颠覆

20世纪，整个银行系统还处于计划资金部时代，经营模式相对粗放，系统搭建较为落后，所有头寸表都是手工报送，“虽然我们现在是IT领先的银行，定位为‘金融科技银行’，但那个时候真的非常落后。”一切从基础做起。刘辉跟着师傅学如何使用WPS画网格，然后手工将数据填进去，这算是招行最早的“电子”头寸表。

匿名

作为基层的一名员工，通过一篇百人访谈，对总行部门领导的认知从天涯变为咫尺。从文章感受到了刘总精湛的专业能力和敬业精神，更感受到招行创业的艰辛，作为后入行的招行员工，我们应珍惜，感谢有如此专业、知性的领导。对于未来，我们信心满满。

2002年，所在部门的同事被派去美国南加州大学学习。一次偶然的机会，她看到同事在美国银行（BOA）学习时记录的笔记。三个英文单词引起了她强烈的好奇心：FTP（Fund Transfer Pricing 内部资金转移定价）。当时FTP在国外先进银行中已经算是成熟的管理方法了，但在普遍使用上存下借传统资金调拨方式的国内银行而言，还是一个崭新的概念。刘辉隐隐觉得，“这必将是颠覆银行资金管理系统的重大变革，但这个系统对于招行究竟有没有用？如何引入？能否全盘照搬？如何做差异化？坦白说，大家心里都没底。”

之后几年，伴随着国际国内金融市场的变化，招行的资债改革也在一步步推进，而首要成果便是2005年上线运营的FTP。“很多业内人士问我，你们真的敢在全行推广吗？其实刚开始我们也不敢，于是先在外币上试，进一步推到几家行的人民币，反反复复做推算，随时担心它对流动性造成影响。”不仅面临外部的质疑，还面临内部的压力。FTP对招行内部管理的冲击是颠覆性的，在推动过程中必然遇到诸多困难。

所幸，凭借一步步严谨扎实的系统搭建、试点推广、分行培训，招行最终成功引入FTP，并不断深化FTP管理功能在招行各个经营管理领域的运用，“当时外界很不看好，大家普遍认为FTP不过是一个概念而已。后来，市场不断变化，老的那一套开始行不通的时候，很多机构才反过来学习招行。但很多只学到皮毛，最终荒废掉的也不少。”时过境迁，刘辉显得云淡风轻。在她看来，FTP以及后来司库、EVA、RAROC等舶来品在招行的成功推行，既得益于招行敢为人先的创新精神，也得益于立足招行自身的本土化、差异化运用。

取经之旅

如果说FTP为资债管理提供了基础工具，那么建立一个

与市场相适应的、稳定的资债管理体制便是招行资债管理工作的长远目标。而成熟体制的建立往往是从“知道自己不知道”的那一刻开始。

冲击来源于一次外部学习。2005 年，刘辉被行里派去美联银行（Wachovia，又称瓦霍维亚银行）跟班学习银行司库管理。“我几乎是以实习生的名义进入美联的，工作人员给我发了一张带有编号的卡，可以进入各类系统中。授权肯定是有级别的，但是对我而言这就像打开了一个崭新的大宝库，所有的东西都是新鲜的。”刘辉激动不已。

一个偶然的机会刘辉列席旁听了美联银行的ALCO(Asset Liability Management Committee 资产负债管理委员会月度例会)，这让她受到了更大的冲击，“第一次直观地了解了司库的基本理念和方法。这些分析和量化方法如何用于银行的决策，情景分析和模拟怎样影响月度的资金安排，今天回过头来看，我们会觉得很简单。但在当时，我从来没有见过用这样的方式来做分析和预判的。”招行体量越来越大，再资深和有经验的专家，只要一个假设和预判出现了一丁点偏差，最终反映在数据上，那可能是方向性的错误。

王哲胜

腹有诗书气自华，刘总一直这么年轻，温婉亲和。回想当年，如同刘总在美联银行“实习”时的感受一样，刘总也为我打开了一扇通往神奇世界的大门。

美联银行对来自招行的“实习生”非常开放，他们主动提供了一份通讯录，刘辉他们可以任意约名单上的专家或工作人员请教。“真的是如饥似渴。”刘辉一边研究美联银行的司库体系，一边不断地约专家了解背后的逻辑。她甚至连美联对新员工培训的系统性方法，包括每一步具体的操作流程都没有落下。那时她只有一个念头，先拿回来再说。

真正推动招行下定决心建立司库是在 2010 年。“4 万亿以后，招行净利息收入出现了负增长，当时是银行里唯一出现负增长的。”这件事对招行的冲击非常大，招行意识到必须要打造自己的风险量化和缺口管理能力，提升对NIM(Net Interest Margin 净息差)和利率风险、流动性风险的把控。

匿名

辉总带领下的资债传承了“老计财精神”，又有“新资债面貌”，团队求知若渴、数据立言、逻辑清晰、大局观强，这一切都源于有一位务实敏锐的好领导，为辉总点赞。

当然，过程同样并非一帆风顺，所幸，司库体系已然建立并在一步步完善中。“这两年，几乎国内所有的银行都跑来问我们司库是怎么做的，或者请我们去讲课。”刘辉认为，司库优势在于协调机制灵活，反应及时迅速。招行司库体系目前由4个室组成，分别是资金管理室、资金转移定价室、银行账户市场风险管理室、资产负债管理室，同时兼有资本、规划与分析、团队绩效考核等团队的协助。多种职能捏合在一起产生合力，不仅能有效调动资源，也能更高效地采取措施，执行落地。

刘辉特别强调，较之国有行，招行的优势还体现在，与其他部门和各分行的协调配合，以及互相信任。“举个例子，以前分行一直不理解，客户给我存更多钱不是更好吗？但实际上我们要为这笔大额资金作额外的流动性安排，这是需要成本的，因此我们可能不仅不会给你那么高的收益，反而会在原有的FTP上减点。”这些基本管理理念向分行的传导也经历了一个循序渐进的过程。

独木难成林

管理思想与观念的转变非常难，同样难的还有人的问题。2015年，刘辉正式担任资产负债部总经理。她坦言，“当时面临的最大的挑战是团队和人员的管理问题。”

2015年正是资本市场尤其活跃的时候，不论是券商、基金还是私募，大肆从银行圈挖人，给出的薪资待遇相当诱人。从行内而言，资债部对专业要求非常高，但又不同于前台部门，无法获得绩效奖励。“在资债部，有两个岗位有非常明确的市场标价，一是资金交易员，二是市场风险管理人员。”刘辉补充道。

就在前不久，有一个刚刚入职3周的新员工走到刘辉办公室，提出离职。理由是：他之前就任于一家国外的金融机构，直接做风险分析，但来招行后，做了3个星期的报表。刘辉有点遗憾，“其实我更倾向于新员工从做报表开始，为什么？如果你不知道这个数是怎么来的，无法甄别数据的准确性，就很难管理你的风险。”

但是，始于数据又不能止于数据。刘辉有一套三七理论，即员工大概70%的精力需要在做数据方面的基础工作，并懂得这样的打磨是有价值的，但同时至少要有30%的时间让他们感觉有成长和进步。因此她给员工提了一个目标："站在CFO的角度去考虑问题。资债工作要做好，既需要微观方法，也需要宏观视角，二者不可偏废。现在，你今天不采访我，而是问我们团队的任何一个人，他都能把资债的大体逻辑说清楚。"对此，刘辉非常自信。她希望打造一支强劲的团队，团队成员都能熟练运用资债管理的方法论，成为部门的中坚力量。

刘辉鼓励员工自主钻研，并给他们提供展示的平台。资债部每周例会，以及行领导参加的月度例会上，刘辉会安排资债部员工上台分享。她举了个例子，一位同事利用3个月时间，在摸清票据业务的逻辑之后，提出了一套票据限额的解决方案。票据业务非常复杂，这无疑一项极具挑战的任务。"当她在台上讲解PPT的时候，行领导就坐在台下，这无疑给了她很大的信心和满足感，让她觉得所做的事情都是有价值的。"

> 匿名
>
> 赞同辉总所言，员工有必要花70%的时间在基础工作上。一方面，组织管理确实需要基层工作的积累；另一方面，个人成长也离不开基础工作的沉淀。根深才能叶茂！投机取巧，最终将会误人误己。

目前，资债部飞出去的雏鹰有4位，骨干成员到其他部门或者分行落地生根的也非常多，说到这，刘辉掰起手指头数起来。"这样的好处是，室与室之间、部门与部门之间、总行与分行之间的壁垒打破了，大家都是从一个战壕里出来的，很容易达成共识。"

手持剑盾等待号角

刘辉谈到第二个重大挑战，即金融环境的云谲波诡。"即使是今天，利率市场化进程还没有完成，对于我们的冲击还没有真正开始。"虽然招行在利率风险和流动性管理方面已经积累了一定经验，但未来的挑战只会更大，这就要求我们准确研判大势，不断优化计量体系，做资产负债的精细化管理。

> 匿名
>
> 作为计财微不足道的一颗小螺丝钉，不仅时刻感受到严谨细致、刻苦钻研、以数据为基础的"老计财精神"，更不断被包容团结、拥抱挑战、抢滩蓝海的"新计财价值观"深深鼓舞！在业务梳理、政策推行、建议落地、监管沟通的过程中体会到一个中后台部门工作的难与繁，也体会到方案达成、报表抢眼背后的欣喜与自豪。感谢辉总，感谢计财，我们不畏艰难、一路同行！

今年年中工作会议上，田惠宇行长提出招行要做"金融科技银行"，这对资债部门来说是挑战也是动力。金融科技首先体现在大数据上。刘辉坦言，目前，资债部拿到的外部数据（如实体经济的数据)颗粒度偏粗,如何借助调研或者从产业数据库收集这部分数据,以便提前对行业和产业做更加精细化、针对性的规划,做好大类资产配置,将是下一步的目标。与此同时,资债部已借助招行内部的数据实验室,选派具有IT和数据背景的人员,开始从事数据深度分析的工作。

客户差异化定价模型系统是刘辉一直想做的事。简单点说,这个模型根据客户对利率和定价的偏好去做差异化定价,使系统更敏感,更高效。比如,对价格不敏感但对服务更敏感的客户,我们的定价可能更高一些,并配以其他配套服务,反之则会推给客户基准或基准下浮定价的产品。"如何把定价做到最优,找出边界,这就需要靠数据分析才能真正完成。目前这个模型雏形已完成,一旦市场真正开始价格战,我们必须手持武器,才能游刃有余。"刘辉说,我们要时刻做好准备,迎接战争的号角。

采访接近尾声。刘辉非常感慨,"招行在每一个关键时刻都选择了最正确的方向。今年田行长提出做'金融科技银行',再一次将招行引领到金融业最前沿。未来,互联网企业对金融业的冲击将远远超出我们的想象,但如果我们扎实地沿着Fin-Tech的方向努力布局,招行一定会像当年推出'一卡通'那样,再一次赢得精彩。"对于未来,刘辉信心满满、跃跃欲试。

肖尧顺：萌叔唱起川江号子

◎高　远

访谈人物：总行运营管理部运营中心支付结算运营室主管　肖尧顺

编者按：肖尧顺所在的运营岗被同事们戏称为“最煎熬金融岗位”：事务繁杂、工作量大、待岗时间长。但在年轻一辈的眼中，肖尧顺在这“最煎熬金融岗位”上干得风生水起，有滋有味。工作中，他是大家的领路人；生活中，他是跟年轻人零代沟的亲切“萌叔”。在“萌叔”的带领下，他们热爱工作，热爱创新，用实力与坚守为团队赢来了“年度十佳后援团队”的荣誉。从年初第一秒到岁末最后一刻，正是像肖尧顺这样的运营人，坚守在自己的岗位上默默耕耘，才使得轻型招行的面貌越来越清晰。又是一年年终决算前夕，让我们一起走进这位萌叔的招行故事。

“我愿为你写诗，为你静止，为你做不可能的事，即使大额关了，我也愿用一万笔小额支付来满足你……”2015年年终决算前夕，肖尧顺在自己的微信朋友圈转发了这个段子。虽是网络段子，但却并非虚构，当中描述的正是被称作“最煎熬金融岗位”的运营人日常工作的真实写照。

王悦

给肖老师点赞，在最难熬金融岗位默默耕耘奉献多年，为卓越高效低成本的轻运营做出贡献，不断提升后台服务质量，是我们所有运营人员的榜样。

岁岁坚守

肖尧顺是重庆人，平日里讲话一股浓郁的川普悠扬入耳。

2010年7月，这股川普音传进了刚刚成立半年的总行运营中心。彼时，正值招行会计柜面业务流程改造项目进展的关键时刻。

这个项目通过将柜面会计业务由每个网点分散处理的小作坊方式，转变成以后台运营中心为主的工厂化、流水线作业方式，实现提升客户服务效率、降低作业成本和防范作业风险的目标。

流程改造初期，肖尧顺和他的团队面临了一个严峻考验：如何满足全国海量客户的不同习惯、不同地域特点和不同的服务时间呢？

“我们按照流程环节整理各个分行的特色规则，哪条规则适合总行中心审核，哪条规则适合分行中心审核，哪条规则放在一般审核环节，哪条规则放在关键审核关节，一条一条分析，整理出总行运营中心的作业规则表。”肖尧顺和他的团队共规范并整理了作业规则近310条，涉及柜面对公人民币支付结算、定期及保证金、企业网银、增值税开票等四类业务的9个处理环节。

“全国各地营业时间也不一样，比如乌鲁木齐分行上午十点到下午六点营业，既然是服务全国，那我们集中作业服务时间就要涵盖全行网点正常对外公示的营业时间，并且还要满足分行的加班需求。”肖尧顺一边介绍团队的服务时间，一边打开了延时加班表，密密麻麻的加班记录出现在眼前。“这是分行重点营销客户，这是还贷客户，这天是乌鲁木齐开斋节，这天是银川古尔邦节，新程序上线我们加班测试，还有类似山体滑坡的突发事故，我们要为社保赔付工作提供万全保障……”在一行行加班记录中，肖尧顺的手指停留在了一个特殊的日子。

南小建

2010年8月银川分行筹建期，还清楚记得在肖老师的耐心指导下，银川分行会计流程改造顺利上线；还有每年的古尔邦节、开斋节调休，很多个特殊业务，肖老师都能安排人员加班、指导业务操作，银川分行向肖老师致敬。

2015年9月3日，举国上下沉浸在抗战胜利七十周年的喜悦中。而某分行一大型集团客户却焦急万分，因其于9月2日申请的资金归集业务未能生效，为避免影响资金使用，分行向总行运营中心提出紧急加班申请。肖尧顺接到申请后，立即安排员工赶赴办公场地，经过一上午的分析及操作处理，该大型集团网银资金归集维护业务终于完成，几十亿资金按客户要求归集完毕。而此时，“九・三”阅兵仪式也圆满落下了帷幕。

类似的加班事件似乎每天都会发生，据统计，仅今年以来，肖尧顺的团队根据分行申请，从18点30分开始的延时服务的工作日达到125个，占全部工作日的51%。肖尧顺曾在报送“十佳后援团队”材料中写到：“这是我们对全行的服务承诺，为了兑现这一承诺，我们天天加班，岁岁坚守”。

伴随着滴滴嗒嗒的键盘敲击声，肖尧顺的川普格外悦耳，“三年前我们仅处理16家分行的人民币柜面业务，如今全行44家分行的柜面标准业务大都集中在总行，业务流程的全单纠错环节从36秒提高到24.4秒，行名行号环节从12秒提高到7秒，关键审核环节从15秒提高到12秒，各环节的耗时都有大幅降低。”带着些许自豪，肖尧顺用一组组数据阐述了“轻运营”的效果。

两大法宝

相比传统柜面作业模式，后台集中运营呈规模效应，如何用专业化、规范化的管理提供高质量的服务呢？肖尧顺在这方面有两大法宝。

法宝之一是用好运营中心的知识平台，平台中有知识库、FAQ和在线支持三大模块。肖尧顺带领团队主管、业务骨干，总结日常作业的隐性经验，以一问一答的形式将知识碎片化、简单化、显性化，形成FAQ，使知识更容易分享和掌握；如果员工想找到完整的制度依据，也可以在知识库里面用关键字搜索；对于比较少遇到，或者没有相应规则的业务，员工还可以通过在线支持模块向业务专家提问，业务专家根据问题情况决定是否向全员推荐分享。“全行这么大的业务量关键还是要靠工具，不单是要开发好的工具，还要用好工具，不然光是我们这些人是无论如何也完成不了任务的。”肖尧顺介绍道。

> 乔
>
> 很多次听到主管提到肖老师，为人和善，有业务难题屡屡出手帮忙。总行分行支行，从上到下，运营人的坚守，大家都看在眼里！给肖老师点赞。

“我们现在有近170篇业务制度，300多条FAQ，培养了4名业务专家。”在《对公智能定期存款业务操作规程（第三版）》下发后，肖尧顺通过知识平台的后台管理功能查看到，仅仅2

天时间，该制度点击量就近百次，且员工利用“智能定期”关键词搜索相关 FAQ 达 50 余次，为此，肖尧顺迅速组织业务骨干梳理审核要点，对员工开展有针对性的培训，及时扫除知识盲点；另外，有些细心的员工还发现了现行规则与规程有出入的地方，于是通过平台在线提出批注，对这些批注，肖尧顺组织团队进行专项评审，更新了 FAQ 相关内容。

“作业监控平台”的运用是肖尧顺专业化、规范化管理的另一大法宝，通过平台能够实时监测作业员工状态，业务积压情况，可根据系统预测的预计完成时间，及时进行岗位调整、人力调拨等，还能够根据业务异常预警级别，调整业务优先级……说话间，肖尧顺打开了监控平台，一张清晰的场地座位分布图呈现在眼前，“看，这个红色的座位，说明员工在示忙，绿色的就是员工正在做业务。小雯，你已经示忙挺久了哦。”原来肖尧顺正是用这样一个现场管理的工具，帮助团队科学管理，圆满达成 SLA 服务协议的指标。

炼就一双“火眼”

效率与质量虽连年提升，但肖尧顺丝毫不敢怠慢对风险的把控。“防范风险是集中运营三大目标之一，也是我们十分重要的工作职责。”解除保证金通知书是否有有权人签字、单位定期存款的支取是否原路返回、票据收款人与背书人是否相符等，都是肖尧顺和团队员工日常工作中要审核的风险点，团队成员也在一次次审核与怀疑中炼就了一双火眼金睛。

谢敏

每次跟肖老师打电话都能听到他浓浓的川普，热情而亲切！肖老师和他的支付结算运营团队对分行的服务也是杠杠滴！必须点赞！

“2015 年 3 月的一天，我们在对某分行一笔电汇业务进行审核时，发现网点扫描的结算业务委托书无付款客户预留印鉴，汇款金额 5800 多万元。通过查询业务流程节点信息，发现分行中心验印授权在系统自动验印不通过的情况下将该笔业务转到网点人工验印，而网点人工验印经办和授权竟然都未验印。我们及时向该分行发出风险提示，并终止了该笔业务。”对类似的业务风险，肖尧顺要求员工发现一笔，终止一笔，团队成立五年多来，未发生一起重大审核差错。

2015 年 9 月的一天清晨，某分行运营管理部报告，分行营业部一客户的公司账户资金被他人通过网上“企业银行”非法转移，共汇出资金 9 笔，金额合计 110 万元，请求总行运营中心协助堵截。肖尧顺收到分行报告后，立即进行相关部署，安排专人从数千笔行号业务中找到这 9 笔业务，提高优先级，进行了终止处理，资金最终安全回到了客户账上。

这样的风险拦截事件在运营中心时有发生，如何冷静、理性的完成处理是检验一个运营人是否优秀的试金石。所幸，在每次事故面前，肖尧顺都能带领团队员工既守住了风险防线，又协助客户确保了资金财产安全，同时获得内外部客户的认可。

萌萌的“肖叔”

肖尧顺是 60 年代人，他所带领的团队平均年龄 26 岁，其中不乏 80 后、90 后员工，青春而充满朝气的天性看似与操作类岗位的枯燥存在着矛盾，但在肖尧顺眼里，这却是最好的创新源泉。

“他们年轻，接触新事物特别快，总能对系统、流程提出一些创新的想法和思路。”在肖尧顺的团队，关键审核岗位是风险把控的最后一道关口，但新上岗员工常常追求效率导致差错，为解决这一问题，肖尧顺向员工布置作业，一定要想办法攻克这一棘手问题。

不久，一名 90 后员工提出的“凸/凹字审核法”诞生了，即不同单据按照凸字或凹字的形状进行要素审核，应用这一方法后，员工的审核效率和质量都有了一定提升。“看，这完全是他们自己的方法，他们年轻，我就鼓励他们创新，把热血方刚的劲头用到工作中来，说不定就会有意外惊喜”。

> **彭丽飞**
>
> 肖叔，辛苦了，您是我们的学习榜样！但是，我们都好想知道“凹凸字审核法”的具体操作流程，求指导。

员工们亲切称呼肖尧顺为“肖叔”，工作中有时会因为一项制度、一个规定而争论得面红耳赤，私下里，肖叔又和员工

懒洋洋的西德尼

为了能有个健康的体魄来应对保障工作，肖叔坚持每天早起，游泳一小时，就冲这一点，我对肖叔五体投地。

们打得火热，一起漂流、一起徒步、一起打球、一起编排节目、一起坐 90°转角过山车……“肖叔每天都坚持游泳”“肖叔做广播体操动作特别标准”“肖叔很潮的，最新款的苹果在他那一定能第一时间见到”“肖叔也很萌，笑声很爽朗”……在员工眼中，肖叔既严格又亲切，工作中是方向明确的领路人，生活中是与员工零代沟的亲切萌叔。

“我们的团队有正式员工 41 人，外包员工 136 人，入职不满一年的员工占比近 45%。”就是一支这样的团队，在阳光积极的文化氛围中，2016 年处理行名行号任务 700 万条、人民币支付结算等业务近 700 万笔，处理的业务量约占总行运营中心业务处理总量的 55%。“方法用对了，一切问题就迎刃而解。”肖尧顺就是带着这样的信念，不断在疑问中寻找着最佳解决方案。

如今，距离肖尧顺团队获得“十佳后援团队”称号已过去大半年了，奖状安静地挂在办公场地的立柱上，肖尧顺时常用这份奖励提醒自己和员工：“服务没有最好，只有更好，卓越的后援就是想前方所想，急前方所急，只要不忘初心，我们就能为卓越、高效、低成本的轻运营体系增色添彩。”

张宇慧：平凡中铸就“卓越”

◎李　晶

访谈人物：哈尔滨松北支行运营部主管　张宇慧

编者按：张宇慧是哈尔滨运营条线的“死忠粉”，是运营员工的“老大哥”，是运营业务的“百科全书”，凡是分行运营条线的人基本都认识他。入行14年，从支行会计柜员、会计主管、运营主管，到分行会计管理室主管、运营作业中心主管，他在平凡岗位上脚踏实地、尽职坚守。14年，与波澜壮阔无关，但岁月总是不会辜负默默奉献的人：分行优秀员工、连续13年考评A级、总行级卓越人才……张宇慧付出了，也收获了，用平凡铸就“卓越”。

2017年4月8日，在招行行庆30周年这一天，张宇慧迎来了职业生涯中最难忘的时刻。作为一名基层运营主管，他不仅来到了“行庆典礼”现场，还荣获全场压轴大奖——“30周年卓越奖”。

现在回忆起那天的情景，张宇慧仍难掩激动，平时有些严肃的表情立刻丰富起来，眼睛呈下弦月，嘴角呈上弦月，笑成了一个圆，“知道这个消息时特别意外和惊喜，从来没有想过作为一名普通的基层员工，能够获得这个大奖。我在招行的运营岗位已经工作14年了，现在觉得这份坚持是有意义的，值了！”

喻娟

平凡中的卓越，为您点赞。

做最坚固、最踏实的保障

2003年，当时的哈尔滨分行还不满1岁，各项业务仍处于起步阶段，有着丰富国有银行会计工作经验的张宇慧应邀加入。从此，他便在运营条线扎了根。运营工作乏味、枯燥，能够持续不断坚持高质量工作并不容易，提到这个话题时，张宇慧说："我觉得做运营工作，凭借经验是一方面，更重要的是要有一份责任，有一份保障分行运营安全的责任。"

谈起分行成功堵截首笔假银行承兑汇票的案例，时间坐标倒回至2004年。张宇慧在办理金额为200万元的银行承兑汇票贴现业务时，发现这张票据在颜色、字体、纸张方面有多处疑点。但发出的查询查复并未得到明确回复，张宇慧又主动联系了银承出票行的当地分行做真伪鉴别，被告知是真票。

虽然有了答案，但张宇慧心中疑团仍未解，"我虽然没有见过伪造或变造的银承，但凭经验这张票有问题，我不认同鉴定结论，更不能冒然办理这笔业务。"在他的坚持下，分行再次邀请多名专业人员进行"专家会诊"，最终确认这张票据为伪造票据。当时，伪造的银行承兑汇票并不多见，即使连开票行的首次判断也出现了失误，张宇慧凭借扎实功底和专业素质准确识别风险，避免了分行的经济损失。

琐碎之中见真功

郝巍

踏踏实实、兢兢业业、无怨无悔！运营条线的楷模。

十二年的支行基层工作经验，使张宇慧身上自然地散发着一股运营人"严谨"的气息，说起话来一板一眼，谈起业务来有凭有据，遇到复杂疑难的业务时便一头钻进去，不解决绝对不会转移话题。"运营主管要做好管理，就要最大程度地发挥在一线的现场管理作用，把流程把控好，才能事半功倍。"这是张宇慧总结的管理心得。

"张主管就像是行走的监控器""张主管有一双显微镜一样的眼睛"……这是支行员工对于张宇慧最普遍的评价。每天，从清晨开始，日初点名、发尾箱、班前准备；日间授权、处理疑难业务、化解客户抱怨、关注员工服务与营销；日终结账、收尾箱、班后总结、业务培训与自查……每一个环节都有张宇慧的身影。工作日间发现柜员操作流程不对的，他会在不影响客户服务的前提下严厉指出和纠正，并重点关注犯错柜员的后续表现。柜员小邓说，“感觉自己的背后时时刻刻都有一双眼睛在关注，任何微小的错误都能被张主管发现。”

“其实运营的工作很琐碎、也很固定，每天重复做，关键是要在重复中不断地总结和发现，提升效率，才能有条不紊，才能游刃有余地应对各种突发、临时工作。”看起来总是不急不躁的张宇慧，有自己的“独门秘籍”。

早些年，会计操作以手工记账为主，经常要填写各种业务的特转传票，手工逐笔业务填写速度慢，而且易出错，张宇慧与会计团队一起，制作了可以打印的电子填写模板，对于固定划转的业务只要修改日期和金额即可，效率和安全性大大地提高了。运营业务要经常开展自查，内部账户科目、对公账户业务那成百上千条的自查数据让很多主管挠头，可这对张宇慧来说 so easy。他利用业余时间，研究了一个 EXCEL 小程序，融合了数据导入、统计、查找、计算等功能，经过数据的批量处理，异常业务数据就“浮”上纸面，仅仅几分钟就搞定了。科学技术是生产力，这话也适用于运营工作。

2016 年以来，张宇慧所在的松北支行业务量激增，在分行的效能监测通报中居高不下，效能高是好事，可超负荷的工作量会为安全运营埋下隐患。于是，张宇慧每日登陆“运营管理信息平台”查看支行的上一日效能水平，与区域总共同配合，通过人员同城排班、临时调配开放窗口、向 VTM 自助渠道分流等措施，在不增加支行人员的情况下，使所在支行的人均效能水平趋于平稳，控制在合理的范围之内。

匿名

张哥是我们的好榜样，耐心细心的好老师！一直默默无闻地帮助大家，传递积极向上的能量，感谢您在我遇到疑难问题时对我的帮助和指导，您让运营人无论在哪里都不会觉得孤立无援，感谢有您。

哈尔滨分行王默涵行长曾经说过，“运营条线无事就是平安。”这“无事”是运营管理工作日积月累的成果，根植于常抓不懈的基础管理中，同时，这也是张宇慧为自己设立的终极工作目标。2016 年，张宇慧所带领的松北支行在总行运营条线检查中无一差错，在远程授权质量、对公集中运营质量、督导检查质量方面也名列分行前茅。

创造价值也是运营人的一份责任

匿名

重视职业中的每一个细节，以真诚的态度，职业的精神，兑现运营人的责任。

大多数人认为运营人只重视操作，可张宇慧却说，“运营条线在品牌价值、管理价值、营销价值的创造过程中都能发光发热，创造价值也是运营人的一份责任。”

2016 年初，张宇慧所在的支行接连发生三笔运营柜面投诉，这对他来说是绝对不能容忍的。他立刻行动，一方面与支行员工一起学习总、分行下发的针对于运营的服务管理要求，强化服务理念，提升大家对服务工作的重视；另一方面，对照总行运营服务要求开展“照镜子”活动，主动发现自身服务工作中存在的不足，共同研究可改进和提高的地方，同时，对其他支行的客户服务投诉案例进行分享，剖析原因、引以为戒。在张宇慧严格的服务管理下，松北支行运营柜面实现了 2016 年后三个季度的零投诉。

运营柜面的服务不仅面向外部客户，同时也要做好银行内部客户的服务，尤其是体制改革后，支行运营部与公司、零售条线间的沟通协调变得更为重要。张宇慧在会计办理开户环节时嵌入营销话术，及时向客户介绍招行的配套产品、讲解账户优惠政策，配合营销人员提升对公有效户；及时更新桌面上的对公理财产品等信息，满足对公客户提出的理财需求，给予推介；对于开销户、网银等业务办理做到“首问负责”，满足客户的业务需求。

“运营人平时与客户接触机会多，只要多沟通、多交流，就能够拉近与企业人员的距离，创造营销机会。”在做好本职工作的同时，张宇慧积极参与分行组织开展的全员营销和交叉销售活动，在日常与客户接触过程中，他注意发掘客户的需求，希望借助运营条线的优质服务，吸引更多的客户选择招行。

金鑫鑫

我职业生涯的第一位主管，更是我多年来的良师益友！从他身上我学会了言传身教，负责担当，默默奉献！愿张哥在工作中继续 a 的 n 次方下去，一家人永远幸福快乐。

一次，张宇慧接到某企业分公司客户关于代发业务的咨询电话，了解企业需求后，他立即与支行业务条线员工商讨，为客户出谋划策，并细心地为客户留下了个人联系方式。随着日后交流的增多，他与企业建立了良好的关系，企业不仅购买了他所推介的对公理财产品，并且将其所在企业的总公司账户、其他分公司账户都介绍给张宇慧，陆续进账资金达到千万元。客户说，“有这么贴心、到位的服务，账户设在招行，我放心。”2016年度，张宇慧在分行交叉销售考核中位列主管第二位，积分任务完成率278%。

愿做一只蒲公英

张宇慧从业以来，带过的运营人不计其数，培养了数十名优秀的运营主管、授权A级、运营骨干，同时也是哈尔滨分行的优秀运营内训师之一，经常给新上任的运营主管做管理培训。张宇慧说：“作为一名基层管理人员，管好人和管好事同样重要，我愿做一只蒲公英，将好的运营传统传播下去，帮助员工打下好底子、练就硬功夫。”

王峰

招行特别需要脚踏实地的人，尤其是运营条线，别看跟营销无关，可是客户来办业务，看到你业务不懂操作缓慢，一两次后就再也不想来了，你把稻草说成金条都没用，人家就是怀疑你的专业。

近几年，分行运营集中度越来越高，对于网点操作错误程序不可逆、纠错成本高、不常见且操作复杂、业务量大且耗时长的业务均上收至分行运营中心集中处理，网点层面的业务操作越来越简单，但简单更不容许出错。对于员工的业务素质培训，张宇慧主张“化培训于日常”，不搞突击应试，而是制定基础培训定式。基础单据的填写、客户尽职调查风险点、反洗钱的相关规定，是运营夕会上每日必讲、必练的内容之一，帮助柜员将最基本的规定烂熟于胸。

运营条线实现垂直化以来，条线职责日趋明确，哈尔滨分行建立了“支行运营主管—区域总经理—分行运营管理部”三位一体的员工思想行为管理体系，实现了支行与分行在“管人”上的无缝对接。张宇慧对于业务差错多、服务差错多、业务素质差的员工重点辅导，帮助他们找到问题产生的根源，共同提升与改进。

2016年初，张宇慧发现有一名员工近期业务差错特别多，并引发了客户抱怨，他对这名员工进行了重点关注，经过谈心了解到该员工因为看到其他员工都陆续转岗或轮岗了，自己却没有任何变化，在思想情绪上有些波动。“这种心理很好理解。了解到这一情况后，我找这个员工谈了次心，进行了家访，将营业室内的工作分配给他，让他感受到被重视和被信任。平常也会多鼓励和关注他，知道他有意向营销岗位发展，便指导他如何提升营销技巧，运用话术提升业绩。现在，这名员工已成长为营业室的骨干力量。”在 2016 年度的考核中，松北支行运营部的所有员工年终考核全部为 A 区，无一人掉队。

工作中，张宇慧是严肃的、认真的、不苟言笑的；生活中，已过不惑之年的张宇慧是 80 后、90 后口中亲切的“张哥”。为了消除年龄差异产生的“代沟”，更好的融入年轻员工的生活中，张宇慧可谓做足了功课。“他们喜欢美食，无论是犄角旮旯的撸串还是环境优雅的西餐，我把大家召集起来大快朵颐；他们喜欢嗨歌，别管是通俗的、摇滚的，还是民族的，我也都学了几首；他们喜欢打游戏，我知道有个游戏叫王者荣耀；他们喜欢追剧，三生三世十里桃花也可以聊几句……距离近了，沟通就容易了。”说完，张宇慧爽朗一笑，“况且，经常和年轻人在一起，我觉得自己也还很年轻，他们带给我激情和活力。”

都说“强将手下无弱兵”，确实如此，张宇慧所带领的支行运营部在 2016 年度的分行各岗位考试中平均成绩位列前三名，他所培养的支行柜员获得了分行“2016 年度十佳运营高质高效标兵”“2016 年度十佳运营服务明星”的称号。

一起共过事，一起喝过酒

十四年如一日的坚守运营岗位，的确需要更多的坚持和付出，点点滴滴造就非凡。

张宇慧说，“运营岗位是平凡的，要想做好这一行，就必须保持高度的责任心，我没想到去拿什么大奖，我只是做了一名运营主管应尽的职责。”运营是平凡的岗位，但“卓越人才”的荣誉是对他、对平凡岗位上默默耕耘的员工一份最好的回报。

郑曦：让人们忘记我们的存在

◎王　越　陈　磊

访谈人物：上海分行信息技术部副总经理　郑　曦

编者按：2000年，郑曦从同业转入上海分行便开始从事系统运维管理工作，他一路见证并参与了分行项目改造、系统升级、分行机房搬迁、网络改造等重大事件，每一步都关系到整个分行电脑系统的安全运行。十六年来，郑曦和他的团队默默守护着上海分行的IT系统，平安地走过一年又一年。

在上海分行，像郑曦一样的运维人一共22名。说起这个团队，他如数家珍："我们的团队由3个部分组成，包括中心机房、支行服务保障和24小时值班成员。中心机房负责系统和网络管理，风险性最高，必须抓好每一个变更时间窗口；支行服务保障直接面对一线，讲求服务效率和维护；24小时值班成员需要随时监控并处理上报的问题。"

如果把整个分行比作一个人，说中心机房是"大脑"，服务保障是供血组织，那么24小时值班人员便是心脏监测仪。可是，郑曦说："一个健康的人在正常活动时，会始终关注自己大脑、血液循环和心脏是否都在工作吗？当然不会。"

"所以，运维追求的极致，就是让人们忘记我们的存在。"

这，便是郑曦和他的团队对自己工作意义的注释。

吕亮

我们不希望大家记得我们，仿佛我们从未存在过。

“一条命令，可能会要了命”

在银行业务经营活动中，信息技术部一直是我们熟悉又陌生的一个部门。熟悉，是因为他们从机房供电、空调、通讯、网络、服务器、存储、数据备份、桌面电脑使用、安全管理等各方面确保各部门各支行信息系统的正常使用；陌生，是因为那些蜘蛛网般密布的网线、如天书般复杂的程序、如绕口令般拗口的命令对我们而言，是谜一样的存在。

但是，对于IT人员来说，这些就是他们数年如一日要面对的日常工作，容不得半点闪失。敲错一条命令，甚至一个小小的配置错误，都可能导致全行系统瘫痪，造成不可估量的损失。

“一条命令，可能真能要了命啊！”郑曦一句看似轻松的玩笑话，把我们带回四年前的系统变更。

2012年，上海分行经历建行以来最大规模的系统变更。全行当时已有50余家支行，150多个自助和单台ATM节点，外联商户60余家。由于网络结构过于复杂，根本没有办法对迁移之后的网络情况进行模拟，郑曦只能带领运维团队进行了长达三个多月的准备工作，通过沙盘来推演可能会出现的问题，最终制定的方案就长达300多页。

“为保障分行第二天的正常运营，我们选定一个周六晚上8:00开始至周日凌晨6:00进行改造，运维条线全员参与。从网络到系统，到支行现场维护，所有同事开始各司其职，按照事先制定的进度表按部就班地工作。”

一切都有条不紊地进行着，直至周日凌晨4:30，整个上海分行网络被迁移到新核心系统上。正当大家准备长舒一口气的时候，最不愿发生的事还是发生了：过半数的自助银行和ATM机存在“网络无法稳定连通”的问题，而且查不出故障原因，也无法确定这样的网络不稳定是否会不断扩大化，直至影响支行和会计运营中心，导致第二天全行无法开业。

但是，回退已经赶不上当天营业的时间点，而且之前做了

太多变更，回退后也未必能保证一切正常。唯一的选择只能是硬着头皮排错，找到错误点，将故障彻底排除。所有的人都开始协助排查，郑曦不知道别人的心态是怎样的，但作为团队带头人，他的大脑不由分说地进入了高速运转状态：既本能地指导大家排错，也不受控制地设想着最坏的结果。

匿名

仿佛从绝望中走出来一样。感同身受，郑总 V5，也为全行 IT 人点赞。

终于，症结找到了：原来上海分行成立时间很早，个别自助设备除了现在运行的专线之外，还有单独的电话拨号线路，在新架构中，过多的线路形成了冗余的环路，而拨号线路又时通时断，最终引起了网络的不稳定。所有人用最快的速度将不必要的冗余线路关闭，网络在 5:45 恢复了稳定。

这时，离预订计划只有 15 分钟了！郑曦揉着酸涩肿胀的双眼，仿佛从绝望中走出来一样。这种感觉，没有经历过的人是无法体会的。"'要命'只是句玩笑话，但是，系统运维真的出不得半点纰漏，我们必须给全行的业务提供最安全的信息保障。和时间赛跑，我们分秒必争。"从郑曦那坚毅的语气中，我读出了一个运维人最朴实最真切的愿望。

致胜"四招"

"我们招行的业务在飞速发展，机构数、客户数和资产规模等都在不断扩张，但我们运维人员的数量不会也不可能等比例增长，这就要求我们要时刻保持高强度的工作状态，且不能失了责任心。"至今，上海分行的网点数量、桌面终端数量、通讯设备数量、机房服务器数量已稳居异地来沪股份制商业银行第一，远超第二名。

"一线的服务要求越来越高，在这种新形势下，我们对网点的服务质量要保持一贯的稳定，不但不能降，而且要更高效，要想尽办法满足一线的需求。"这是郑曦对运维团队的工作要求，话语并不华丽，但句句掷地有声。有同事把他的具体措施总结成"四招"。

徐海虹

为郑曦点个大大的赞，也为上海分行信息技术部所有员工点赞，你们是最可爱的人。

网点排摸放在首位。郑曦非常强调与支行网点的沟通，保证沟通渠道的顺畅，掌握第一手信息，才能做到百战不殆。其次是内部挖潜。合理的分工协作和明确责任是运维团队高效运作的重要保证，团队人员有限，只有充分提升每一个员工的效能，才能应对越来越复杂的工作任务。此外，定期的交流和分享必不可少。郑曦经常组织队员对维护项目中的矛盾突出点进行重点讨论解决，并做好支行问题的反馈总结，以便随时把握系统维护工作的新特点，提前做出妥善安排。最后，应用新技术很重要。在郑曦看来，这是提高工作效率的重要手段，运维人随时保持与时俱进的积极状态。如采用 VHD 镜像恢复技术将桌面计算机的全套系统部署时间缩短到 5 ~ 10 分钟；采用远程桌面堡垒机方式既保证了维护的及时性又能提供安全保障等等。

阮晓瑶

为郑总点赞，为所有默默奉献在后台的系统运维人员点赞，因为有了你们，才为招行迎来一个又一个宁静美丽的晨曦。

“之前上海分行建支行的节奏大约是每年 3 ~ 5 家，3 家自助银行，但 2014 年比较特别，年内必须完成 10 家支行和 23 家小微支行的建设开业，还有很多支行同时改建，我们必须在短时间内高强度地做好支行维护工作，也对分行各个部门配合都提出了很高的要求。”

那年主要工作集中在新支行的机房建设、综合布线、设备采购、网络设置、桌面系统安装、人员培训等。郑曦重新确认各相关工作流程及对口的责任人，分工明确并由专人跟进。他说这些工作就像是同时在织不同的网，常常会打破原有的工作节奏，这些挑战让他们不断地修炼出新的技能，做到各对口负责人对所有项目进度了然于胸，最后每个人都变成了多项工作的 A/B 角。期间支行维护人员更是在支行准备阶段和开业初期加班加点、随叫随到。终于，大家齐心协力，克服难关，出色地完成了当年的任务。

“稳定是第一要务，不断学习才能保有创新的动力”

“稳定永远是第一位的！因为我相信，没有哪一位行长会容许自己网点的业务无故停止办理，哪怕半小时！”运维岗位

的各项工作的“致命”性都很高，一旦部署了错误的方案或实施了错误的操作，对业务的打击都是毁灭性的。所以，日常巡检自动化、运维报告自动化、重要应用系统细到交易级别的监控……所有的IT运维发展都是为了服务一线，确保系统运行的持续稳定可靠。

“但是，稳定第一的终极目标并不意味着你可以在现有模式下停滞不前，只有掌握了最新的外部防御技术才能实现最安全的内部保障。”郑曦介绍道。信息技术行业更新换代极快，从事信息技术工作如果只是紧跟时代潮流就已经是一种落后了，我们必须有自己的核心技术才能保持持久的竞争力。

匿名

郑总最棒了，一点没有架子，而且对于我们其他行的同事也给予很大的帮助，从来都是有求必应，还主动帮助我们解决问题。IT绝对是一家的，无假话。

“从2015年开始，分行信息部已经陆续开展大数据平台、移动平台的搭建、学习和应用工作，行领导也给了我们很大的支持，今年这些项目将陆续上线投产。”为了跟上项目上线的步伐，郑曦带领团队通过多种方式实现学习能力与问题处理能力的提升。

课题学习小组便是郑曦非常成功的一种尝试。2015年上海分行信息技术运维团队工作中多项提升效率、创新项目的取得都得益于这一研究方式。

每个月，小组都会通过集体讨论的形式搜集最近遇到的问题、市场上出现的新技术、其他行业的重要经验等，然后几个人自主组队进行方案搭建与课题研究，尽快把这一问题研究透彻，再与其他成员进行经验分享。这样的研究方式让团队的每个成员都在责任感的驱使下有了自己擅长的领域，不仅提高了解决问题的能力，还能让每个人都能最大限度地了解这个行业的最新动态。

“2015年完成RS6000主机上各系统的HA改造，使单台主机上所有系统在3分钟内全部实现HA自动切换，大大提高了应对整体性故障的能力。”提及此，郑曦很为自己的团队自豪。

鼓励认证考试则是郑曦对提升员工技能采取的另一重要举措。为了适应科技应用技能的不断发展，总行对IT人员的技能素质要求一向很高，设定了各个不同岗位的初级、中级、高级培训认证体系，且对分行提出了严格的培训要求。上海分行运维人员通过总行各类初级管理员认证考试30人次，运维各岗位的人员技能均为AA角配置。

除了总行的统一培训考试外，郑曦还鼓励员工积极去参加各大IT厂商的专业认证考试。通过网上自学、与厂商定期交流、参加新技术新产品发布会等途径，充分了解行业内动态，并更好地投入应用。他强调实践出真知，除了学习外，还必须进行实地环境的投入，给予一定的“试验场”，允许进行必要的“试错”，对IT人员来说，这也是一种重要的鼓励。

运维团队清一色的男生，和所有男生一样，他们大多喜欢游戏，特别是现在流行的手游。但运维人员玩游戏常会多个“心眼”，他们常常可以发现游戏中的BUG和需要改进的地方，能够敏感地意识到游戏的卡顿原因，也会时不时讨论起整个游戏背后的运维体系如何实现。玩游戏，对于他们而言，不仅是一种消遣，同样也是一种探索和学习。

郑曦最大的爱好是模型，尤其是航模。在他家里，收藏着满满一大壁橱的模型。他对所有的航模飞行器都能如数家珍，各类书籍期刊也是一应俱全，他说对自己而言，拼接和上色模型是对繁杂工作的一个非常有效的放松方式。或许这和他善于思考，喜欢动手的性格分不开。而运维工作，恰恰是需要思考、分析与动手的专业。

“清晨的陆家嘴，更美”

徐佳华

科比见过凌晨4点的洛杉矶，而信息部经常看到凌晨4点的上海，斯台普斯再美，终究比不上分行的陆家嘴。

郑曦的名字里有一个“曦”字，是指清晨的阳光。而陆家嘴，被谓之中国金融的心脏。有多少人知道陆家嘴清晨的样子呢？

郑曦和他的团队知道。

原来，总行对于运维考核有着极为严格的指标：各种重要系统的故障有严格的限时响应及恢复，否则将对全年的考核产生极大影响；而对每一项涉及系统的变更，同样有严格的时间要求。为了确保客户的服务体验，对所有可能影响网点及部室业务的变更均安排在允许的时间窗口内，以尽可能降低影响；涉及网点应用的项目均先选择试点行，成熟后再批量投产；网络设备的更新升级均安排在全行营业结束或网点平账后，其他影响柜台设备的维护也都尽量安排在上班前、下班后进行。

所以，很多重要配置的变更都会选择在凌晨。忙个通宵后，在曦光微露的清晨走在陆家嘴空荡荡的马路上，对郑曦和他的团队而言，是家常便饭。入行十六载，对于郑曦而言，熬夜变成一种常态，混乱的生物钟如影随形。

但是，郑曦说，“清晨的陆家嘴，更美。”它不像白天那样车水马龙、熙熙攘攘，也不像夜晚那样华灯初上、灯火辉煌。有那么几缕清澈的微光，在招银大厦的玻璃幕墙上折射出细碎的光影，从黄浦江面上吹来的徐徐微风沁入毛孔，仿佛所有的疲劳都瞬间消失了。“我们不希望大家记得我们，这是我们追求的极致，就像这清晨的陆家嘴，一切都简单、安静、纯粹得刚刚好。”

许玉明:写代码的“安西教练”

◎王语眉

访谈人物:苏州分行信息技术部总经理　许玉明

编者按:身为苏州分行信息技术部领头人的许玉明,带领着这支十五人的团队,为分行信息安全保驾护航的同时,不断攻克技术难关,创新运用最 in 的技术,帮助解决业务难点、痛点,让技术一次次服务业务需求,甚至超越业务需求。

作为一名招行“小兵”,要约访部门老总,按“套路”讲,我应该内心紧张。但约访分行信息技术部许玉明总经理,内心则多了一份轻松。熟悉许玉明的分行同事都知道,他就是活脱脱的“安西教练”——不仅外形神似,为人和蔼可亲,那略带苏州风味的爽朗笑声,与安西教练的“哦呵呵呵”有着异曲同工之妙。

苏菜

给许总点大大的赞!连续 n 年互评考核 a1,守成与开拓始终不弃,经过了群众和时间的检验,是种无言的气场;对业务部门的需求,更多从需求者或客户使用角度来设计思考,用科技的方法、视角去覆盖可能存在的盲点,从不简单说 no,是一种无声的担当;跳出简单报表整合,更多触及通过信息技术对客户价值发掘、整合,摆脱简单业务和产品链接整合者,转身让技术成为客户价值提升和创造者,是始终在路上的转型;对技术的系统思维和反复推敲的严谨,与团队伙伴们俯身撸袖一起加班、讨论、学习,在时光磨砺中“大服务”本色不变,不计个人得失,把职业当事业来做,是一位真正的招行干部!

围绕一线做技术

2005 年 11 月 28 日许玉明加入招商银行苏州分行。此时,刚升格为一级分行不久的苏州分行在信息技术研发领域还是一片空白。“那时候很多同事都把信息技术部叫电脑部。你听称呼就能感觉到,在大家看来,我们的工作就是维护电脑安全、维修各类电子设备。这确实是我们工作的一部分,但绝不是全部。信息技术部的价值一定是体现在业务上。”秉承着这一信仰,许玉明和团队并肩作战,不断探索技术能为业务带来的各种可能。

几年前，分行乔迁新址至苏州工业园区，不少员工就近也搬到了园区居住。不久，许玉明就听同事们议论，在园区要交个水电燃气费着实不易——网点少不说，节假日还不上班。说者无心听者有意。时刻保持业务敏感的许玉明马上查了一下园区的常住人口，“足足20万啊，我当时就在盘算，这是多大的一块蛋糕。哪怕只有一半居民用招行的卡缴费，方便大家的同时，招行赢得的可是实打实的大众客群啊。”

说干就干，许玉明跟业务部门立即沟通想法，获得了大力支持，即刻组织人员对项目进行评估、立项、开发。“一开始我的关注点还在技术范围，一门心思搞系统研发。可之后遇到的问题用现在的话形容就是理想很丰满，现实很骨感。”

原来分行要拿下这个项目，面对的不单单是技术难关。园区的燃气公司、水务公司均为港资企业，要在大陆银行开户必须经企业在香港的董事会同意方能进行。“要取得企业董事会的认可不容易，而且我们还不是唯一一家与企业接触的银行，好几家同业都盯着这个香饽饽。本以为几个月就能完成的项目，卡在了客户这关，很难推进。”许玉明眯起眼回忆起这段“痛并快乐着的时光”。

“有想过放弃吗？”我小心翼翼地问道。

“放弃？这个从来没有过。招行人可能都有点撞了南墙也不回头，一定要攻下目标的倔脾气吧。”说到这儿许玉明跟我都哈哈大笑，我不禁想起安西教练在《灌篮高手》中的经典语录——现在放弃就相当于比赛提前结束。

之后，许玉明一边攻克技术问题，一边和业务部门一道反复与两家企业沟通，不断调整完善方案，不厌其烦解释、讲解招行产品的优势，以期获取企业的信任和认可。功夫不负有心人，项目前后花了近一年时间，招行战胜了众多同业，产品终于顺利推向市场。两家港资企业与许玉明以及招行营销人员从陌生到熟悉再到朋友，在这一过程中，也对招行建立了良好印象。

匿名

许总是我们IT条线出类拔萃的杰出代表，为人儒雅平和，做事认真严谨，以客户为中心研究业务，从业务视角打磨技术，注重业务和技术的融合，不断创新求变，许多项目领系统之先，为业务做出巨大贡献，真正体现IT的价值。在许总的带领下，苏州分行IT团队无论开发、数据、运维都十分出色，皆为业内楷模。许总不但是苏州分行的骄傲，也是IT条线的荣光。为许总点赞！

经过"此役"，更坚定了许玉明的"信仰"，"不能只埋头做事，不抬头看路，做技术也是如此，不能局限于技术本身，要围绕业务和客户发展技术。时时因业务而变、因客户而变。"聊到这里，许玉明电话响起，是业务部门沟通项目进度。我环顾许玉明的办公室，桌上不仅整齐堆放着各种项目进度报表、事务性工作材料，还有用书签做着记号的快读完的技术书籍。再一转头，我身后，也就是正对着许玉明的玻璃幕墙上，用记号笔密密麻麻写着"近期项目开发要点"——资产清收流程系统、数据管控平台、房贷他项权证自动检查……

许玉明放下电话，见我还"研究"着玻璃幕墙上的内容，他站起身走到幕墙边挨个介绍起了项目，"这些都是我们团队项目讨论的开发要点。开发流程我们还要再细化，要做就做精品，要真真切切为业务排忧解难。"

"分行升格之初的考核系统、信息管理系统都由您一手搭建，现在事务性工作繁杂，带着一支团队，您还会亲自上阵写代码吗？"

"写代码是我最大的爱好，丢不掉。"许玉明笑着说。为减轻业务部门工作量，他亲自构建担保圈架构图系统，将庞大复杂的企业互保关系转化为简洁的架构图，即使涉及四五百家企业的担保圈也能让人一目了然。在接到资产保全部资产清收流程系统研发的需求后，他常利用晚上时间写代码、翻阅相关资料，一不留神就是凌晨一两点。

不一样的队伍

在许玉明的影响下，信息技术部除了快速响应业务部门需求，更养成了独有气质——不唯业务需求，事事主动，用技术创新加快业务发展步伐。其中最典型莫过于软件开发团队。

如果说信息技术部是一支特种部队，那么软件开发团队绝对称得上其中的"尖刀连"。这支很man的队伍，从十年前2个人发展到目前 7 个人，清一色“经济适用男”，每个人都有着丰富的开发经验和自己的“独门秘籍”。分则独当一面，合则势如破竹。软件团队的高效率、超强作战力离不开许玉明定下的两条“铁规”。

“分工不分家”，这是许玉明给团队定的第一条“铁规”。团队根据大家擅长的领域，分为交易组、管理组、互联网组和大数据组。许玉明鼓励大家朝着自己擅长、感兴趣的领域进行创新性开发，但当接到业务部门紧急需求时，许玉明则倡导大家分工不分家，协作完成开发任务，以最快的速度响应业务部门的需求。

“既是技术专家，还是业务专家”，这是许玉明对软件团队提出的第二条“铁规”。“团队修炼技术的重要手段之一是召开头脑风暴会和项目评审会。每一次会议我都会带着一颗学习和期待的心来参加。部门年轻人多、想法多，这样的会议与其说他们提升，不如说是他们在帮我开脑洞、帮我提高专业水平。”

钱蕾

许总为人和蔼可亲，平易近人，工作上更是一丝不苟，刻苦耐劳，技术、管理双精，是一位让人感觉非常温暖的好领导，是我们大家学习的好榜样。

不仅在技术上追求无止境，许玉明跟团队成员还主动融入业务部门学习。“要做出功能强大又有颜值的软件，就要深入了解业务部门需求，吃透业务精髓。”许玉明谈到这一点语气格外郑重。在这个“铁规”的要求下，业务部门相关产品、业务会议，软件团队一起学习，业务部门上门营销，软件团队一同前往。在这样的氛围影响下，去年软件开发团队还为业务部门输送了一名骨干，成为业务部门的主管。

软件开发团队不仅有“铁规”，还有“规定动作”：年初，每个成员列出新一年开发项目，许玉明带领团队共同评审。这些项目并非出自业务部门的需求，而是团队成员根据自己研究方向、结合业务发展，自行提出的开发目标。就这样，2016 年软件开发团队就确立了包括移动平台开发基础框架、公司业务管理驾驶舱、ATM 设备分析、数据管控平台等二十多个围绕移动互联网、数据分析的新项目方向。

在主动作为、自我加压的团队氛围中，软件开发团队近两年开发项目数均在 50 个以上，人均项目数 8.93 个，还保持近几年每年都有总行获奖项目的记录，如“年度十佳后援团队”，部门办公室都快放不下的各类奖杯就是证明。

本来想请许玉明站在“奖杯群”前拍张照片，许玉明哈哈一笑，摆摆手说：“都是以前的荣誉啦，而且这些都是团队的荣誉，不是我个人的。”“那您跟我介绍介绍这些获奖项目吧。”“这个没问题。”

一说到技术，许玉明立马像换了一个人，滔滔不绝介绍起来：POS机“收付易”项目让以渠道平台争资源、拓展他行流量资金、闭合招行结算链的构想成为现实；“生意贷”评分系统、“生意贷”PAD办公大大提高了业务办理效率，为客户经理工作提供了便利；“智慧苏州一卡通”系列项目，不仅实现了线上办卡，线下领片，还将苏州市民卡功能嵌入了借记卡，成为名副其实“智慧卡”，网罗了一众客户……

在刚刚结束的分行2016年度表彰大会上，信息技术部又捧回了一座“金融创新奖”。今年的获奖项目——“零售业务管理驾驶舱及客群分析”一方面满足零售信贷、零售银行、财富管理三大部门的报表需求，另一方面通过大数据为个贷、代发、双金、私钻及营销活动客群等五大零售客群进行“画像”和分析。前者降低了30%的机房取数量，大大提高业务部门的工作效率。后者的分析功能在业务部门做精准化客户营销及营销活动后评估等方面起到了莫大帮助，获得了相关业务部门的一致好评。真可谓“奖杯、口碑”双丰收。谈到这里，许玉明的笑容愈发灿烂。

许昀

我是“安西教练”麾下的“三井寿”。感谢许总一路培养和教导。我们一定会更加努力，再创辉煌。

除了过硬的专业能力，信息技术部还是一支热情、活力的团队。在全行的悦跑活动中，整个团队达标率100%，且人均每天行走公里数远超规定的4公里。印象中“以静为美”的程序员，成为了分行悦跑标杆，每天午餐后，都能看到他们探讨着代码，结队徒步行走的身影。许玉明本身也是跑步爱好者，每天坚持跑步4公里已经成为了他的习惯。

我们为明天想得更多

随着移动互联网和大数据的发展，银行业务开展对信息技术支持提出了越来越高的要求。许玉明从支行电脑员到现在分行信息技术部一把手，与金融IT结缘二十多年，经历过“手工作业”时代的银行业，见证了信息技术带给银行业的变革，他深知技术能为业务带来的便利，更时刻保持危机感——固步自封，只会跟不上业务发展需求；逆水行舟，就会被技术发展所淘汰。

前些年对考核管理、财税系统、二手房交易系统等基础项目的投入，让软件开发团队可发挥的传统项目越来越少。此后，团队将更多精力投入到互联网、大数据、移动端等项目中。“即使我们现在投入精力的项目不能立即看到效益，但我们也要坚持探索下去。必须与信息技术发展保持一致。”说到这一点，许玉明非常笃定。

“阿里、百度能够通过大数据分析客户、受众的特点，精准推送，我们手上也有着这么多数据，为什么不充分运用？”正是基于这样的想法，许玉明从咨询公司引进人才，在软件团队专门组建大数据组，搭建“客户行为分析”“营销活动前后评估”“代发客群分析”等系统，为业务部门获客、挖掘客户业务需求提供强有力工具。虽然系统还在不断完善，但其效果开始日渐显现。经营团队可以在系统中通过分析代发客户资金走向特点，策划相关活动、精准推广产品：资金流向余额宝，我们就推荐“朝朝盈”；资金还信用卡，我们推荐“掌上生活”、绑定还款；资金流向他行卡，我们介绍资产配置、基金定投……通过信息技术掌握客户行为，运用信息技术为营销产品打开了一扇窗。

信息技术部排班值班的传统仍在，即使是部门总经理，许玉明也坚持将自己放在值班队伍里，每月至少一次周末值班。许玉明说，他到现在都很享受周末自己一个人坐在办公室值班，敲代码、想方案、琢磨项目的状态，仿佛还是十年前刚进入

沈洁

许总真是让人感觉非常温暖的领导！踏实沉稳、和蔼可亲、专业智慧、含蓄内敛、风度翩翩，任何事情都难不倒许总，每次和许总交流都让人醍醐灌顶，感觉如沐春风！许总的微笑，是我们身边最温暖的表情之一。

招行的样子。在进入招商银行苏州分行的第十二个年头，许玉明说很庆幸十二年前选择来到这里，从 35 岁到 46 岁，他从未后悔将其奉献给招行。全行“十佳后援团队”是对这十年工作的总结，下一个十年悄然开始，新的一页已经翻开。

风险管理创造价值

银行收取的是利息、付出的是本金，商业银行经营的本质是经营风险。因此，风险合规是业务发展的基石，商业银行的核心竞争力是风险管理能力，而稳健经营则是招行与生俱来的DNA。

杨法德：担当就要实干

◎蓝　敏

访谈人物：现总行公司金融总部总经理，原佛山分行行长　杨法德

编者按：今年4月，杨法德获得了总行颁发的“招商银行成立30周年敬业奖”，今年是他进入招行的第23个年头。23年的职业生涯里，无论是身在开放的经济特区还是边远的内陆地区，无论是履新总行部门一把手还是任职基层负责人，杨法德面对的挑战都不小，尤以就任佛山分行行长一职为甚。幸运的是，凭借多年职业经历培养起来的专业能力和敢想敢做的担当，他带领分行穿越迷雾，迎来了分行发展的新时期。

9月底就提出采访杨法德的计划，无奈这位“分行第一客户经理”的日程实在排得太满，几个重要项目已经进入关键攻坚阶段，拜访客户，走访调研.....直到分行首笔房地产零售代销业务成功落地，采访才终于定了下来。

出生于古隆中襄阳，源远流长的三国文化深深影响着杨法德，和他说上几句，就可以感受到他所表现出来的敏锐洞察力和实干精神。问及这两年多来他带领佛山分行涅槃重生的策略，杨法德说：“抱朴守拙，‘干’字当先，只有干在实处，砥砺奋进，才能不辱使命。”

“新官不能不理旧账”

2015年，刚刚从塞上古城银川回归鹏城不久，杨法德再一

次接到调令，这一次的目的地是佛山分行。一家曾在成立次年就盈利、连续八年荣获优秀的分行。只是此一时非彼一时，这家分行刚刚“摊上大事”：因为脱实向虚被不良所累，半年内两任一把手相继离职、团队士气低迷，风险远未见底……

尽管已经做好了“此去多艰，重任在肩”的准备，但现实远比想象中复杂，挑战与考验异常严峻。“人刚到佛山没多久，潜伏的风险就接二连三地冒出头来了。钢贸的、同业的、案件的、汇率的、员工集中离职的……一个接着一个，要是心理稍微脆弱一点，估计就扛不住了。”一句玩笑话，足以想象他在那些重压当前的日子里多么焦心。

首当其冲是20亿元同业业务的风险，随之而来的是10亿元信托受益权投资业务风险……在历史的包袱面前，杨法德和新一届分行班子没有推脱，“新官不能不理旧账”，杨法德说。为了促进问题的解决，他几番奔波，寻求总行的帮助和支持，首先将理财非标转为自营非标，在关键时刻控制住风险波及范围。随后，通过对业务的反复梳理，他又约到事件相关方，在四方碰头会上，晓之以理，动之以情。艰难的谈判促使事件出现了新的转机，债务重组变成可能。但重组也有风险，“重组成功尚好，若重组失败，全部责任都需要自己承担。”

匿名

在杨行长的教诲中，听得最多的是担当、责任、关爱、严管、客户、合规、公平、公开等字眼，为佛山分行树立了清风般的正气，即使面对不良资产、员工批量流失、核心客户匮乏等艰难局面，正因在全行员工中不断树立信心和勇气，才能在短短的两年时间里让佛山分行焕发出勃勃生机。

输在犹豫，赢在行动，最后时刻，杨法德顶住思想压力，果断拍板决策，“重组！”尤为关键的是，在各方角力中，杨法德抓住对手痛点，强势要求对方明确转让手续办理必须以分行全部足额收到转让价款为前提条件。层层保障之下，10亿元信托受益权投资业务风险圆满化解。

“好在最后还是全额收回了款项。”杨法德长吁一口气。

同业风险的顺利化解让迷惘中的佛山分行上下领略到了新行长的担当，干部队伍开始重拾士气。

想，都是问题；做，才是答案

“当时面临的问题实在太多了，解决一点，信心就增强一

钟志伟

专业、勤奋、专注的人不少，但像杨行长品德高尚、实干担当的人不多。每当遇到问题时，他首先考虑的是招行、是大局、是员工，从不计较个人得失，正是“心底无私天地宽”这种境界让其做的决策睿智且深得民心。23年的招行经历，磨练出一位能征善战的“陈赓”将军，总行颁发给其的“敬业奖”，可谓是实至名归。

点，员工满意度就提高一点。所以，什么问题突出，我们就着力解决什么问题；哪些环节薄弱，我们就着力加强哪些薄弱环节。”不抛弃，不放弃，不抱怨，不埋怨，杨法德这样与全行员工共勉。

在上任后的一年多时间里，杨法德一直在连轴转，在处理风险的过程中深挖分行陷入困境的根源。10亿元信托受益权业务的风险刚解决，他又立刻投入到其他风险的处置中。清收案件陷入僵局，他创新思维，突破障碍，施行“执行转破产”的策略；8·11汇改带来30亿美元远汇宝业务风险，他指导相关业务部门实行“一户一策”，争取客户提前平仓，最终保证了全部远汇宝业务“零损失，零风险”；钢贸出现风险，他开拓思路，带领清收团队主动撮合。

作为佛山最大的钢贸企业之一，某集团在当地银行授信近50亿元。受到非上市主体对外担保违约的影响，当地银行对其集中压贷，彼时该集团在分行授信6亿元，抵押物为7.4万㎡的商住用地，其中1.56亿元授信进入不良，1.38亿元授信进入关注。

“分行肯定也是被企业法人的‘明星光环’迷惑了，这恰恰也成为我们后来清收的软肋。”杨法德分析道。当时该集团的法定代表人出任多家公司的董事长，在当地颇有名气。随着2015年钢材价格下滑，市场需求低迷以及企业自身跨行业过度投资、经营管理不善面临亏损，客户出现逾期。客户特殊的身份，又使其成为当地钢贸债委会的维稳对象，分行需对其保持授信政策的连续性和稳定性。

资金紧张，关联公司涉诉，项目停工，自身开发能力又薄弱……该集团已经无力偿还本金。“即便是这样，客户还是不愿意接受我们转让的建议，特意从其他公司高薪挖人，期待起死回生。”

但不良的清收一刻也不能等。杨法德到任后，组织、会诊、制定清收方案，终于在2015年7月拍板了第三方重组策略。随后的两三个月时间里，杨法德四处奔波，拜访各大开发商高层，同年10月份，成功引进全国某大型开发商“接盘”。经过多次协商，2016年1月，该集团最终同意与开发商签订股权转让协议，佛山分行得以提前全额回收风险资产本息3.02亿元。

坚持客户思维

不良虽然解决了，但杨法德的心情还是轻松不起来。商业机会主义使总行正确的战略在佛山分行执行时变成了空中楼阁，由此带来的恶果让人痛彻心扉。“产品思维、业务思维只会弱化分行的核心竞争力，一定要改变靠业务和产品驱动发展的理念，转换成客户思维，根治‘趋易避难’的惰性，将发展奠定在坚实的客群基础上，佛山分行才能找回优势，回到正常的轨道上。”按照总行的战略指引，杨法德提出进一步对产能过剩行业、“亚健康”客户坚持大踏步地退，腾出额度、腾出资源、腾出精力和人手去服务战略性客户、价值型客户、成长型客户。“为了给核心客群和价值客群提供更专业的服务，我们成立了房地产金融部和三个战略客户团队，公开选拔了一批有激情、有干劲的年轻人，现在证明是行之有效的。”

痛定思痛，杨法德把佛山分行治理工作的重心从“治标”转向“治本”：重塑风险文化，要求全行上下牢固树立审慎、稳健、合规的经营理念，以上而下，亲自抓经营主责任人制度在分行的落地；重构队伍能力，组织全行干部员工学习财务基础知识，要求干部员工透过财务了解数字背后真实的秘密，真正读懂客户；重找工作方法，引导员工运用‘交换—比较—反复’的决策方法，坚持“实质重于形式”，坚持“不唯书、不唯上、只唯实”，真正扎牢制度藩篱，坚守风险底线。

随着行业结构和客户结构的调整，佛山分行风险全面管理很快就见到了成效。分行有风险的钢贸授信余额得到了大幅压降，现金清收成效显著，提前5个月全面完成总行下达的清收任务。

“2016年，佛山分行终于成功摘掉‘重点督导行’的帽子，并在系统内13家亏损行中率先扭亏为盈，摘掉了‘亏损行’的

温翠珍

作为2017届的新员工，从第一次新员工会议，到每一次的座谈会，再到结业晚宴，与杨行的每一次接触，都让我备感亲切。杨行的每一次金玉良言，都让我获益良多。虽然没有亲身经历上述的风险事件，但在风险条线轮岗学习的时候，我能深深地感受到当时的各种艰辛和不易。

匿名

他说“千条理、万条理，发展才是硬道理”，所以就任过的多家单位都取得重大经营突破；

他说“直面困难才能解决困难”，所以成为行内复杂问题解决专家；

他说“五湖四海，公道正派”，所以为招行培养了一批优秀人才；

他说“高目标才能带来大发展”，所以带领团队不断挑战事业新高度。

帽子。今年上半年，佛山分行批发、零售、风险管理均进入全行前十名……”细数这些成绩时，杨法德终于露出了笑容。

“修于内”方能“形于外”

“老实说，2015年，光是配合内外部的巡视、检查、审计，分行上下就已经心力交瘁了，新班子的监管座谈都不下十次，无暇顾及发展。”杨法德坦言，“但没有办法，没有管理就谈不上发展，管理的半径决定了发展的半径。”杨法德和新的班子始终坚持问题导向，提出“不仅要发现问题、提出问题，更要着力解决问题”，“只有扶起倒下的‘油瓶’，坚持打好基础管理的攻坚战，才能为佛山分行的长治久安奠定坚实的基础。”采访中，杨法德这样总结。

就像所有灾后重建，最难的，还是信心。

上任后，杨法德要求人力资源部将“员工座谈会”常态化、制度化。没想到，第一次召开座谈会，最终演变成为“吐槽大会”。经营亏损导致预期工资收入下降对员工打击很大，甚至有员工反映，收入不高，工资发放还不及时，差点造成车贷房贷的逾期；而对有能力、有抱负的员工而言，分行品牌优势逐步消失、部分领导干部不作为、个人职业通道不通畅等因素，已经动摇了他们为招行事业奋斗的决心。

“要稳定队伍，提高员工收入，只能靠发展。”虽然未至借资度日的潦倒，但是预期收入下降还是给团队的凝聚力带来了不小的打击。座谈会一结束，杨法德立即召集班子与人力资源部开会讨论，最终决定当月开始将工资发放更改为“基本工资+绩效工资”分两次发放的形式，基本工资定于每月10号前发放，解决了员工的燃眉之急。

吕丁明

从校招终面现场等候区贴心的小零食水果，到入职实习的床上用品，再到培训期间一次一次的座谈会，以及到岗后师傅在业务上的“帮扶带”，每一刻都能感受到杨行长对员工的关怀。别人总问我为什么不远万里从哈尔滨跑到佛山，因为在这感受到的关怀正能量，值得我为招行事业奉献青春。

“要发展，一定要坚定不移地贯彻总行‘轻型银行’‘一体两翼’战略。”到佛山分行之后，杨法德深有体会，经过经济下行、系统性危机洗礼之后，系统内保持优秀的分行，均是总行战略贯彻到位、零售业务基础好、占比高的分行；凡是前期零售业务基础薄弱的分行，一遇上经济下行就会彻底暴露短板。

在他的主导下，分行合理地调整了零售和对公的结构，加大了零售业务的投入，为所有网点配齐了零售团队长，并实现了零售的等级行考核，逐步把零售的主体地位树立起来。一有时间，杨法德还会到同城网点、异地网点去转转。

在一次行长值班日“站大堂”时，他发现一位客户因为业务办理的时间过长而在厅堂发脾气，他第一时间跟客户致歉，事件最后得到了圆满的处理，但杨法德的心却“耿耿于怀”。“网点是我们的桥头堡，但我们曾经引以为傲的服务招牌却在逐渐褪色。”杨法德十分痛心。“必须要抓好营业厅主阵地，抓好基本的服务规范、基本技能和基本操作流程，先定型，再固化；先固化，再优化，一定要沉下心来研究服务管理。”在他的主导下，分行全辖掀起了客户服务的新革命。

“金融工作的对象是人。做银行要研究人，了解人，关心人，一定要把客户放在心上，为客户提供极具针对性的、个性化、差异化的服务。”在杨法德看来，佛山既不吸引国有资本，也不像苏州、东莞一样能够吸引外资，而是依靠强大的民营经济。“民营企业家有它的个性，也有它的共性，怎么样才能更了解客户，跟客户想到一块儿去，能为客户提供他所需要的综合服务方案，这是对我们客户经理和团队长最大的考验。”随着零售和对公、线上和线下“双管齐下”的服务流程优化，“佛山人民最满意的金融机构”“佛山企业最信任金融机构”的奖牌又重新回到了佛山分行。

韩慧玥

作为一名老员工，亲身经历了佛山分行的巅峰、低潮、涅槃重生，也感受到了杨行长的敢于担当的领导能力，带领分行上下一起干事业的实干精神，对员工的亲切关怀。

“干事创业要有‘功成不必在我’的胸襟”

“业务发展的背后是人，市场竞争关键在人。”杨法德解释道。“分行一定要培育一种识才、爱才、敬才、用才的氛围，尊重知识，尊重人才，坚持五湖四海、海纳百川的多元文化。体制机制顺、人才聚，则事业兴。”

“2005 年佛山分行成立时，群贤毕至，少长咸集，各路英雄从四面八方，为了共同的目标，为了招行那一抹红走到了一起。无论是过去、现在还是未来，我们都要传承好这种文化，要培育一个有战斗力、有执行力又可持续发展的员工队伍。”杨法德介绍道。

匿名

十分有幸在法德行长的手下工作了三整年，无论是深圳分行还是总行，都深深为法德行长的担当、实干精神所折服，为法德行长对员工的关爱所感动，直到现在法德行长说的“只要思想不滑坡，办法总比困难多”这句话还时常在耳边激励着自己去做好每一件事。

这两年，佛山分行坚持“五湖四海”的多元文化，将人才选拔触角延伸到华北、华东、华中甚至海外，举办了分行首次海归专场校园招聘，不拘一格用人才。“这种招聘理念的变化从分行食堂就可以感受到了。”杨法德半开玩笑地说着。为了适应不同地域员工的口味，员工食堂的菜系也随之丰富了起来。类似这样的家园文化和人文关怀，有效地增强了队伍的凝聚力，激发了向心力。

“我们的用人导向，应该是以‘德才兼备、以德为先；群众公认，业绩突出；放开眼界，着眼未来’为标准。”杨法德说。通过公开竞聘和末位淘汰，分行配齐了主管级干部，切实贯彻了选人用人“三个优先”原则。在杨法德看来，要打造一支优秀、专业的人才队伍，既要主动关爱老员工，调动其积极性，又要大胆地启用能力强、业绩突出的年轻人。“我们要打造追梦文化和感恩文化，不能让雷锋吃亏，不能让英雄流汗又流泪，要让能者上、平者让，庸者下，为想干事、能干事、干成事的员工提供施展才华的舞台和平台。”杨法德介绍道。通过“岗位靠竞争，干部靠竞聘”的用人模式以及“六能机制”的运用，佛山分行的人才队伍结构很快从年龄层次、学历层次、性别结构都调整到最优状态。

“银行的经营可以说是一场没有终点的马拉松，比的是耐力，并不是比速度的百米赛跑。佛山分行的事业是永续的，需要我们每一个人都以主人翁的精神、姿态去关心我们分行的发展、成长、进步！”上个月杨法德在佛山分行成立十二周年行庆表彰大会上如是说。这是他对分行同行者的要求，也是对自我的鞭策与鼓励。

张志梅:向着标杆直跑

◎赖文嘉

访谈人物:佛山分行资产保全部总经理　张志梅

编者按:张志梅在佛山分行工作了11年,以柔中带刚、韧劲十足著称。在分行困难时期,她以女子之身挑起资产保全重担,开始一段全新的征程。现在回过头来看,她不仅很好地完成了任务,还打开了分行资产保全工作的新天地。在她的身上,我们看到了招银精神迸发出的强大生命力,也看到了一位年轻的老员工身上难得的创业激情。

与张志梅的访谈定在了四楼,她的办公室。这是一间不足十平米的房间。精致、整洁,绿植满目,书香宜人,纯白姜花散发着醉人的香气。

进到房间需要穿过分行资产保全部办公区域,这里又是另一番景象。目之所及,是井井有条张贴于黑板和办公桌前的业务数据——清收进度、重点清收目标、清收龙虎榜、产品推介标准动作……扛起分行资产保全工作大旗的张志梅,难得有一个好心态,“我觉得清收和保全工作非常有挑战性,只要钻进去了,就会发现其中的趣味。我很喜欢目前的工作内容,也很享受现在的工作状态。”在姜花的衬托下,张志梅更加神采奕奕,在这里,她开始分享属于自己的“招行故事”。

黄淑芹

集智慧与优雅与一身的美女姐姐,加油。

我是佛山分行06号

时光回溯到2005年5月8日。这一天,张志梅接到招行抛出的橄榄枝，正式成为佛山分行拓荒队伍中的一员。在此之前，她供职于广发银行总行，并拥有丰富的外资银行工作经验。“我的‘一事通’号在佛山分行排第六，是佛山分行06号。”张志梅觉得能与佛山分行一起成长是一种莫大的荣幸。

结缘招行，始于一句话。“研究生班上有位前辈曾对我说，‘招行是值得你托付终身的银行’，这句话对我影响深远。”也许优秀企业与优秀人才之间确实存在着某种磁场力，当年的张志梅听从内心的声音，毅然决定加入招行佛山分行。

回首创业初期的佛山分行，张志梅感慨良多。彼时的分行百事待兴。由于同事们来自不同银行，对招行的制度与流程机制不熟悉，文化背景存在差异，分歧与碰撞在所难免，张志梅作为当时公司部屈指可数的产品经理之一，压力不言而喻。“我那时负责行内所有非电子类的公司产品，包括年金、托管、同业、大户等等，磨合的过程并不顺利。很苦，确实很苦，每一件事都要碰壁无数次才能完成，大家都是咬着牙挺过来的。”

十一年前，招行入驻佛山，没有支行，没有名气，几乎没有任何营销优势。她每天跟着师傅“死皮赖脸”地逐户陌生拜访，留意并记录下每个细节上的营销机会，然后下功夫开展工作，全凭投入和坚持赢取那一丝丝的可能性。“过程越困难，收获的时候才更让人喜悦呀！”张志梅身上时刻散发着满满的正能量。幸运的是，在一众良师的引导下，张志梅迅速适应了招行节奏。她笑谈，入行时经受的各种打击，都是难得的财富，也成就了现在“不怕难”，柔中带刚，韧性十足的个性。

> **陈懿国**
> 每天都是满满的正能量，工作永远充满激情，亦师亦友，向领导学习，向标杆致敬。

同时也得益于丰富的基层实战经验，她迅速提升自己的市场嗅觉、营销资源以及管理水平，先后在分行公司银行部、大沥支行、授信审批部、信用风险管理部、零售信贷部就职，全方位的知识储备使她既上得了一线火拼，又吃得透风险管控。

2015年，分行不良资产大量暴露，成立资产保全部刻不容缓，打好这场硬仗需要一个有决心、有冲劲、有专业背景的大将，张志梅脱颖而出，义不容辞地挑起了资产保全这个“重担子”。

用营销思维做资产保全

佛山分行资产保全部成立不久，成绩却十分亮眼。截至2016年11月末，分行清收工作全年任务完成率高达127%，不良贷款率较年初下降0.94个百分点。

有人起初不相信，看似柔弱的张志梅居然能扛旗带队啃下不良资产清收这块“硬骨头”。但她却自始至终思路清晰，充满信心。这种信心一方面源自丰富的工作历练，另一方面则诚如她所言，“我一工作就像是上了发条，越是喜欢的工作，越能让我迸发出新的想法，一直往前冲，挑战让我感到兴奋。”这位衣着得体，妆容精致的女子，骨子里是个工作狂。

韩慧玥

温柔的女人是金子，漂亮的女人是钻石，聪明的女人是宝藏，可爱的女人是名画！你是世界上最大的宝藏，里面藏满了金子、钻石和名画！和你同行，进步很大，但学到的东西更多，给标杆点赞！

尽管做好了充分的迎战准备，但部门成立之初，接踵而至的困难还是毫不留情地涌来，让这支新生的队伍遭遇了一次又一次的挫折。司法处置时效严重滞后，拍卖成交率低下、法院案件过于饱和、现金清收思路单一……一股脑地摆在张志梅的眼前。怎么办？唯有树立信心，打开思路，多点击破。得益于过往的磨砺，张志梅不管是应对冗杂事务，还是把关风险都有自己的一套处理方法，在困难面前她沉稳冷静，业务管理两手抓。

遵循“集中清收，分类管理”的工作思路，张志梅要求项目经理按照资产状态、金额大小、项目担保方式及回收难易等维度，对不良进行分类管理，根据项目的共性制订相对宏观的清收策略，不仅全面落实“一户一策”“一户一档”的工作要求，抓大不放小，还提前介入风险贷款，主动前移战线。

基本策略制定好后，“抓执行”成为重中之重。张志梅在推动部门工作时灵活地植入营销思维，她善于挖掘通道、营销客户的优势也多次在关键时刻派上用场。“营销思维对于资产保全工作的开展是很有帮助的，推广手头的押品，需要去营销；帮助清收大户寻找投资方，需要去营销；对接法院，同样需要营销。”说起这些，张志梅语调提升，眼中放光，这种情绪让人不自觉地跟着她的思维走。

在她看来，营销讲究天时地利人和，需要抓住每一丝机会，并为之付出十分努力。换言之，就是在充分了解产品的前提下，洞察对方的需求，以充足的诚意与韧性去打动对方，获得对方的信任感，从而达到成功营销的效果。

2015下半年，某公司在佛山分行的近两亿元贷款出现逾期，并于12月下迁为不良。在对比诉讼、重组、行业等整合手段后，分行确定债务重组为最优破题方案。张志梅随即带队以各大地产公司为目标，寻找最佳开发商，并动用各方资源，直接拜访对方决策人。通过积极推介，快速撮合，最终成功实现某著名地产公司的并购。今年6月，利用该地产项目提前开盘、置换土地证之机，分行成功实现全额现金清收。

在张志梅的带领与感染之下，资产保全部斗志昂扬，士气大振，不断学习运用营销思维开展清收工作。"在适应这种营销思路后，觉得工作充满了乐趣与新鲜感。过往一成不变的案头工作容易让思维僵化，多与法院接触沟通反而激发更多灵感，为看似呆板的清收工作注入活水。"资保部的同事对此也深有感触。

一支狼性十足的队伍

亦师亦友，这个词准确地形容了张志梅与她团队伙伴们之间的关系。"私底下我们会互相开玩笑，但涉及工作问题，不管是对自己还是对我们，张总绝对是高标准、严要求的。"她的队友这样评价她。

采访中，张志梅反复提到的"狼性"一词，似乎也印证了这一点。"资产保全工作说难不难，说易也不易，很多人认为清收只是程序化的法律诉讼流程，遇到突发情况就按部就班交给律所跟进。其实不然，资产保全工作同样需要'狼性'，否则很容易陷入被动挨打的局面。"突发事件屡有发生。比如拍卖过程中，买家与预计成交日期已基本确认，但债务人临时提出执行异议，导致诉讼期限延迟，如果不提前想好对策，就会陷入被动，措手不及。

面对层出不穷的“意外”，只有通过不断学习，化被动为主动，提升专业能力，方可克服一个个困难，抢占一个个险滩。为此，张志梅不断加强部门的基础管理，提升整个团队的作战素质。

每周一上午是资产保全部的例会时间，项目经理与法律岗同事会互相沟通项目进展情况，共同学习最近司法条款与疑难杂症案例。“‘疑难杂症’已被列入明年分行资产保全部项目经理和法律岗的考核之中。”张志梅希望通过点滴努力一改部门过往的防守型思维，转被动为主动，培养出“全能型”的清收人员。她还颇为兴奋地展示了会议笔记本，上头的字迹苍劲有力，规整利落，完美主义展露无疑。

佛山分行资产保全部综合室

今年 4 月的一个清晨，张总在我们保全部的微信群里发了一个段子：“喷泉之所以漂亮是因为她有了压力；瀑布之所以壮观是因为她没有了退路；水之所以能穿石是因为永远在坚持。人生亦是如此。”能成为张总工作团队的一员，这一年我获益良多，感谢张总。

同时，她要求项目经理提升工作精细度，落实“一户一策”，做到对每个客户都如数家珍，真正成为项目推进的主导者。“我们整个部门都要改变思路，要提前想好这些案件，败诉了怎么办，胜诉了怎么办，提前规划进攻策略，知道下一步该怎么做。”

经过一番努力，这种“狼性养成术”的成效已经慢慢显现。分行最近收到过一起关于查封异议的上诉，招行对客户的债权为 1.65 亿元，客户找来评估公司将抵押物评估至 3 亿元，并要求解封其他押品。按照过往法律岗的程序化思维，可能直接交由律所走常规流程，但这次则有所不同。

分行资产保全部项目经理联同评估公司，到抵押物现场挨个统计出租率，乔装打扮到招商中心调查租金水平，到附近同类物业勘察市场行情，还原商业物业的真实价值。之后，分行才向法院递交答辩状，列举数条反驳意见，并要求客户向法院提供真实租约和银行流水。法院目前已着手审理书面材料，并将根据招行反馈作出进一步的裁定。“清收工作的原理并不复杂，目标也很明确，但由于环节繁杂，问题时有发生，有些需要从思维方式上进行突破，有些则需要通过不断学习法律条款，对自身进行武装。我们已经开启了进攻模式，争取把命运掌握在自己手里，如果成功，就会树立典型，加强宣导。”张志梅语带坚定，目光灼灼。

作为领导，张志梅对于团队既严厉，更倾尽心力。虽然分行资产保全部目前仍面临着人手紧缺的问题，但相比起将精力耗费在补足队员上，她更希望培养出一支真正想干事、能干事、干实事的队伍。“资产保全就是给专业的人做的，给有能力的人做的，所以我既向他们提要求，又要他们增信心。我希望他们知道，我选了你，你就是有能力的，任何困难你都可以克服。”张志梅坦言。

令人羡慕的是，这支充满狼性的队伍，私底下氛围非常融洽，如家人一般充满温情。“奔跑吧！招行”活动开展以来，张志梅常常在下班后约着大家伙去散步谈心，天南海北地聊天，释放工作压力。有时碰上酒桌应酬，张志梅也会特别保护部门里的女同事，每次聚会结束总不忘让大家发微信报平安。

做一个简单快乐的人

采访过程中，张志梅一直温和耐心地回答，声如其人，饱含能量，富有感染力，让人不知不觉就入了迷。谈到与招行一同成长的十余年，她说，我只是选择了坚持。“招行的每个岗位都有压力，都有难处，需要抱有坚持这个信念。”困难总会过去，道理简单易懂，但真正坚持下来的人却并不多。

2016 年第三季度，分行资产保全部已超额完成了全年任务，这个结果超出了张志梅的预期。“市场在变，政策也在变，三四季度的拍卖形势突然变好，我们的住宅拍卖就享受到了这个红利。所以说，机会肯定会垂青有准备之人。”

访谈过程中，她与我分享了一句话“忘记背后，努力面前，向着标杆直跑。”这是《圣经》里的一句经文，岁末年初，张志梅总会用这句话勉励自己。不管任务再艰难，无论成绩多光辉，她一直积极乐观地去面对，尽心尽力地付出，怀着赤诚的热爱，投身她的工作战场，坚守初心。

黄杰

“忘记背后，努力向前，向着标杆直跑”满满正能量，奔跑吧！向奋斗在前沿的风险管理人员致敬！

回归生活，张志梅更是再简单不过，疼爱孩子，也享受着丈夫与家人的疼爱，是个快乐自在的双鱼座小女人。她也喜欢浪漫，空闲时会看韩剧追“欧巴”，也喜欢鲜花，尤爱有着芬芳香气的纯白姜花。她还喜欢用相片记录下生活中点点滴滴，如孩子般热爱一切美好事物……

经过岁月的洗练，张志梅的心态一直年轻又充满朝气，在职场与生活中都葆有最初的热情。“人情世故要看透，赤子之心永不丢”，也许这句话便是对她招行岁月的最佳注脚。

汪勇华:流程优化没有终点

◎胡建波

访谈人物:武汉分行风险管理部总经理 汪勇华

编者按:入行近二十载,从信贷管理部业务经理到资产保全部总经理助理,再到风险管理部副总、总经理,汪勇华一直耕耘在风险管理一线,兢兢业业,勤恳严谨,与招行武汉分行共成长。进入新时期,他对科技进步可能带来的风险管理效率的革命性提升充满了期待,也对我们可能面临的挑战满怀担忧,但他始终抱着使命必达的信念,在风险管理和FinTech的结合之路上摸索前进……

处暑已过,秋老虎仍在屋外发威。

武汉建设大道518号5楼靠南的一间狭长的办公室内,汪勇华腰板笔挺,静坐在办公桌前,头微微低下,手中的笔杆跳动着,屋内静得能够清楚听见一楼营业部大堂传来的叫号语音。

汪勇华1998年加入招行。近二十载的厮守,让汪勇华与招行早已相融共生、难分彼此,“招行最吸引我的是扁平化的管理方式、独特的工作氛围以及全行上下散发着的文化氛围。”话匣打开,他放下手中的笔,双手交叉,缓缓讲述。

一次诉讼后的风险反思

入行伊始,汪勇华就职于信贷管理部,曾经历过不良资产率超过10%的非常时期。这期间让他印象深刻的却是一次简单却曲折的诉讼。

2007 年 8 月美国爆发的次贷危机席卷了全球金融市场，中国亦无法幸免。在武汉分行，履职风险管理部副总不足一年的汪勇华，也遇到了一件麻烦事儿。“危机爆发前，我们与某个企业商用车主机厂，以及经销商之间建立了一个融资的三方模式，危机后市场需求断崖式的下跌给他们带来了严重的流动性风险，我们的融资也面临着系统性风险。”

意识到风险后，汪勇华和经办支行的同事每月跑一趟 A 市，跟踪、了解风险状况，督促各经销商尽快回笼资金填补风险敞口。最后，仍有 2 户关联企业因为资金断裂而发生垫款，带来近 1 亿元的不良资产，其中三方协议项下敞口金额 5000 万元。汪勇华多次联系该企业相关负责人催收，要求其履行担保还款义务，但迟迟得不到回应。“催了一年多一直没有效果，我们面临一个选择就是要不要起诉？如果起诉，要不要起诉提供担保的企业？”

冯晋羽

为汪总点赞，为分行点赞！汪总一直以来都是我们心中兢兢业业，刚正不阿的一位好领导！活到老学到老值得我们尊敬和学习。

如此重量级的企业，没有哪一家银行敢对其提出诉讼，更没有哪一家银行舍得放弃这么大的业务量。汪勇华心里清楚，一旦提起诉讼，招行与该客户之间的合作将面临较大挑战。“最终，分行还是决定起诉。这家企业收到法院传票后，非常震惊，这是他们没有想到的。”此后，又经过一年多的拉锯战，该企业通过向经销商施加压力，招行才收回了全部应收欠款和罚息。“随后的三年时间里，我们与这家企业的合作磕磕碰碰，令人难以言说。”汪勇华顿了顿，继续补充道，“当然，咱们招行一如既往的优质服务和健康发展理念，最终还是赢回了客户芳心，现在我们还是这家企业的战略合作银行。”

一次诉讼充分体现了招行独特的风险文化理念——勇于直面风险，敢于承担压力。其他提供融资的银行迫于央企的压力，有的被迫换壳重组，有的被迫以物抵债，还有的被迫增额授信，都遭受了不小的损失。汪勇华也从这件事情中加深了对招行风险文化和理念的认知，但更重要的是，他开始对风险管理进行深刻反思。“我们虽然没有资产损失，但却反映出我们的风险管理模式还有很大的改进空间，比如我们的押品管理如何与风险管理结合起来。这些问题都需要我们进一步思考，不断进行流程上的优化。”

横到边、竖到底

2014 年 11 月，招行正式启动分行体制改革，同时设立风险、运营两条垂直管理的中后台职能线。作为一家以“改革”“创新”为内生基因的老牌分行，武汉分行再次站在了改革的前列。而分行风险条线的体制改革课题则交给了汪勇华。

风险体制改革牵一发而动全身，总行体系内没有成熟的经验可借鉴，新的体制要解决的矛盾点是什么？要达到的目标是什么？主要的策略和方法是什么？新的体制既要强化风险管理，还要兼顾业务发展和效率，两者如何有机结合、相辅相成？那段时间，汪勇华连走路的时候，也在思考着这一连串接踵而至的问题。

韩丹

由点到线、由线到面，从汪总亲自对分行风险条线员工的授课到对信贷流程优化专业化的设计，无处不透露着招行人的责任，为每一位风险条线的员工诠释着招银文化的精髓。

没有调研便没有发言权。带着这些问题，汪勇华沉下心，一一梳理分行业务层面的痛点，并结合分行的业务现状，大胆地提出了矩阵式管理模式的设想。“矩阵的横轴是市场条线，负责业务全过程的管理；矩阵的纵轴是风险管理条线的各专业岗位，在关键环节节点上与市场条线交叉作业或独立作业。”在汪勇华看来，风险管理工作就是要做到横到边、竖到底。

在矩阵模型的基础上，汪勇华一方面强化风险团队专业人员建设，全分行风险经理增加了 30 多人，审贷官从 12 人增加至 24 人，在武汉市内成立了 6 个风险团队，设立了 6 个放款分中心，在 7 家二级分行设立了风险管理分部或团队；另一方面对风险团队进行垂直管理，所有人员收编到分行风险管理部统筹管理。

与此同时，他制定了统一规范的风险经理平行作业、集中核保的操作细则；明确押品由风险条线集中管理的办法，开创全行第一家押品管理中心，设置专人专岗，将押品管理规范化、高效化。改革措施落地执行后，一线同事反响很好，“这次改

革并不是为了减轻某个流程的任务，而去增加新的流程或者增加其他流程的任务量，而是尝试着找到平衡点，提高效率和降低风险。”

“改革既不能高调呼喊口号、大张旗鼓地造势烧火，一把火烧完，激情过后，毛病还在；也不能烧一把火治一个痛点却带来新的痛点；改革一定是通透的，是对一个生态系统全盘的良性改造。”汪勇华并不满足现状，他认为分行的这次改革还有很大的空间。

朱毅彬

汪总的专业性、专注力令人钦佩、让人尊敬，同时又能将风险管理很好地与客户经营相衔接，在有效管控风险的基础上对市场条线给予足够的支持，很接地气。

诚如汪勇华而言，改革是一场没有终点的马拉松，阶段性的胜利只能带来暂时的安稳。“分行的这些探索，就像小马过河，仅摸清了这一小片浅水湾，但要看得更透更远，还需要更上一层楼。”对于风险管理的改革，汪勇华看得更远。

“我们建立的押品管理中心，应该是全行第一个押品专业管理机构，不仅实现了对押品实施的全过程动态监管，也能够起到盯市和预警的作用；而我们的放款中心，与批发团队并行配置，既能保证独立性又能保证业务处理效率，两者兼得。”2016 年 5 月，田惠宇行长到武汉调研。在参观完放款中心、押品管理中心后，田行长充分肯定了武汉分行在信贷流程优化上的突出成效，这也坚定了汪勇华对于改革的信心。

信贷流程也要坚持客户导向

2016 年 9 月，总行信贷流程优化工作小组成立，全行层面的信贷流程改造正式启动，鉴于武汉分行在信贷流程业务中的改革探索成效，汪勇华被抽调到总行，全程参与本次流程优化项目的调研和方案设计。对于汪勇华来说，这是令他欣喜的一个项目，在风险管理条线摸爬滚打了二十年，遇上这一场盛大的改革，既是挑战也是梦想照进现实的过程。

洋洋傻傻

流程改造的磨合期是痛苦的，但过程是享受的，结果是共享的，汪总带给我们的是不断创新与进取。

“到了总行，我想的第一个问题就是这场改革我们应该从哪里切入？我们的理论基础是什么？流程优化的目标是什么？用什么来支撑新的业务流程？”汪勇华喜欢发问。

匿名

风险管理“横到边、竖到底”、通过借助金融科技，大数据对风险管理进行变革，有效把握行业运行、客户行为轨迹、心理习惯等，是传统信贷管理较难达到的境界。信贷决策最大的症结是信息不对称，风险调查目标是最大限度的减少不对称，如何在有限时间将客户、业务调查了解清楚，流程优化、大数据金融科技运用将给出有效的解决办法，期待系统上线带来的变革。

“这次压力巨大。改革不能为了减轻客户经理负担而简单地在中后台增加人员，而是要为全风险管理的数字化、信息化、智能化打下良好基础，要实现专业岗位各司其职，又不能层层加锁拉长管理链条……”面对压力，汪勇华心中难免有些紧张。

鹏城的十月依旧葱茏苍翠，汪勇华决定出去走走。在博士帽大楼外，他的思路也渐渐清晰——整体的方案设计要遵循客户导向原则，将信贷流程的关键“五岗”作为客户，将他们的需求作为应用场景。汪勇华知道，只有把握一线的需求和痛点，才能保证改革的生命力和执行力。

在总行流程优化小组的通力协作下，汪勇华梳理了信贷业务“客户经理、风险经理、审贷官、团队负责人、产品经理”这五个岗位的职责，制作了问卷调查，向全行发放，共计收到了六千多份的反馈；同时又组织安排深圳、广州、武汉等地的“五岗”人员前来总行参加座谈会，十几场座谈会下来，汪勇华记满了一本32开笔记本。

有了业务痛点的反馈，汪勇华开始着手拆分业务流程，制定流程优化方案，他将传统的信贷业务拆分为客户营销、贷前调查、申报审批、授信执行、项下提款、授信后管理、不良清收七个阶段，每个阶段又划分为若干子流程和数十个环节，画出了几十张流程图，撰写了14份系统优化改造方案，包括系统技术改造和业务流程改造。

“这个过程是对我的一大挑战，我既要借鉴往日的经验，还要能够跳出经验来审视方案，毕竟总行层面的改革更为全面、深化。”幸好，这些方案都得到了信贷流程优化领导小组的充分肯定。

2017年1月，总行开始实施流程优化的第一步——CVM（信用风险管理）系统改造和手机端系统开发。金融和法律专业背景的汪勇华，身兼风险经理、管理者、设计者几重身份，在项目组和开发组之间来回周转协调，付出了诸多心血。

汪勇华很清楚，系统开发在流程优化中的重要地位——系统是流程优化的载体，是否高效、便捷、智能决定着用户的体验，也考验着流程优化的生命力。他不厌其烦地与系统开发人员交流，仔细考虑如何更有效地将优化的功能和流程，转化成开发人员能够理解的语言，不断体验产品功能，修改流程图，制作业务操作手册……

2017年4月，新的系统终于开始上线，深圳、武汉分行被选入本次流程优化的第一批试点，开始试运行优化后的系统和流程。

尽管由于时间紧，任务重，新的系统只实现了部分功能的优化，但甫一落地就获得了广大员工的一致好评，大家都认为本次流程优化体现了以一线为导向、以业务需求为应用场景的理念，并对系统的进一步优化充满了期待。

> 吴振玲
>
> 信贷流程的优化的确困难重重，离不开每一个团队的支持。在整个流程改造期间，我最深刻的体会就是没有想不到的，更没有做不到的，团队中每一个人的汗水都在发光发热。

鹏城归来再出发

在鹏城的这段经历，也让汪勇华对信贷流程在武汉分行的优化改革试点既动力十足又十拿九稳。“前期武汉分行探索信贷流程优化的时候，行长层便对增加风险团队人员配置大力支持，这次分行流程优化试点，文行赤行长更是高度重视，亲自担任分行试点小组组长，全行的同事也给了我最大的支持和鼓励。”谈及此，汪勇华对于领导无条件支持和同事的鼓励充满了感激。

在分行试点工作中，一方面分行领导制定了周例会制度，了解试点工作情况，帮助解决、反馈问题；另一方面，汪勇华下地干活，坚持为所有风险条线员工进行培训，同时安排项目组成员为条线员工培训。“试点的顺利是建立在沟通的基础上，领导重视、员工培训这些其实都是沟通的一种，试点工作是全新的，谁都没有经历过，发现问题、沟通问题、解决问题才是正确的逻辑。”汪勇华一心想打通条线人员的沟通障碍，在每个部门和网点指定专人收集问题，保证试点工作的上通下达。

> 匿名
>
> 流程优化，最重要的是思路和眼界，诚如汪总所说，不能仅仅为了解放前端人员的劳动力而给中后台增加工作量。

截至今年7月初，武汉分行的试点成功落地了流程优化项目一期、二期以及二期迭代1，向总行提出了9个业务阶段的174条优化建议，其中有效建议119条，已解决71条。目前，专项迭代1（印控机）、专业迭代（押品）等在8月已经陆续上线，配合总行交易银行部门的17项产品迭代计划，正在有条不紊的进行中。

翻开信贷全流程优化项目武汉分行试点运行报告，密密麻麻的表格中，记录着汪勇华和试点团队自2017年3月31日以来所做的每一项工作，付出的每一滴汗水。

“目前进行的信贷流程优化仅仅只是迈上了第一步台阶，金融科技的发展也在为我们的流程优化提供先进的技术手段，以及管理理念。下一步我们的流程优化要怎么推进？”汪勇华成竹在胸，“下一步的流程优化，其核心应该是如何实现FinTech技术在风险管理全过程中的应用。”

“我们现有的风险决策是由专业人员，在对客户过往的点状或片段信息的基础上做出的分析与判断，信息量非常有限。”汪勇华认为，深化风险管理内涵，就是通过运用大数据和人工智能，收集、整理、分析客户的行为轨迹、心理习惯，研究行业、市场、客户的思维逻辑，在此基础上判断风险变化趋势，实现风险预判和授信决策的提前量，达到对风险的反应快人一步，而这一步仅靠人力是无法达到的。

付强

银行风险管理正在由人的经验向大数据和人工智能的方式转变，汪总凭借他的专业专注、勤奋敬业，身体力行地引领着武汉分行进行的这场变革。

对于利用FinTech技术来扩展信贷流程的外延，汪勇华也有一套自己的看法。“扩展信贷流程的外延，就是将我们目前内部封闭运行的流程系统逐步开放，与客户的流程系统对接，将我们的信贷管理融合成企业产业生态圈中的有机环节，做到你中有我，我中有你，既能将风险管理化于无形，更能为价值客群的拓展提供新的平台和入口，达到事半功倍的效果。”谈及未来FinTech在招行风险管理领域的应用，汪勇华满怀期待。

与招行共成长

在招行有这么一群人。他们或数十年如一日，坚持优秀，用匠心打造个人品牌，或努力生长，用过人的毅力与坚持收获鲜花与掌声。正是他们的付出与坚守，让打造百年招银成为可能。与此同时，伴随招行的发展，他们自身也变得更加美好。

陈洪静：19A 如何炼成

◎罗　锐　周　震

访谈人物：现无锡分行行长，原苏州分行副行长陈洪静

编者按：回顾陈洪静在招行的时光，几个数字很具有说明力：招行拼搏21载，连续19年考评为A，担任分行零售分管行长长达15年……作为总行第一批交流干部，从山城重庆到水乡苏州，她不仅带来了山城人吃苦不服输的精神，也浸染了姑苏女子的匠心与包容。在苏州，一路伴随她的除了如诗的画卷，城外的钟声，更有对招行转型发展战略的坚定践行。

匿名

百篇人物，一种精神，就是“因您而变、因势而变，以客户为中心，顺时势不断转型引领潮流”的招行精神。100个人物，只是招行人的一个缩影；无数的“招行红”，如美丽新时代一样，在远处绽放。

踏入陈洪静的办公室，玄关上四个苍劲有力的大字“剑胆琴心”迎面跳入眼帘，不禁令我这个金庸迷心头为之一热，暗自好奇：这位山城女将，是否也有几分侠义情怀？莫非这便是她连续19年考评为A的秘诀？

正思忖间，陈洪静已从办公桌前起身，笑意吟吟地主动跟我打起了招呼。她短发齐耳，妆容得体，笑容温暖，衣着简约而不失精致。在对话中，她总是习惯先微笑着倾听，再发表观点，话不多却简洁明快，透着重庆人特有的热情、爽直和干练。聊到会心处，陈洪静也会拊掌大笑。

用创业精神做好当下

20世纪80年代末陈洪静大学毕业，入职重庆一家国有银

行。7 年间，从信贷员干到副科长，一路顺风顺水，但这个“辣妹子”觉得“船大难调头”，“真正的商业银行不应该是这个节奏，到底什么样的银行才是真正的商业银行？”这是陈洪静一直在问自己的问题。

1996 年，招行在重庆筹建机构。冲着“做真正的商业银行”的理想，陈洪静“情况不明决心大”地在众说纷纭中毅然选择放弃“铁饭碗”，加盟当时还寂寂无闻的招行，开启了对事业全新的求索。

彼时，重庆金融市场都是国字号金融机构，年轻的招行被很多人误认为是身份可疑的皮包公司。作为当时分行仅有的 2 名市场人员之一，陈洪静每天跑完大客户回到行里已是下午，顾不上喝口水，便拿起一叠油印的宣传折页和开户申请书，走街串巷，扫楼陌拜。披星戴月、没有星期天是家常便饭，老百姓的不信任更令她屡屡碰壁。但越是苦、越是难，越能激发陈洪静和小伙伴们干事创业的激情，重庆人骨子里能吃苦、不服输的性格，成为支撑他们攻坚克难的坚强意志。

创业的劲头给了陈洪静太多的收获：“一个银行要生存，就必须靠服务，有特色，才能获得别人认可。从‘穿州过省、一卡通行’路演、第一笔基金销售、首张信用卡发行到第一笔保险代销开单，招行就是这样，一步步在夹缝中成长壮大的。”

匿名

剑胆琴心，人如其名，大气与优雅完美融合，价值和尊重要靠自己努力争取，坐住板凳，沉下心来，用耐心和定力扎实专业知识，用热情和执着感动客户。

凭借突出的表现，陈洪静于 1998 年受命担任分行营业部负责人。她敏锐地意识到，“对公业务的开展，仅仅靠员工的关系，一个一个地找客户是没有前景的。找到客户痛点，通过创新‘人无我有’的特色产品，满足客户需求才是王道。”

庆铃汽车是重庆首批海外 H 股上市公司，是各家银行竞相追逐的企业。但是当该公司提出不使用银行授信额度，而是开具企业商业承兑汇票，并希望银行解决它的生产配套企业商票贴现问题时，合作的银行都不敢接招了。“那时候，各家银行都没有这个业务品种，更没有操作规程。谁来第一个

‘吃螃蟹’？”陈洪静盯准了这个商机，立即向企业请战：让招行来做。

她立马写信贷调查报告，迅速汇报沟通、寻求破题，收集资料、制定操作规程、上报审批……在总、分行支持下，分行营业部仅用短短半个月时间便将该业务成功落地。重庆市首单商票贴现业务由此诞生，并成为重庆市人民银行推行此业务的范本。

从此，不仅是重庆庆铃厂的结算资金进来了，来自全国各地的庆铃厂几十家配套企业也涌入招行开户，门可罗雀的营业大厅开始人头攒动起来。大量配套企业从简单的贴现业务开始，直到后期的结算、授信、代发等业务，与招行的合作陆续深入开展起来。

许国伦

还记得在长寿支行外派零售主管时，回主城开会，会后陈行长语重心长跟一个主管交流异地支行零售业务的获客渠道，现在想起还记忆犹新。为重庆美女导师点赞。

其后，陈洪静马不停蹄，继续着手解决格力电器重庆销售公司淡季缺资金囤货、旺季供不应求的痛点。基于格力电器总公司的强大实力，分行团队成员们设计出总公司空调仓单质押、经销商开银行承兑汇票的业务模式，并付诸实施，使之再次成为重庆地区和招行系统首创，被格力电器集团推广为全国重点经销商与当地招行合作范式。

“回头看，那段创业时光是一种财富，也是一种淬炼，让我始终保持紧迫感，以及对新事物积极尝试的勇气。”陈洪静笑着总结道。创业艰难百战多，收获也很大。2000 年陈洪静被评为“全国金融系统劳动模范”。2002 年，年仅 35 岁的陈洪静被任命为重庆分行行长助理，成为当时招行系统分行班子中最年轻的女干部。

零售靠的是真功夫

进入分行班子后，陈洪静被安排分管零售，从此与零售结下了不解之缘。作为 2004 年南昌会议的亲历者，她对招行历史上这一里程碑式的转折记忆犹新，“零售业务是水滴石穿、聚沙成塔的过程，是笨功夫、苦功夫，但更是真功夫。在当时

那种大干快上、高歌猛进的年代提出一次转型，是一种战略清醒、需要何等勇气，所以更需要我们有战略定力。”

陈洪静是一个善于观察、喜欢琢磨问题的人。在她看来，工作就是不断地发现问题、解决问题，变革和创新永远在路上。谈到在重庆分行分管零售时的经历，她讲起两件事。

一件是分行实施个贷管理“大集中”。作为零售利润的重要来源，招行零售信贷的政策能否顺应市场变化？产品能否满足客户需求？服务是否具备竞争力？这些都是陈洪静经常思考的问题。

“大集中”前，信贷政策传导不畅、应对不灵的问题较为突出，“零售转型不是零敲碎打，而是整体谋划、因势而动、直击要害。”而“大集中”开创性地将零售信贷前台人员实施集中，全面推进零售信贷业务流程处理的“大集中”，在集约化经营、垂直管理、提高市场响应速度和客户服务能力等方面体现出了综合性优势，有力地推动了重庆分行零售信贷业务的全面健康发展。这一做法，在次年便被总行作为经验在全行零售信贷流程优化经验交流会上进行介绍。其后几年，分行零售信贷稳扎稳打，实现“投放+定价”双丰收，并逐步转向“房贷+小微经营”并行。难能可贵的是，分行并没有忽视对风险的把控，即使在经济下行期，全行小微不良率也仅有0.21%。

赵晓君

为陈行长点赞！永远记得您在重庆实施个贷队伍的集中化管理改革，为全行零售信贷发展探索出全新模式，近十年后，已在超过 40 家分行落地实施。“多栽树，少留坑”，时间讲述的故事最动人。

“零售业务是内化日常、持续提升的工作，不可能一蹴而成，虽然地域不同，但零售内在规律相通的。”陈洪静认为，“想要一鹤冲天、剑走偏锋有时很风光，但回头看，补交学费的故事俯首皆是。这种模式不是我们的选项，我更关注的是当前业务背后的基础、结构和动力怎样，如何转换、驱动，否则就会一叶障目，陷入简单规模情结。作为亲历者，多栽树、少留坑，这是作为干部的担当和责任。”

另一件事是探索实施私人银行客户集中经营。当时，重庆市场上各家银行对高端客户大都停留在优化窗口服务的层面，尚无一家银行搭建起专业化的服务体系。陈洪静认为，“零售业务是千人千面，但要在繁杂纷乱中理出思路，找准定位，才能做出特色。而招行的私人银行要在重庆做出品牌影响力，也

匿名

记得之前有一次向陈行长汇报工作，用了一天的时间准备客户的情况，各种细节，各种紧张，陈行长的平易近人，让我很感动！业务专业、言简意赅，聊完该项业务还和我沟通了日常的工作，鼓励我们一线的战士，至今记忆深刻。

必须找准定位、分层经营、集中管理，真正为客户提供高品质专业化的服务。”

陈洪静回忆，“客户可以分层，但专业服务跟不上，产品销售供应没有针对性，造成很多高端客户对招行服务体验不佳。”在她的强力主推下，重庆分行成为系统内首个实施私钻客户“双算”考核机制的分行。这一举措解决了客户集中管理上的最大难点，调动了支行和私人银行中心两方面的积极性，使私人银行客户集中率得到快速提升，并被总行作为经验在全行推广。

坚持也是种胜利

2015年9月，陈洪静从重庆调任苏州。离开生长于斯的巴渝故土，离开伴自己长大的麻辣火锅、重庆小面，她对温和内敛的江南文化和清淡少辣的饮食一时有些不太适应。变化的是环境，不变的是分行零售业务的大旗仍重任在肩。陈洪静笑称，“十几年前一起干零售的分管行长，大多数已经离开零售战线，而自己与零售的缘分仍在继续。能从事自己熟悉和热爱的工作，与‘中国最佳零售银行’一道成长，也是一种难得的幸运。”

虽然地域不同、文化各异，但零售内在规律相通。如何打造分行零售业务的体系化发展能力、有效提升零售的贡献度，是陈洪静就任后一直在思考的重点。面对纷繁交织的情况和问题，她办公室的灯光总是熄灭得很晚。

首先的挑战就是随着2015年以来外部形势的变化，苏州分行财富管理产品创设来源陡降三分之二，曾是分行优势和特色的、依靠高定价大额固收产品来撬动客户的传统打法已经难以为继，财富中收亟待开辟新的突破口。陈洪静深知，“零售业务是典型的十年磨一剑，必须秉承工匠精神，坐得住冷板凳，耐得住真寂寞，在坚守中等待厚积薄发。”

赵瑾

零售业务就像"慢火熬老汤",经历了一次转型，二次转型，轻型银行的转变，一路走来陈行长靠的是对零售的热爱，坚持回归业务本源，不服输的闯劲。连续19年考评A，是我们学习的榜样。

二次转型、轻型银行和反对商业机会主义，也对零售经营的内涵质量提出了更高的要求。其核心要义，还是要坚持朴素的经营理念，回归业务本源和客户本源，通过夯实各方面基础性的工作，从根本上挖掘业务发展的内生动力。“把专业能力建好、体系搭好了，以后再有风浪，我们照样有底气。”

在陈洪静的推动下，针对零售考核采取计价制，去年分行将零售平衡记分卡规模、效率和流程类全部打通，根据团队规模、结构进行等级行排名，拉直线、看过程、抢资源，注重均衡发展与过程管理。“考核改变的是打法，打法背后是习惯和经营理念的变化。只有这样我们零售才能扛得起风浪，在经济周期波动中进可显山露水、静可深藏苦练。”陈洪静道。

除了考核上的变化，更重要的是思维模式的转变。“要从产品驱动变成客户驱动，这样才能回到市场原点。”原来分行零售客群岗仅一人，整天忙于统计通报。现在，分行逐步培育起财富管理顾问团队。他们得跳出自身产品角色，围绕产能飞跃、支行过程管理来下功夫，改变了以前各自为战的简单经营模式，县域支行零售发展也被逐步激活；原来零售客户经理理财、个贷“混编”，现在分行选拔招聘38名市场经理直接派驻支行，补上了平台搭建、上门服务、存量挖掘的链条，零售从守势思维朝着定向拓展思维转型……

有人说陈洪静在零售业务发展管理上很“较真”，陈洪静哈哈一笑，“有人还说我是‘强势’的处女座了，其实，应该叫坚持吧，特别是零售战略转型，只要符合总行战略，大家认准了，我就要不折不扣坚持落地，一张蓝图绘到底，坚持是一种水滴石穿的精神。”

匿名

您是一位美丽雅致的领导，更是一位执着专业的师长和榜样。业务讨论时，您清晰的逻辑和专业的分析让我们佩服；碰到业务瓶颈时，您执着的态度和多方位的建议让我们收获颇丰；在人员管理上遇到问题时，您热情的分享以往工作中的小 Tips，让我们从中学会管理的方法。虽然只有短短两年，从您那里我们学会了坚持、分享、专注。我们一定会更加努力，跟上您前进的步伐，为招行的零售发展添砖加瓦。

坚守初心

陈洪静的名字中有一个“静”字，微信名也叫“静心”，这恰好与她本人不显山露水的特质相吻合。也正是这种特质让她在坚持零售发展的道路上一直坚定前行。

“以前大家头痛的保险、基金靠搭售，现在是资产配置手段，是自觉自然之举。”陈洪静欣喜地看到了客户服务模式的新变化，“外部市场变化很快，但我们守住转型初心不能变。面对市场既不能翩翩起舞，又不能隔岸观火，而是穿越周期，寻找新绿。”向好的变化不断印证着最初的判断。这两年苏州零售营业收入贡献度提升了 12 个百分点，而且结构还在持续优化中。

前几年，在经济下行期，苏州零售小微业务不良暴增、人心思走，甚至有的产生“风险厌恶感”。“上帝关上一扇门的同时，又会打开另一扇窗。”陈洪静介绍道，“我们抓住当地房贷业务大发展期，去年我们房贷定价、投放在同业最高的。回头看，对房贷集中经营、工厂作业路子走对了，这批高定价稳定的房贷成为今后零售收入的‘压舱石’。”

在去年房贷如此火爆的情况下，苏州并没有压缩小微队伍。为什么？“不管如何变化，小微始终是零售转型方向。”陈洪静坚定认为，当小微市场复苏后，实战经验、人才储备、风控等优势迅速爆发成为竞争优势。今年，随着房产调控的变化，小微团队终于亮剑出鞘，坚持标准、小额、分散、抵押原则，实现增量与房贷齐驱，定价上浮逼近 50%，虽然 7 月份看较上年同期房贷下降 75 亿元，但苏州整体零售信贷收入与上年相比增长 23%。

笔者第一次访谈陈洪静的时候，她正在跟一名参加“雏鹰计划”的分行员工谈话。送走这位员工后，陈洪静谈到零售队伍建设时，颇为感慨，“去年初的零售竞聘，对我的触动很大。当时零售内部只有几个人报名，但其他条线的竞聘，我们零售条线报名的却不少。这个现象我们就应该好好反思，这说明大家的自身发展的信心不足。”在陈洪静看来，天上不会掉馅饼，价值、地位要靠自己的努力才能争取来，“尤其零售是细工慢活、厚积薄发，没有十分的耐心与定力，是做不来的。”

> **施燕**
>
> 山城有山步步高，水乡有水年年长，跟着 19A 零售行长撸起袖子加油干，苏州零售事业一定会步步攀高，年年流长。

值得欣喜的是，通过一年多的努力，一些积极的事情正在发生。在最近的零售竞聘中，很多非零售条线人员，行外的、其他条线的都来参加竞聘，这说明大家的信心又回来了，“只有点滴努力、搭好成长平台，才能让大家觉得感觉有价值、有奔头。”

近两个小时的访谈行将结束。告辞之际，笔者提出了一直以来的疑问，“陈行长，您连续19年个人考核为A，这背后的坚持是什么？”陈洪静笑着说，“并非刻意，只是坚持做好每一件事，你就是这个平台的主角。回头看，这也是我职业生涯的意外收获。选择招行，我无怨无悔。”

迟纯:一个客户经理的22年

◎丁国林

访谈人物:北京分行公司金融事业部公司客户三部大中企业客户经理　迟　纯

编者按:1995年入行,22年的坚守,迟纯早已与招行血脉相连,用她自己的话来说,“招行承载着我全部的回忆,有我全部的梦想,我身体里流淌着的血液都是招行红。”从“小迟”到“迟姐”,曾经那个意气风发、青春洋溢的少女,如今已经成了亚运村支行里最年长、最资深的客户经理。连续十几年综合考评A类,多年分行先进工作者,“总行30周年卓越贡献奖”是对她职业生涯最完美的注解。

耕夫

好文章!有实例,有情感!招商银行不完全是阳春白雪,更多的是艰辛的耕耘!正是有了迟纯这样长年坚守在一线的招行员工,才有了备受客户认可的招行品牌!她们不应该被忘记!她(他)是我们宝贵的财富基石!给迟纯点赞。

短发、淡妆,身材颀长,面容亲和,关于自己与招行的故事却不愿多说。但谁又会想到,面前的迟纯在亚运村支行客户经理岗一待就是22年。同一支行,同一岗位,22年高品质的坚守,这不是初心,又是什么呢?

招行人的集体记忆

1995年的北京分行,还是一个人数不过百余,网点不过三四家的小银行,在首都市场名不见经传,“我是从国有银行过来的,当时想着年轻多经历一些,也没多想就跟招行结了缘。”来到招行,迟纯去的又是刚刚成立的亚运村支行,没有客户基础,没有资源沉淀,一切都要白手起家。

迟纯入行那会儿刚好赶上了招行“一卡通”大力推广期，这段经历也成了那个年代招行人的集体回忆。“一卡通的营销不仅仅是柜员和大堂经理的事，分行上下所有人都发动起来了。”迟纯开玩笑道，“早期的‘一个银行’。”在对公条线做信贷经理的迟纯也加入了开卡的大军。

开始的那两年，也是开卡压力最大的时候。北京分行的很多员工都是自愿牺牲休息时间，一周至少工作六天，从早上七点出门到晚上六七点回行，一天来回奔波十几个小时，“一点都不夸张，我们回到行里经常是瘫坐一地，有的甚至是靠着椅子就睡着了，有的同事脚磨出泡，用针一挑，贴个胶布，第二天还继续上街，真的是轻伤不下火线……大家都像打了鸡血，不知道哪来的那股劲，遇到困难，互相一个眼神，一句鼓励，咬咬牙就过去了。”说到这，迟纯的眼里满是回忆，伴随她的讲述，一个激情燃烧的年代画卷徐徐展开。

匿名

经历过陌拜，经历过辛辛苦苦营销客户最后被拒绝。经历过半夜 12 点在雪夜等最后的公交车！经历过一天 20 个小时在走访客户！我也是客户经理！

“不过有时候也挺尴尬的，特别是在外面遇到熟人。”迟纯笑着介绍。有一次，她和同事在大学做宣传，自己挂着绶带，拿着一沓宣传单，给来来往往的大学生和老师介绍“一卡通”。当她把一张宣传单递给一个阿姨的时候，阿姨认出了迟纯，用惊讶的眼神上上下下打量着她，说，“你不是在银行吗？怎么还干这事？”迟纯脸上微微泛红，定了定，说，“是啊，我们招行在做宣传，您要不也办一张卡？”

阿姨摆了摆手，嘴里嘟囔着：“什么银行啊，还上大街？”随即摇了摇头就走了。望着阿姨的背影，迟纯捏了捏手中的传单，“也会有片刻的迟疑，但这种顾虑转眼就被忙碌代替了。”迟纯抹去额头的碎发，转过头露出微笑继续大声地宣传开来，“别人的看法，不要太在意，做自己认为喜欢的事就可以了。”

就这样，在像迟纯般辛勤付出的招行人的共同努力下，北京分行一卡通业务在京城迅速打开局面，也为日后招行在北京树立零售业务金字招牌打下了坚实基础。

匿名

当年的招商银行，就是这样一张一张“一卡通”发出去，一分钱一分钱拉回来，扫楼、陌拜，作为当年经历过这一切的人，明白和知晓其中艰辛，更加理解“迟姐”工作的付出与不易。致敬。

再忆“苦日子”

二十世纪九十年代，亚运村地区乘着亚运会的余晖，成了北京第二个“富人区”，聚集了比较多的“有钱人”，对支行的零售业务起到了支撑作用，但是周边的企业却非常少，对公的获客难度很大。此外，招行在信贷政策、业务产品、知名度上还不如国有银行，业务发展举步维艰。

“我们那会真正尝到了做乙方的滋味，做银行的那点骄傲，全部被打碎在地。”迟纯感慨地说。作为新支行，客群是基础和关键。既然没有客户上门，客户经理就要走出去，面对面给客户服务，把银行搬到客户公司去。“这也开创了当时银行上门服务的先河，”迟纯继续介绍，“不过我们的‘苦日子’也来了。”那时候，迟纯早上在行里签个到，便得急匆匆地出门。

想象一下，画面变成黑白。二十多年前，一个青春靓丽的北京女孩孤身一人背着一个包，包里放上一些宣传资料，再拎上一瓶水，坐上四处漏风的老式公交车，摇摇晃晃地向CBD，向二环进发，去办公楼密集一点的地方扫楼……找到大一点的公司，门都难进，脸更难看，基本没开口，便被人家请了出来。有一些小一点的公司，还没听完介绍，丢下一句“招行是什么银行”便不再搭理……

“如果哪一天能开一个户，都要兴奋半天。好不容易找到一个客户，得当成宝贝，客户一个电话，就要飞奔出门，一个小小的回单都要准时给客户送过去。”这么多年过去了，对于迟纯，那种开到户带来的兴奋感仍历历在目。

姚春艳

在招行22年，把工作做得极致而又精致，这种精神值得我们学习，为迟姐点赞。

有一年夏天，天气十分闷热，迟纯去一家企业陌拜，企业领导说有一家公司需要开户，让迟纯去试试。她按照地址，徒步走了过去，结果在胡同里拐来拐去，始终找不准地方，闷热的天气早已让她汗流浃背，脸上晒的直冒油。最后，差点放弃的迟纯在一个临时房里找到了这个公司。公司里只有两个人，刚注册，还没有开展业务，迟纯略有失落，可有总比没有强，有客户就有机会，还是招呼企业开了户。“那一段经历非常辛苦，但对我们这一代客户经理却是非常珍贵的记忆，因为北京分行的事业就是这样一个户、一个户跑下来的。”迟纯动情地说。

多坚持一下

做了22年营销，迟纯总结，营销最考验人的意志，需要内心足够坚定，相信自己，再坚持一下，就成功了。

90年代末，国内有一家著名的律师事务所，要在CBD购买办公楼，在当时的贷款条件下，能做下这笔业务十分不易。“这笔业务就像西天取经一样，闯过一关又一关，要不是一直鼓励自己再坚持一下，真的做不下来。”迟纯自嘲道。

第一道关是企业调查。客户是律所，做事的风格十分严谨、严苛，每一次要材料都要问清用途，每一次沟通都要解释银行需要这些信息的目的，还要准备很多证明材料、免责申明、授权书等等，让你“不胜烦累”。但是迟纯没有放弃，一次调查不够，两次，两次不够，三次……直到把客户“逼疯”，把经营情况了解清楚。

第二道关是要说服分行的审贷官。因为向这类合伙制律师事务所提供融资，分行的风险性审批非常谨慎，之前基本没有成功放款的样本。迟纯虽坚持自己的职业判断，认为这项业务在风险上可控，可是要说服审贷官，仅凭自己的判断还不够，于是她沉下心来做功课，连续加班加点研究风险缓释措施写方案报告，并向在他行工作的朋友咨询操作方法。可是刚刚写完报告，并与审贷官沟通好，客户就传来消息，有两家国有行已经完成业务上报，并且审批流程也接近完成。

听到这个消息，迟纯的心又提了起来，当晚便马不停蹄抱着材料跑到分行，陪着审贷官一起加班审批直至凌晨完成审批……第二天，她不顾疲惫，又和总行审贷官进行沟通，不但争取到为律师事务所提供10年期，1.4个亿的按揭贷，并且在按揭成数上、利率上完全超越了先前的两家银行。当她上门把审

匿名

工作上的引路人，生活中的老大姐。读文之感就像烈日当头的杂院里，大树的阴凉下喝着一壶余温尚存的茉莉浓茶，摇着蒲扇与街坊间闲扯着家常百态。

批结果告知客户时，客户财务总监立马拿起电话，通知其他两家银行，他们选择与招行合作。

“那一天，从客户那回来，我一直处于兴奋状态，因为这笔业务在当时可是大业务啊，那个成就感简直爆棚。”通过一次合作，该客户与招行的合作越来越多，现金管理、代发业务也陆续开花结果，形成数亿元的存款沉淀和每年超过4亿元的代发业务，并为分行开发了多位私钻高端客户。

还有一年，某央企总部有境外承包工程，迟纯和分行贸易融资业务的产品经理多次到企业介绍出口保理业务，并为企业设计专属适用的产品结构。由于涉及企业境外子公司配合提供工程背景、进度和量单，给企业的相关人员增加了额外的工作难度，再加上企业在其他各家银行的授信额度十分充裕，现成的融资方式和流程都非常成熟，企业上下没有动力，一开始并不接受。

在长达大半年的时间里，一次又一次被客户拒绝，连分行的产品经理都有点灰心，但是迟纯没有放弃，她意识到，客户不愿做肯定是没有完全意识到这笔业务给企业带来的收益。于是，迟纯回到行里，拿起计算器，替客户算了一笔账，详细地对比了几种融资方式，在当前汇率条件下的成本收益……当她拿着计算结果再次与企业沟通时，企业也转变了不合作的态度，开始逐步了解与尝试出口保理业务，最终这笔出口保理业务的产品价格在同期利率基础上下浮了15%，为企业大大节省了财务费用。

客户初步尝到了甜头，迟纯没有等，立刻趁热打铁，与企业又续作了多笔该类业务，业务余额最多时达到1个多亿美金，为支行带来了可观的中收和存款等综合收益。

“师傅”和“大姐”

22年的市场一线营销经历早已让迟纯身经百战、淬炼成钢，所以在亚运村支行，迟纯不仅是资深的客户经理，更是桃李满天下的“师傅”“大姐”。在支行的对公团队里，从90后的新兵，到80后的业务骨干，一大半都是迟纯手把手教出来的徒弟，如今这些徒弟早已能够独当一面，有的甚至走上了团队管理岗位，但是在他们眼里，迟纯永远是良师和大姐。

迟纯说：“带徒弟很累，但是只要把徒弟交到我手上，我就要对他们负责。”她教徒弟，从来都是毫无保留，倾其所有，从产品知识到营销技巧，从报告撰写到方案设计，她都一一传授。

张佳庆

22 年如一日奋战在营销一线，撸起袖子下地干活的精神让人肃然起敬！

她的一个徒弟，第一次撰写大型项目方案时完全无从着笔，手边又没有充足的案例可供参考，万般无奈下，只好给迟纯发了短信，寻求帮助。当时，迟纯还在客户那，看到短信，只回复说等她回来指导。那一天，正好赶上下雨，路上交通十分拥挤，晚上快八点的时候，雨势不断加大，徒弟以为她不会回来了，正要收拾东西，迟纯却意外地出现在了办公室的门口。迟纯的裤子和鞋都湿了大半截，额头上还不时滴落几颗水珠，但她对着徒弟说，“等我两分钟，我收拾一下，马上来。”那一天，等写完报告时，已经是深夜……

除了指导工作，迟纯还关心爱护徒弟们的个人生活，哪个徒弟生日了，她张罗着买礼物；哪个徒弟要结婚，她帮着联系酒店；哪个徒弟心情不好了，她帮着缓解压力……“最近又看什么书或电影啦？”“家里父母都挺好的吧？”“什么时候结婚、生小孩呀？”……这是迟纯日常问得最多的话语。在徒弟的心里，迟纯不仅是师傅，更是温暖的“大姐”。

如今，迟纯已经年过半百，可是依然奋战在客户营销的第一线，“李部长，您好！昨天您说的那个问题，我了解到情况是这样，跟您赶紧汇报一下……”“小王，您好！我们昨天发的方案不知您那领导过目了吗？”22年，8000多个日日夜夜，就这样，始终如一，迟纯在客户经理这个平凡的岗位上，用坚守与奋斗书写人生最美的风景。

何志慧：十年一个“时代”

◎徐婕琼　钟　凯

访谈人物：深圳时代广场支行行长助理　何志慧

编者按：从一名初出茅庐的大堂助理，成长为一位优秀的支行分管行长，需要多长时间？何志慧用了十年。十年磨一剑。与招行同行的点点滴滴，记录着无数次她与客户的真心相待。这十年，标杆一般的她，付出了许多，也收获了属于这个热情开朗东北女孩的鲜花和掌声。

英姿飒爽的短发，步履轻快的高跟，极快的语速，浅浅的酒窝……这是初见何志慧的第一印象。这个东北大姑娘，从进招行的第一天起，就用热情洋溢的笑容，感染着每一位客户和同事，给每个人带来温暖。

扎根招行，才能开花结果

匿名

作为亲人，也是招行的一员，志慧的努力真的是让我感叹，永远都精力充沛，不停歇的小马达，真诚待人，积极无畏。每次接她一起家庭聚会，在车上跟客户讲电话讲不停，作为亲人我受不了，作为招行人我由衷的敬佩。感恩招行这个平台，给她天地让她成长！

第一次见面定在了何志慧“家”里，她挺着个怀着双胎的大肚子接受我的访谈。由于接近临产，她行动不便，呼吸也很重，明显可以看出身体的疲惫，但直爽而亲切的性格一点都没变。

说是“家”，实际上是何志慧租的房子，对此，她解释说：“其实我早买了房子，但是为了离行里近，方便加班，就一直租在这里，已经住了快十年。”我不由暗想，传说中的“拼命三娘”果真不一样。

话题从摆在她身后的“感动招行年度人物”奖杯，很自然地过渡到十年前，那是何志慧招行生涯的起点。

2007年2月，一心想去外面世界看看的何志慧甚至等不及拿到大专毕业证，就从黑龙江南下深圳，成为了招商银行深圳分行的一名大堂助理。“当时，我的全部财产就是从家里带来的500块钱。”她笑着说。

十年弹指一挥间，但往事并不如烟。回想当年的种种，看得出何志慧感触满怀，“那时候还是个小孩，年轻气盛，根本没考虑那么多，一心想着到大城市闯闯，幸亏招行接受了我。但我有着东北人的性格和特点，有能量，敢拼搏，目标感强。而且周边有一大群优秀的同事也激励着我，虽然只是一名大堂助理，但我相信自己能做得更好。”

下定决心后，何志慧以超强的毅力与异于常人的付出开始了她的招行生涯。支行网点笑得最灿烂的小姑娘是她；每天最后一个离开岗位的是她；周末参加各类培训、讲座，弥补学历不足的是她；甚至深圳图书馆哪个区域位置最好，她都一清二楚……何志慧做了三年多大堂助理和大堂经理，平均算下来，每天接待客户超过200人，网点创赢积分连续三年在罗湖支行排名第一，还曾在分行低柜积分排名中位列第二。2010年，她被提升为低柜理财助理，个人业绩考核多次排名分行前十。

通过对她的考试成绩和工作业绩进行综合评定后，2010年12月31日，何志慧成为了招行的一名正式员工。对于这特殊的一天，她记忆非常深刻，“我当时特别激动，因为我热爱招行，热爱这个职业。扎下根后，我便可以在这片沃土上不断成长，开花结果。”

匿名

何行长的成长故事最容易让一线的同事们感受到正能量，没有学历优势，没有资源优势，从最基层的岗位一步步走上来，让人看到零售人的成长路线，没有业务差别，只有努力和钻研。

“除了自身坚持外，当年我的领导夏安英也给了我很大的支持与帮助，不论是生活、工作甚至是心理。她带着我们会见那些资产过亿的大客户，我跟着她学习怎么跟客户沟通交流，也从她那里获得了最初的宝贵经验。”懂得感恩的人才能走得长远。至今，何志慧对于她的“领路人”仍无限感激。

面对困难，她却越挫越勇

2010年最后一天成为招行正式员工，2011年7月成为低柜理财经理，就在何志慧的职业道路看似一帆风顺的时候，问题出现了。

“刚开始转客户经理，主要是维护客户关系，熟悉客户的账户情况。因为大多客户之前换了两次客户经理，所以刚接手管户时，我遇到了瓶颈，很多客户堆积的不满情绪开始爆发，让我瞬间感受到客户经理的不易。”讲到这段，何志慧情绪有点低落，“虽然动力十足，也更有干劲，但是业绩却不理想，当时分行大约有200个理财客户经理，我也就能排在150名的样子。”从巅峰到谷底，这种心情只有真正经历过的人才能体会。

何志慧坦言那段日子很不好过。一方面业务下滑厉害，另一方面觉得自己辜负了行里的信任，她很迷茫，也很急躁，“那段时间是最难熬的。从一名助理到真正独当一面，直面客户，无论是专业还是心理方面，我都承受了很大的压力。每天都很忙，但却没有方向，跟无头苍蝇似的。”

好在家人和同事的支持和帮助让她冷静下来，重新认识自己。跟时任时代广场支行行长夏安英的一次谈话，让何志慧在千头万绪中找到了方向。“有一天，已经下班很久了，夏行长经过理财区，看到我还在加班，便过来了解情况，在知道我的迷茫后，她推荐了一个精耕细作的方法给我。”何志慧换了个舒服的姿势，继续介绍。什么是精耕细作？概括来说，就是将每一位客户的公司职务情况，在招行有没有开通信用卡、手机银行、网上银行等，连同家庭情况、个人爱好、生日等信息一起总结规整起来，方便全面了解每一位客户的情况。不仅要学会和客户做朋友，对客户的每一点信息都需要了解、重视起来。后来，夏行长又带她去拜访重要客户，让她慢慢找到了和客户沟通的感觉。

让何志慧觉得更珍贵的收获是在这个过程中，她逐步找到了自信心。有了方向，再多的苦便不觉得苦。白天，何志慧不是在面访客户，就是在面访客户的路上。她记得很清楚，最多的一天她面访了12个客户，腿都快要跑断了。晚上，她在行里加班加点，办公室的灯光几乎没有在上半夜熄灭过。靠着一股子韧劲与悟性，何志慧慢慢地从谷底往上爬，虽然很艰难，但因为有汗水与坚持来打底，所以每一步都走得异常坚定与踏实，每一步都是一个新高度。大概用了一年时间，她终于回到了正常的轨道上。

王逍遥

热爱自己的工作，并乐此不疲的坚持，把时间花费在“有意义的事情”上，不仅实现了时间的最大价值，更在日积月累中开辟了自己新的天地，真心希望何行未来能够在招行的道路上创造出更多辉煌的“十年”。以您为榜样。

大家熟悉的那个何志慧又回来了，而且动力更足，能量更强，仿佛是要把之前一年多来在业绩上的不足都弥补回来。她就像一辆风驰电掣的赛车，在招行的赛道上向前疾驰。从2012年到2014年，何志慧累计提升金葵花客户455户、私人银行客户30户、钻石客户60户，客户管理总资产也由8亿元提升至14亿元，成为全行学习的标杆。

除了专业，还要爱和真诚

作为一名非常优秀的理财师，何志慧对于财富管理，有着她自己的见解：“在当今这种财富增值的大背景下，个人投资已经从单一的储蓄、买房转变为多种投资方式，比如基金和私募。作为理财经理，要根据客户的具体情况为其财产进行保值增值，同时为客户节省时间和精力。”在何志慧正式成为理财经理后，她已经为近万名客户提供过服务，为三千多名客户制定了资产配置建议书。

但除了专业，何志慧认为有些东西也很重要。“我喜欢和客户打交道，只不过客户千人千面，专业水准和能力只是工作的基础和保障，要想得到客户的认可和信任，还需要很多东西，比如对客户要真诚，有时候要有韧劲，有时候要用智慧，有时候需要爱心。”

沈帅

来招行已经两个多月，岗位的清闲让我对未来很迷茫，看了这篇文章，瞬间充满了斗志，没有转不了的正，只有不努力的人。从现在开始，给自己制定目标，把闲暇的时间利用起来，学习知识，充实自己。

何志慧提到她的一个客户陈先生。陈先生以前从来不在银行做理财和投资，并认为这些都是骗人的。何志慧好几次请他来行里了解资产配置，他都以家里和单位离银行太远为由进行回绝。这种内心的抗拒几乎让人看不到希望。“但我就是这么一种性格，越是这样就越不服气，非要攻下这座堡垒不可。这时候一味执着地坚持作用已经不大，很可能还会适得其反，所以就需要用非常规的方法了。”

何志慧每周将编辑好的经济动态和产品信息，再附上专业的解释和分析，以邮件的方式发送给陈先生。哪怕没有得到过回应，她也没有停止过。就这样过了三个多月，陈先生被她的诚意打动了，同意面谈，地点定在其公司附近。结果，还没到约定的那天下午，中午就开始下暴雨。何志慧没有丝毫犹豫，带着雨伞便坐公交车赶到约定地点。就在陈先生怀疑她会不会来的时候，何志慧准时出现在他面前，送上了精心准备的资产配置建议书。一次信守承诺的行为让陈先生成为了何志慧的一名真正的客户，其后，这位陈先生干脆把他行资金也转入招行，进行了资产配置。

“思路决定出路，真诚取得信任”，这是何志慧在工作中的信条，也是她在服务客户时的准则。她的一位客户李先生，最初有 200 万资金在招行，但是两年多以来一直只买理财产品，听不进任何理财之外的建议，之前有其他客户经理维护过，但每次都碰壁而归。

何志慧决定不再对他进行劝说，只是在招行有贵宾服务信息和优惠信息的时候，便第一时间通过微信发送给李先生，却从来没得到过回复。直到有一次，李先生告诉她，对一场投资决策会很有兴趣。偏偏不巧的是，当时报名已经截止了。何志慧认为这是一次机会，她很重视这件事，一直多方协调和沟通。终于在会前一天，才知道有两个临时空出来的名额，便马上通知李先生可以参加会议。第二天，何志慧又在会场外亲自迎接。会后，她抓住宝贵的机会，就当下的市场状况和经济形势与李先生进行了交流，并结合这场投资决策会的观点给李先生提出了资产配置建议。热情的态度和专业的建议终于征服了李先生，他当即转入 1200 万资金让她进行资产配置，后来他甚至成为了总资产 4800 万元的私人银行客户。

匿名

榜样精神啊！真的太棒了！我目前也是面临刚刚转岗到低柜理财，也面临了很多困难和挑战，看到您的事迹，我感到信心满满！感谢您！也感谢作者，为我们分享了这么好的事迹。

事情其实很普通，但很少有人这么坚持下来。知道了这些，我们就不会再好奇，为什么她有一大批忠诚铁粉。这些粉丝们宁愿排队数小时等着向她咨询，也不会另找他人。更为让人佩服的是，在她的粉丝群中，也不乏其他银行的高管。如今，何志慧已然成为了深圳分行的一张服务名片。

做好“政委”，打造过硬团队

2015 年，何志慧晋升为时代广场支行理财主管，管理一个 11 人组成的团队，她也证明了不仅自身过得硬，她带的队伍也同样如此。

何志慧笑称自己像个“政委”，喜欢带人。她特别重视提高团队整体业务能力，每周都组织私人银行资产配置建议书的解读与分析，由团队成员轮流主持，为的是让每名成员都能提高市场深度分析和专业理财建议方面的能力。每天开晨会时，何志慧要求市场播报要脱稿进行，为的是让员工把经济分析的脉络铭记于心，以便能够灵活运用。对于具体的产品，何志慧更是要求团队成员要一个一个地通关，每个细节都不能有丝毫的疏漏或者不确定。

匿名

起点低不能决定腾飞的高度！何“政委”的十年磨剑，展现了一个感人至深的励志历程，也充分展现了招商银行这个绚烂多彩的舞台注定是留给那些努力拼搏，不断进取的时代舞者，也激励着更多同事拼搏奋斗。

“现在，各家银行理财产品和理财服务的同质化现象越来越严重，要想得到客户的认可，让客户感到满意，就必须重视差异化服务。理财经理能否提供个性化服务，直接决定着客户对招行零售的黏度，也决定着客户的转介意愿。”

对于服务一事，她总结了三条金律。首先，服务一定要真诚周到，大到客户的资金周转进出，小到客户的停车票，每一件都要事无巨细地给客户解决，在细微的服务中建立起客户的信任度非常重要；其次要了解客户，在服务客户的过程中，不断对客户的家庭背景和全部资产状况进行深入摸底，建立客户资产档案，并且以最适合的方式和最专业的信息来为客户提供服务；最后要对客户的资产负责，要综合客户的所有情况和投资经验，提出正确的策略，让客户的资产能得到最妥善的安排并稳健增值。

2016年1月，深圳分行体制改革的大幕拉开，何志慧被分行聘任为时代广场支行分管行长，管理的团队更大了，负责的工作更多了，但她却好像有着用不完的时间，使不完的力气。除了指导业务，她还非常关心员工的生活，让行里给员工提供爱心早餐，午餐还增加了水果。业余时间，她定期组织员工去梅林水库徒步，去深圳湾跑步，一路上欢声笑语，气氛热烈。

我是一个兵

何行，好样的！

虽然不曾见面，但在零售战线上有着相同经历的我，能深刻感受到十余年的努力与拼搏，付出与感悟，愿有机会去深圳的时候可以交流！

何志慧不仅喜欢带团队，还乐于带新人。有趣的是，不仅时代广场支行的很多新人跟着她学习业务，其他支行的新员工也会被领导派来这里跟她学习，而何志慧对此都是来者不拒。

"很多人说'90后'的孩子心沉不下来，但我并不这么看。新人都是璞玉，只要经过耐心打磨，都会放出夺目的光彩。"零售条线的新人都要从大堂做起，而对于大堂工作，何志慧再熟悉不过了。她手把手地教新人，事无巨细，小到如何打好一朵领花，大到怎么去挖掘一名潜力钻石客户，都一件件地教给每一位实习生。她总是对新人们强调："零售的核心是什么？就是要为客户着想，为客户考虑，专注地维护与客户的关系。你们一定要把这一点牢记在心，践行在每一次对客户的电访或面访里。"

工作这么忙，哪还有时间做自己的事？何志慧笑着说："再怎么忙，也要给自己充电。我吃了太多学历的亏，而且现在知识的更新换代太快了，你要是不及时学习新知识，很快就会被时代淘汰。我已经读完了本科，准备等生了小孩之后再去考研。"

十年如一日，用在何志慧身上再合适不过了。十年来，何志慧从从大堂助理到分管行长，一步一个脚印，坚实而有力，始终不变的则是她向上的信念与拼搏的精神。新的一年，伴随着一对双胎即将诞生的欢欣，何志慧也将开启另一个新"时代"。

唐梦雅：青衫磊落险峰行

◎陈　诚　周　喆

访谈人物：烟台分行零售银行部总经理助理唐梦雅

编者按：2012年入行即为分行“最佳新锐”，2014年任职主管并身兼数岗，连续两年被评为深圳分行“管理能手”；2016年任深圳侨香支行行长兼深圳分行团委副书记，半年实现网点规模翻番；2016年参加“雏鹰计划”，到烟台分行交流任职，成为年纪最小、飞得最远的“雏鹰”，也是招行系统内第一批“90后”分行中层干部。从储蓄柜员到分行总助，收获了6个岗位的从业经验，只用了不到5年时间。她是唐梦雅，首批雏鹰人才代表，现任烟台分行零售银行部总经理助理。雏鹰展翼，用拼搏书写青春，以担当创造未来。

初识唐梦雅的人很少会把这个小巧玲珑的90后女孩跟支行行长、部门总经理助理等银行职位联系起来，直到跟她有了进一步接触后，才会发现，这个女孩不简单：情商高、逻辑清晰、目标感强、敢想敢做。

天远

向90后新锐学习，学习其强大的适应力、执行力和凌厉的创造力。

作为首批“雏鹰计划”的交流干部，到烟台后，唐梦雅偶尔也会疑惑：“我的选择对吗？我的目标到底是什么？”这并不是她第一次与自己对话。生于1990年，26年来她曾多次自问，并作出与多数同龄人截然不同的回答。

雏鹰前传：少年心事当拏云

五年前，并不宁静的夏天。初出校园的她，本可以依靠父母的人脉在家乡武汉找到一份不错的工作，过上朝九晚五的白领生活。可是，她不想在这种一切按部就班的"有所在"的日子里消磨时光，一心想离开家乡，活一场"无所在"的人生。就这样，她闯过数场笔试面试，来到离家一千公里之外的南海之滨深圳，瞒着家里签了三方协议，成为一名招行人。

唐梦雅目标感很强。毕业前夕，她跟老师道别，席间抛出了自己的目标论——3年做到主管、5年做到网点负责人，做不到就回武汉。此语毕竟狂狷，老师举杯祝福，其他人笑而不言。

刘俊琴

目标清晰，智慧果敢，是我们新人的有力榜样。

然而，这种目标感却赋予人强大的能量。她从深圳分行的基层柜员做起，因为特别吃苦又业绩出众，当年转岗成为理财客户经理。与别的客户经理不一样，她的客户是分行本部的员工。行员资产屏蔽，考核业绩时会吃亏，且同事的专业要求比普通客户要高，很多人都不愿意做这个工作。她却暗暗跟自己较劲，白天维护客户、做活动，晚上学习产品、做材料、写邮件。不知从何时开始，分行本部员工每天都能收到一封来自唐梦雅的理财资讯邮件；随后，分行营业部大厅开始推出一些针对行员的财富推介或健康养生活动。因为每天找她咨询的人特别多，唐梦雅索性为自己的工作电话取了个名字——"小唐理财热线"，后来又推出更专业的服务品牌——"梦雅心水推荐"。点点滴滴，不经意间造就了非凡，在强手如林的深圳分行，入行不足半年的她被评为当年"最佳新锐"。

没过多久，深圳分行营业部中层岗位出现空缺，鉴于唐梦雅突出的表现，行部领导大胆启用她兼任理财部主管。此时，年轻的唐梦雅身上肩负着主管+财富顾问+客户经理等众多角色和责任。一级支行条线考核管理、财富队伍培养、客户经理陪谈、行员维护、流程管理、活动组织与策划等一系列琐碎而繁杂的工作，时常压得她小小的身板透不过气来，却也使得她

在3年多的时间内，攒下了别人6年才拥有的扎实经历——3年客户经理经验、1年财富顾问经验、2年主管。

2014年、2015年连续两年，唐梦雅被评为深圳分行管理能手。“那是我职业生涯成长最快的一段时间。很多人说我成长得快，我认为是招行这个平台好，也要感谢当时领导的信任。年轻的时候计较少一点，可能得到的更多。”谈起过往，她少年老成，目光如炬。

李修彤

才貌双全、目标清晰，敢想敢做，情商高，能有这种水平，智商肯定也很高，优秀的小姑娘。

2016年初，深圳分行事业部制改革，唐梦雅成为侨香支行行长，挑起了带领支行发展的重担。这是一家设立不足一年的新建网点，基础并不算好，除了她本人，只有1名客户经理、1名低柜、3名大堂人员，外加1名公积金专员。为了打开局面，她聚焦客户拓展，主动申请成为总、分行楼盘掘金数据库营销的试点行，每周组织一到两场活动，通过数据库精准营销覆盖了周边十多个楼盘，单月即实现开立金葵花卡100余张。半年内，侨香支行实现了网点规模翻番。9个月任期里，她带领团队实现AUM增长超5亿，自拓多名高端客户，客户经理KPI考核从100多名几度跻身分行前10名。到离开前一个月，侨香支行在深圳分行KPI考核新建行位列第二。

她把最好的年华都奉献给了招行，也有人议论纷纷，觉得小姑娘太拼必然会错失很多，甚至嘲讽她没有生活。对此，唐梦雅有自己的理解，她认为“年轻的时候，奋斗比生活更重要，今天的奋斗是为了明天更好地生活”。

雏鹰试啼：清音嘹亮春风送

所有关于成长的叙事，都是为了起草新的篇章。

2016年，总行人力资源部会同零售金融总部试点推出了人才交流“雏鹰计划”。这是招行人才发展体系过程中一次大胆的制度创新，意在让优秀、年轻的骨干员工奔赴条件较为艰苦的市场一线，承担经营和管理的双重压力。“雏鹰计划”既是对个体的淬炼，也是思路与经验的薪火相传，同时也促进了改革举措的纵深落地。

张启航

作为经常与她打交道的同事，心服口服，确实有见识有思路有魄力。

唐梦雅第一时间报名参与，“我觉得有些机会可以通过改变日常生活的要素来重塑命运，比如上大学、工作、结婚，雏鹰计划也是这样的机会。”机会到来，她提醒自己要乐观地设想、悲观地计划、愉快地尝试。

雏鹰计划选拔严格，经过层层选拔，她脱颖而出，应聘成为烟台分行零售银行部总经理助理。这个习惯了在他乡的女孩，再次整理行囊，从南海之滨飞到黄海之畔，开始接受新的挑战。

放弃在特区大行的发展前途，身边朋友都无法理解。当有人问及她，一个女孩子为什么跑这么远接受未知的挑战？唐梦雅低眉浅笑：“我喜欢责任心所赋予的充实生活，‘雏鹰计划’为年轻人提供了成长平台，这不仅仅是对我们的认同和接受，更是责任与期望。”在雏鹰计划的启动会上，唐梦雅作为代表发言，她说，“用 2 年的时间，做 3 年的事，奠定烟台分行 5 年的零售发展基础。”这符合她长期信奉的行事座右铭——用一辈子的时间做两辈子的事，活出三辈子的精彩。这份“精彩”，她不仅说到了，也做到了。

烟台是环渤海经济圈内最重要的城市，也是我国首批 14 个沿海开放城市之一，尽管具备良好的市场环境，升格为一级分行不久的烟台分行，尚处在夯实基础的二次创业时期。

胡颜君

很荣幸成为唐总团队的一员，给我们美女领导点一个大大的赞。

不负“雏鹰计划”的初衷，唐梦雅等人不仅带去了个人的理想，也带去了先进的打法。

她分管代发业务，在烟台分行行领导的大力支持下，做的第一件事是重组市场团队。此前分行市场经理团队业绩低迷、离职率高，老员工没信心，新员工看不到方向。摸清了情况后，她将团队划分成 4 类具有梯次的岗位——市场经理主管、市场经理、市场助理、市场助理操作岗，同时配套设计了晋升、淘汰、差异化激励机制。不久之后，市场团队士气明显回升，不少低柜和优秀大堂人员自发转入市场团队，入岗 3 个月以上员工平均每周都有新签代发，还涌现了开发钻石客户、黄金销售等交叉销售案例。

团队的成长让唐梦雅体会到了比业务落地更胜一筹的骄傲，但她丝毫不敢放松在业绩提升上的努力。代发是批量获取零售客群的有力武器，烟台分行前期代发拓展不理想，2016年代发完成率仅66%，且小企业偏多，千人以上代发寥寥无几。为了取得突破，唐梦雅使出了浑身解数。一方面营造氛围，在公司、零售各团队中树立千人代发拓展标杆，在中后台、大堂等团队中树立转介标杆，带动全员主动支持代发。另一方面注重整合资源，加强公私联动、分支合作。

功夫不负有心人。数管齐下之后，高质量代发开拓得以破题。一位对公团队长发现兄弟分行在发行某物流公司价值认同卡，同时了解到烟台、威海两地该物流公司并未在招行代发。于是，这家有着两千余名员工，人均工资较高的企业随之走入唐梦雅视线。她通过深圳分行找到了对方企业的关键人，抛出了招行为烟台该物流公司定制的打包金融方案。该方案涵盖员工薪酬福利计划、企业价值认同卡及其他合作事项等。当得知该物流公司关注樱桃销售季的业绩后，她立刻整合行内外资源帮该物流公司开展了一系列线上推介活动。今年5月中旬，一箱箱烟台大樱桃通过招行手机银行下单，再由该物流公司直邮到各地。招行帮助天南海北的客户吃到了新鲜的樱桃，一时成为佳话。但没有人知道，这是“雏鹰”唐梦雅为拿下这家快递公司代发精心设计的高招。

李然

小姑娘具有敏锐的市场眼光，以及资源整合能力，工作态度又这么端正，真是招行不可多得的新秀人才。

接触一个半月后，这家快递公司近2000人的代发顺利落地烟台分行。这是不拼授信、价格，而通过为企业提供一揽子金融方案，及意想不到的增值服务获得营销成功的经典案例，打开了分行全面开展千人代发的新局面。

李景

每一次和唐总交流都可以学到很多实用的知识，这一切都是唐总一点一滴做出来总结出来的。

另一个案例更有趣，源于唐梦雅一次拔智齿的经历。“当无意间知道这家医院有着6家分院、500多员工、人均工资水平高于招行员工之后，我立刻忘记了牙疼——多么优质的潜在代发客户啊。”看完病，她立刻与熟悉该医院的战略客户部总经理谋划如何合作拿下代发，很快便和机构客户部、战略客户部、支行联手，为医院量身订做了一套包含智慧医疗、员工薪酬服务计划在内的打包金融方案，并独具创意地引入招联为医院客户提供小额贷款和分期产品。这一方案获得了医院管理层的高度认可，不仅一举拿下了代发业务，还以联名卡为媒介将口腔医院专家门诊的优质会员开发为招行客户，收获颇丰。

目前，分行代发业务已步入稳步发展的新轨道，有效户新增超计划进度，储备的客户足以完成全年预算，仅上半年新企业新拓的绝对量便已超过 2016 年全年。代发贡献双金及以上客群同比增幅居全行第四，新企业新拓同比增幅居全行第五，代发留存率位居全行第十。

雏鹰展翅：鹏程万里扶摇上

匿名

感谢总行的雏鹰计划为优秀的年轻人才提供了一个施展才华的舞台。

短时间内取得工作上的突破，关键在于融入新单位，与新同事毫无障碍地并肩作战。谈起转变角色及融入新集体的成功，唐梦雅对雏鹰计划的体系化安排深表感激，她说："行里不但搭建了交流平台，更关注我们的成长和发展，不仅邀请行内外专家专门授课，帮助雏鹰人才提升管理能力，还为每位雏鹰都安排了导师。"她的导师是总行财富管理部王洪栋副总经理。除了临行前的悉心辅导和日常沟通之外，在赴烟台分行开展一行一策辅导期间，王总专门抽时间对唐梦雅"一对一"指导，使其不仅在专业素质和管理能力上有了更明显的提升，在心态和思想上也得到了调适和进步。感恩、奉献、利他、少计较、多付出，成为这个年轻女孩的标签。

此外，唐梦雅的"老东家"深圳分行的领导和同事也对雏鹰给予了充分的关心，在各个方面提供了力所能及的帮助。

如今，站在更大的平台上，唐梦雅心怀感恩。她说："我很庆幸 5 年前选择了招行，开启了不平凡的职业生涯；也很庆幸今天能成为雏鹰计划的一员，踏上招行职业生涯的新征途。趁年轻，去拼搏，去闯一闯，老了才不会留遗憾。"

每位雏鹰的成长史，必将是一部接受现实磨砺的奋斗史。两年的锻炼才刚刚开始，未来将迎来更多的挑战。但唐梦雅和其他雏鹰们身上所透出来的那股子精神，让我们有理由相信他们能闯出更大的天地。这种精神如唐梦雅所言，"是一种真正让人成长的，不惧困难、使命必达、追求卓越的雏鹰精神。"

不一样的红

品牌与文化是一家企业的形象和气质所在，自成立伊始，招商银行就是一家有着独特精神气质的企业。一句“因您而变”开启了国内商业银行重视客户需求、重视市场声音的新时代，一句“不一样的招行红”则为招行注入了更多的青春与时尚的气息。

斗转星移，市场风云变幻，招行也由破土葵籽长成金色葵园，招行的品牌与文化几经嬗变，但“以客户为中心”，永远相信员工是真英雄的初心始终不变。

山吉文：彝山走出的好儿子

◎蔡　琴

匿名

看着这个孩子长大，我们接过一棒又一棒。臧金贵走后，其夫人贤惠，照顾两个小孩；山吉文到大学报到，臧夫人陪他去，帮他处理日常生活所需。历届扶贫干部都去学校看望他。山吉文兄弟是招行的儿子，这也是招行扶贫传奇故事之一。希望山吉文走好人生每一步，为招行再创传奇。

访谈人物：昆明分行驻村扶贫干部　山吉文

编者按：18年前，山吉文遇到了招行首届扶贫干部臧金贵，从此两人结下了“父子”之义，山吉文的命运也由此被改写。9年前，山吉文大学毕业，成为为数不多从云南永仁贫困山区走出的大学生之一。大学毕业后，他加入了招商银行昆明分行，成为一名招行人。从基层做起，兢兢业业，山吉文用实际行动回报招行、奉献社会。2年前，他又积极响应云南省委省政府的扶贫号召，主动申请回到家乡永仁，开展驻村扶贫工作，传承“义父”甘于奉献的精神，用青春写就爱的诗篇。

坐在笔者对面的山吉文，有着云南当地人黝黑健康的肤色，脸上却始终带着羞涩、朴实的笑容。这种笑容一如既往的让人舒服。正如每当有同事拍着他的肩膀说：“山吉文，你在村里干得不错啊！”他都有些不好意思，低着头轻声说：“我做的还不够……”这个彝山的儿子，因招行扶贫工程走出大山，开启了人生的另一种可能，又因扶贫项目重回大山，谱写了人生的新篇章。

难忘“父子”义

山吉文出生在云南省楚雄彝族自治州永仁县的一个贫困

山区，11岁时母亲因病去世，3年后家里的顶梁柱父亲也因为意外离开了人世。原本幸福的四口之家转眼就只剩下山吉文和弟弟相依为命，两兄弟的生活和学业陷入了绝境。

就在这个14岁的少年决定辍学回家务农养活弟弟时，招商银行第一批到永仁县工作的挂职扶贫干部——臧金贵，走近了这个举步维艰的家。臧金贵在详细了解了山吉文家里的情况后，告诉绝望的两兄弟，招商银行会资助他们继续上学。不仅如此，他还要收两兄弟为“义子”，让他们重新有个家。“我听到干爹说出这番话时的心情，一辈子都忘不了。”即使今天，谈到这一段，堂堂七尺男儿仍忍不住哽咽。

“父子情”在那一刻开始升温、发酵。山吉文与弟弟第一次牵着干爹温暖的大手来到县城，穿上了干爹为他们买的新鞋子，穿梭在令人眼花缭乱的县城街道上，山吉文再次感到了家的温暖。那一刻，在山吉文的心里，自己不是无依无靠的孤儿，又有了亲人、有了家。

“干爹不仅在生活上对我们兄弟俩倾注大量心血，每隔一段时间还会抽空来学校看望我们，给我们带来许多学习用品和衣服，并鼓励我们一定要好好学习。”然而天有不测风云，2000年4月，扶贫干部臧金贵因积劳成疾，倒在了工作岗位上，永远离开了大家，离开了山吉文。

当时，山吉文和弟弟听到噩耗后急忙赶到县城，看到干爹静静地躺在那儿，“想到再也牵不到他温暖的大手，感觉天都快塌了……”山吉文陷入了深深的回忆中。

看到从四面八方赶来送行的孩子站满整整一排时，山吉文才知道原来干爹救助的不仅仅是他跟弟弟，还有其他很多贫困家庭的儿童。“干爹是在用生命帮助所有需要帮助的人们，用博爱和鲜血注入满是深谷沟壑的苍茫土地，留下一首首人间真情曲。”山吉文在笔记本上如此写道。送别的那一幕虽然已经过去了近二十年，但现在回想起来，已经33岁的山吉文仍然悲痛不已。也是从那一刻起，“招商银行”四个字就像烙印一样烙在了他的灵魂深处，如影随形。

臧金贵虽然走了，但在接下来的岁月里，招行对山吉文兄

一叶小舟

认真阅读了山吉文的访谈录，每一段文字都深深触动着我，也勾起了我许多的回忆。

作为一名从昆明分行到总行的招行人，有两次机会参与慰问过云南永仁及武定的扶贫干部，亲眼所见两县的变化，亲身体会了招行从总行到分行，每一位领导及员工对扶贫工作的大力支持，内心深深的感动。

此刻，眼前又浮现出了一座座山野间美丽的招银希望小学；一群群可爱又充满希望的孩子的小脸；一位位老乡热情的捧着香米酒的粗糙的手；一个个被晒得黑黑瘦瘦的，但又更显精干的招行扶贫干部；一年年招行全员扶贫捐款和一个个爱心结对子；一次次总行领导带队深入乡间，与彝家老人攀谈的身影……这一幕幕，就像那一条条新修的大路，迎着朝阳伸向远方。

十三年前，在彝乡听了臧金贵的故事，我哭了。如今，招行依然在履行着他的社会责任，臧金贵的精神依然在扶贫干部中传承。坚持，去改变的不只是一个地方的基础，而是一代人的思想。

弟的支持和关心薪火相传。带着未完成的扶贫事业，招行前后共十八批扶贫干部相继奔赴武定、永仁两县，不断给这片贫瘠的土地注入新的血液。十八年风雨兼程，一座座招银希望小学拔地而起，一户户村落夜晚亮起了电灯，一个个失学儿童重返校园，一片片科技示范园开花结果……这些扶贫干部带去的不仅是经济上的支援，更重要的是他们用博爱的精神、开放的思维带领群众向贫困宣战，让大家逐步走上一条“致富路”。

陆文东

从臧金贵到山吉文，两代人，18年薪火相传。

回报社会，招行是最好的起点

穷人的孩子早当家，懂事的山吉文十分珍惜这来之不易的学习机会。2004年，他如愿以偿从永仁考上了省城的云南民族大学。“成长的过程很孤独，也很痛苦，但每当我遇到困难的时候，便会想起干爹，他的精神一直支撑着我走过最艰难的岁月。”2008年，大学毕业的山吉文，怀着对招行无限的感激之情，加入了招行大家庭，成为昆明西园支行的一名储蓄柜员，一干就是6年。“这些年，我一直在想着如何回报社会，或许招行就是最好的起点。”山吉文认真地说。

提起山吉文，曾经的几任主管都用共同的词语对他竖起了大拇指，“憨厚、踏实、勤奋、认真！”这也是所有人对山吉文的印象。在大家眼中，山吉文朴实无华、不善言谈，但业务娴熟，特别任劳任怨。除了本职工作外，山吉文还兼任支行的电脑联络员，他总是在完成一整天紧张的工作后，还继续加班加点为同事们修电脑，维护着支行公共区域的打印机、复印机。

青红

着实让我很感动！让我想起我小的时候，爸妈是某国有企业职工，住在集工作区、家属区一体的小镇边上。那里很好，有老人有小孩有风景有葡萄架有清塘，可是工作单位发生变故，在那生活几十年的近千人都要离开那个“大家庭”。离开时，我上初中，那时候的梦想就是一定要有一天能回去，让现在荒草丛生的空城恢复以往的热闹。山吉文，你做到了我的梦寐以求，为你点赞。

山吉文在柜面上前前后后带过十来个徒弟，是分行运营条线“传、帮、带”的一把好手。在徒弟的眼中，这个师傅严格起来特别严格，连一页纸都不许他们浪费，但工作上又特别认真，总是尽心尽力地帮助他们解决问题。有一次，一个新员工出了一笔近万元的差错，急得满头大汗。一万元对于刚出校门的大学生来说简直是天文数字。山吉文一边安慰这位员工，一边陪着他，从调监控开始，教他一笔一笔地回忆，一个一个地排查。

在找到差错点后，山吉文又及时陪同他上门拜访客户，耐心解释招行的工作失误，最终说服客户重新办理，弥补了因差错可能带来的损失。

在一篇随笔里，山吉文写着这样一段话：“从进入招商银行大门的第一天起，我就暗暗告诉自己一定要努力工作，一定要怀着一颗感恩的心，踏踏实实去做好每一件事情，去帮助更多的人，去报答干爹和招商银行的养育之恩。”大山的孩子知恩图报，用自己的方式默默无闻，尽心尽力，认真守护着内心的一份坚持。

卜苹

边看边流泪，在现在的社会，还有这样的精神好让人感动。我自己也结对子了一个孩子，现在想起来非常欣慰，如果今年还有石榴、板栗这些农产品，能不能做成链接，放到手机银行的限时特惠上，让更多的员工和招行客户可以帮助贫困山区的孩子和老人们。人皆有父母孩子，心怀感恩之心，祝福所有心怀善念的人，招行30岁，祝福越来越好。

回到最需要的地方

2015年，中共中央、国务院下发了《关于打赢脱贫攻坚战的决定》，将扶贫攻坚工作提升到了国家战略层面。习近平总书记在视察云南时强调：“扶贫开发要增强紧迫感，真抓实干，不能光喊口号，决不能让困难地区和困难群众掉队。”作为一家有着优良“扶贫传统”的企业，昆明分行积极响应号召，全力配合开展好扶贫攻坚“挂包帮、转走访”工作，积极履行社会责任。

2015年3月，云南省委、省政府号召企事业单位员工到贫困地区担任新农村指导员，这份在外人看来很无所谓的号召却打动了山吉文。“去走走干爹臧金贵走过的路，传承这份爱”的念头多年来始终在山吉文脑海里回绕。没有过多的考虑，他第一时间主动申请到楚雄州永仁县开展驻村扶贫工作，去成为招行扶贫事业的一份子，去帮助父老乡亲脱贫致富，把这份爱带进彝山、带进贫困家庭、带进群众的心中。

蝉时雨

不忘初心，赞！从贫瘠的土地到灿烂的大都市，再回归到黄土地的农村，需要多少勇气呀！使我想起了路遥《人生》中的主人公，唯一不同的就是，咱们吉文的毅力，虽千万人、吾往矣的勇气。确实是我们的楷模！

山吉文回到永仁后，先后担任永仁县永兴傣族乡新农村建设驻村帮扶工作队队长、永仁县维的乡维的村驻乡扶贫工作队队长、维的乡党委副书记、维的村委会第一书记。他从一个金融工作者，转变为一名村干部，深入基层，融入群众，与贫困群众同吃同住同劳动、交心结朋友。

村里的留守老人刘大妈疾病缠身、生活困难，山吉文便多次来到大妈家里核实情况，帮助她多方协调、积极申报救济金和农村低保户；每当村里有农户因为林权、地权有纠纷时，山吉文都会第一时间和同事一起赶到现场，用自己的学识和经验耐心做好调解工作；当乡亲们对种植板栗、水果等经济作物有所顾虑时，山吉文更是主动来到田间地头，为百姓们开设科学种植培训班，把自己的所学所识用最通俗易懂的话告诉父老乡亲；村里的小学需要图书、文具，村里的文化活动室桌椅也残缺不全，了解到这些后，山吉文便多方联系动员，分行员工也积极捐书捐物，他把募集到的物资、书籍运往大山深处，50多套电脑和新桌椅让村里文化活动室焕然一新……大小实事举不胜举，山吉文用他的踏实与智慧赢得了村民的信任与尊重。

匿名

去年收到招银爱的石榴时，没有太多的感觉，还觉得挺麻烦的。今天看到这篇报道，才知道那一份石榴凝聚了招行人多少的汗水和心血，为自己的以前的想法感到惭愧和后悔。为招行普通的员工点赞，希望今年能有购买的渠道，我愿为招行同事的工作送上自己微不足道的支持。

一年零九个月时间，山吉文始终践行着招行“真扶贫、扶真贫”的信念。他走遍了维的村的山山水水、家家户户，共走访群众240多户900多人，撰写民情日记300多篇，为民办好事实事上百件，帮助解决矛盾纠纷数十起，向上级部门争取项目资金41万元，争取小额扶贫贷款40万元，协调落实贫困户帮扶资金10万元。驻村扶贫工作受到县、乡党委政府和人民群众的高度评价，被称为“人民的好儿子，党的好干部”。

2016年中秋国庆时，山吉文发现有商家到村里收购石榴、板栗等农产品，然后输出到北上广等大城市高价卖出，但把农产品的价格压得很低，差价非常大。山吉文算了一笔账：如果除去中间商，直接供应给昆明分行的员工，每公斤板栗农户可以多卖2元钱，而行员比在市面上自己采购的也可以便宜很多。为了这一公斤多卖的2元钱，他忙里忙外自己联系印刷厂、包装厂、运输公司，积极推动分行组织全行员工向村里的贫困户采购石榴和板栗。此举实现了维的村5500公斤石榴和6000公斤板栗的经济作物输出，实现农产品销售收入13.5万元。拿到比往年更多的收入后，全村的父老乡亲都情不自禁笑开了花。

维的村和招行挂钩的贫困户为81户共339人。2016年，山吉文组织分行108名中层干部通过“一对一”“二对一”的形式对贫困户进行帮扶，做到了不漏户、不落人、全覆盖，形成了村村有领导挂、户户有部门包、人人有干部帮的"挂包帮"长效帮扶机制。年内，山吉文配合分行22批干部共计150多人次前往村子，对维的村全部贫困户完成走访、回访工作，协调落实干部帮扶资金30多万元，物资600余件，全年实现12户52人减贫出列，帮扶工作取得了有效的推进。

说起一年多扶贫工作的成绩，山吉文又不好意思地低下了头："我就是想把干爹的精神传递下去，想把招商银行的爱带到大山里去，带领更多的群众走出困境。可是，我真的做得还不够多……"或许是对那块孕育过他的土地，有着不可言说的依恋与情感，扶贫工作即将到期的山吉文，主动要求延长驻村扶贫的工作时间，他一定要亲眼看着自己走过的、访过的家家户户有了起色、多了收入、变了观念才肯离开……

雷鸣

挥不去的暮色几番思念，说不尽的千言万语是深深的祝福。吉文样样好啊！永仁已是我第二故乡，永仁仍需要您这位村书记啊。

闲暇之余，山吉文经常带着五岁的女儿来到村庄中，在村口的大青树下向女儿讲述着一个彝族娃的故事。他也会带着女儿走走大山上的小森林、爬爬王大爹家的板栗树、看看阿鹏哥家的老耕牛，和村里的小朋友一起做游戏、背唐诗、笑闹成一团……

童韵：一名品牌工作者的爱与痛

◎易　静

访谈人物：总行办公室品牌宣传室主管　童　韵

编者按：在2015年招行行庆期间策划的“年轻有话说”大型品牌营销活动中，童韵作为品牌创意师，如此写道，“年轻本身就是一个品牌，全情策划每一天的惊叹与感动”。就在这一次次全情策划的惊叹与感动中，童韵深刻感受着一名品牌工作者的爱与痛。十年时间，同一岗位，她深度参与了招行各大品牌营销大事件，用她的认真与专业为招行品牌的塑造与传播做出贡献。进入互联网时代，她和她的团队勇于创新求变，同时，也收获着更多的惊叹与感动。

2017年，正好是童韵与招行共度的第十个年头。这十年是招行品牌宣传从平面、电视等传统传播方式向线上线下、立体式传播的十年，也是向大数据传播探索的开始之年。

十年，身边的同事换了好几茬。于童韵而言，她笑称最大的变化是自己性格的变化，“我本来性格很内向，但品牌管理这份工作就是需要跟不同的部门、不同的人接触、打交道，甚至讨价还价，所以这十年也是我不断调整自己的十年”。

匿名

品牌核心价值需要宣传的力量具体体现，每一个创意真的是绞尽脑汁，感谢你们的付出。

亲历了中国传统广告“黄金十年”的最后疯狂，步入企业品牌创意与传播更加莫测与多元的当下，童韵始终不徐不疾，不骄不躁，懂得顺势而为、相时而动，但更有内心的坚守与澄明。

遇见，便是最好的开始

在未成为招行管培生前，童韵对招行形象的认知主要来自于学生时代，与招行的两次邂逅。

一次在天津。她走进一家招行网点办理业务，“很大很漂亮的大厅，灯光特别舒服，服务也很好，当时还以为走进了一家外资银行。”一次在武汉洪山广场。“广场旁立了一块巨型广告牌，招行红的底色、大大的‘招商银行金葵花理财’字样。我研究生阶段学的是市场营销的品牌方向，当时便觉得这家银行的广告创意不错”。童韵的第一感觉也是当时很多客户对招行的印象。

南通卡部商务室

读完很感动，市场活动也如品牌活动一样，想着如何创新能让更多的人记住招行，也会在灵感突降的时候兴奋的记录，童主管及品牌线上的所有同事都是我们学习的榜样。只有一次一次的突破，一次一次的坚持才是对招行更好的诠释。

如果回溯招行整个品牌的建设历程，会发现品牌好感并非出于无缘无故的爱，而来源于多年的沉淀与积累。从创行初期，凭借人性化服务形成自发的口碑营销，到由“一卡通”“一网通”产品营销带动品牌推广，至“因您而变”广告片实现招行品牌的快速扩张，再到整合传播塑造“一句话，一朵花，一个人”（一句话指“因您而变”、一朵花指行花葵花、一个人指原品牌代言人郎朗）的品牌形象，招行品牌建设的每一步走得扎实而有力。

现在回想起来，好似冥冥中的注定。借由服务、广告、品牌等对一家企业形成的好感，直接促成了童韵与招行的结缘。“时间过得很快，前几天我们同一年入行的管培生还一起拍了张十周年纪念照。”如今，童韵跟她的团队打造出的招行品牌，同样也吸引着一批又一批新鲜血液的加入。

不一样：品牌宣传就是要展现企业的特色优势

“我个人觉得品牌就是企业的名片，是企业的产品和服务在消费者心理认知中的定位。消费者会经由对品牌的认知，给不同企业贴上不同的认知标签，如亲和的、时尚的、有责任感的或者国际化的等等。而这些标签正是影响消费者购买决策的重要因素。”不同于大多数侃侃而谈的品牌工作者，童韵声调平缓，“金句”不多，却能戳中要害。

随即，童韵话锋一转，“我们生活在一个消费意识觉醒的时代，一方面，品牌塑造需要企业实实在在的产品和服务才能够真正得到消费者的认同，由这些产品认同支撑起消费者对品牌的认同。另一方面，消费者对品牌的认同，还需要我们主动展示品牌的特色、特点和不同之处。”在童韵看来，品牌不是空中楼阁，必须一个一个建立消费者认同的坚实支柱。

江俊

为童韵点赞！为总行品牌室点赞！一抹 30 年招行红，是招行老客户的记忆，是新客户的向往，是招行人前行的动力。

伴随着招行战略转型的深入，品牌形象的建立也同样面临转型。田行长明确指出，我们要在品牌上打响招行的特色业务优势。因此，从 2016 年开始，招行围绕私人银行、财富管理、手机银行、一网通支付、交易银行、资产管托、资产管理、投资银行、票据业务、离岸业务等十大业务板块，着力开展十大子品牌的建设。

“一年多以来，我们拍摄了招行首支私人银行 TVC，制作了资产托管、离岸业务等宣传视频，陆续推出十大子品牌的海报、H5、图文等传播内容 100 款以上……”据统计，通过整合互联网、电视、机场、楼宇、户外 LED、航机视频与杂志等多方位媒体资源，品牌团队为这些招行优势业务提供曝光与销售的机会 1 亿次以上，更关键的是，让社会大众看到，“一个招行”的背后，是围绕用户需求的全方位的金融服务体系，并且在每一版块，招商银行都有独树一帜的产品和服务。

精细：品牌背后是工作品质的支撑

入行十年，童韵参与了招行各个时期的品牌营销大事件，如奥运营销、大运营销、世博会营销等，她经手过的大小品牌活动也有近百场，但她更愿意将自己定位于一名普通的品牌工作者，“别人眼里觉得搞品牌很神秘，很高大上，拍拍广告，做做设计，动动脑子，要要嘴皮，其实我们常常干着面朝黄土背朝天的活儿。”这位“川妹子”很耿直，笑起来的样子很好看，“要知道我们就是乙方口中那些有重度强迫症，比处女座还难伺候的甲方。”

童韵坦言每次大型品牌活动前期，她的脑子里都在一遍一遍过电影式地演练整个活动流程，从桌椅摆放、礼仪迎宾，到嘉宾主持、节目编排，逐一梳理，查漏补缺。客户看到的可能只是舞台上呈现的完美效果，高规格的会场、高层次的嘉宾，但其实每一场活动涉及到的工作细项不少于100项。“我常常会半夜惊醒，想起还有什么需要落实，就马上翻身起来记在本子上。”

雨

招行红，一家有温度的银行，还有那座被玩坏的大楼，时而搞笑时而又能触动情怀，感谢品牌团队匠心之作，总是给人眼前一亮的感觉，创意无限！

多年的淬炼，让童韵早已习惯了这份看似光鲜，实则高强度的工作节奏，“如果是在行外场地办活动，为了节约场租成本，通宵布展、测试、彩排更是家常便饭。虽然我们常常在星级酒店做活动，但工作人员房间里的各个角落都被文件袋、会议议程、打印机、礼品堆得满满的。”童韵还笑着透露了一个细节，“我们的被子从来没有掀开过，因为大家根本没有时间睡觉。”

吐槽归吐槽，对品牌工作的热爱却始终如一。招行30周年行庆前夕，“科技变革与商业模式创新”高峰论坛在总行大厦如期举办。这次论坛是美国亚洲协会“认识中国创新创业之旅”的重要访问环节，童韵作为这一活动执行团队的主要工作人员之一，面临的压力从一个小细节便可窥知。

高峰论坛下午四点左右正式开始，童韵与她的团队下午两点左右，开始做迎宾工作的最后准备，“从下午两点，到晚上十一点结束，我们在现场应付各种突发状况，整整九个小时不吃不喝，连洗手间都没去过一次，结束之后整个人都不好了，但在活动现场完全没有感觉到累，神经一直是紧绷的。”童韵接着补了一句，“幸好当时穿的是3厘米的低跟鞋。”品牌工作的爱与痛，只有深度参与其中的人才能尝其一二。

张璐

品牌创意紧跟时代，紧跟招银文化，紧跟战略转型，并能传承一种能量，正是这种引领精神，让客户越来越认可，让员工越来越自信，让服务口碑越来越好。向招行始终充满活力和向上动力的品牌团队学习，祝福！

“红”：探求品牌之魂

2017 年，是招行 30 岁生日，可谓行内外瞩目。如何在这个重要时点向客户、员工展示招行一以贯之的精神诉求和品质形象，是一直萦绕在大家心头的难题。

“那段时间，感觉整个人都蜕了一层皮。3 月 24 日是亚协活动，4 月 8 日是电视广告上线日，也是行庆颁奖典礼日，4 月 12 日则是秦汉特展。有时候领导问名单是否最终确认的时候，都会一时恍惚，究竟问的是哪一场活动的名单。”而这些活动都在等待 30 周年电视广告这一重头戏，但广告的创意始终不尽如人意。回想起来，童韵仍然觉得惊心动魄。

当然，招行 30 周年 30 秒电视广告最后还是惊艳登场了。

“她说，她喜欢这个颜色，从很久以前，不光是因为温暖，不光是因为纯正，不光是因为财富，也不光是因为青春、时尚，而是因为，它总能点动你对生活的无限想象”。然而，现在每个招行人耳熟能详的这 63 个字，事实上经历了一段难产的过程。

2016 年年末，童韵的团队便已经完成了招行 30 周年相关品牌项目的整体招标工作，“从 1987 年……到未来”的平面广告也已经出炉。“当时，广告商已经出了一个 DEMO，讲述招行的过去、当下以及未来，整体的风格延续平面广告，相对传统。后来，领导看了觉得特色不鲜明，冲击力不够，记忆点不突出，但具体应该怎么做，大家也没有一个统一的意见。”这时，离 4 月 8 日的行庆日已经非常近了。

灵感往往在某一个不经意的瞬间诞生。“‘招行红’的创意实际上出自总行办公室熊开主任之手，诞生于三万米的高空，63 个字的广告词也由熊主任亲笔创作。”童韵继续解释道，“当时熊主任在北京听取广告供应商提供的几套创作分享，但都不满意。后来把北京分行几位领导和业务骨干叫来一起聊，七言八语，触动了‘红’的灵感。后来，我们在全行做了一次调研，发现大家对‘招行红’这个品牌元素非常认同，而且同业也没有从颜色这样的角度做过类似的宣传，这一创意才最终确定了下来。后来又经过一次又一次地碰撞与打磨，才有了现在的样子。”

现在看来，以招行品牌核心识别元素之一的“招行红”为创意方向，具有多重意义，“首先，‘红’展示了招行特色的温暖、稳健、创意、活力、时尚，同时，“红”也象征着红火的财富、热烈的青春，老百姓对红火日子的美好愿望。此外，‘红’这样强烈的视觉符号，提升了整支广告片的记忆度、视觉冲击力。”

融合：以品牌引领营销的一次成功实践

如果说2002年“因您而变”的广告片开启了招行品牌建设元年，那么，纽约大都会博物馆秦汉文明特展暨私人银行答谢会活动，则堪称招行品牌建设里程碑事件。

“这是三十而立的招行在世界舞台的一次亮相，我们通过文化传播这个更容易被广泛接受的载体传递招行声音，进一步提升招行在国际社会的知名度和美誉度。由此，开辟了品牌传播的一片新战场。更重要的是，这其实是一场中后台与前台联动，对公与对私业务联动，品牌与业务营销深度结合的大型营销活动。”童韵介绍道。

由于是第一次直接在境外举行如此大规模的品牌活动，许多落地执行的细节需要纽约分行在当地处理。“总行团队和纽约分行团队有12个小时的时差，每天的沟通都是利用自己的上午、对方的深夜，以及自己的深夜、对方的上午……”童韵笑称，互联网公司号称“996”的工作时间，那段时间他们则是“9、12、7”的沟通强度。如此才保障了活动各参与方、服务提供商信息实时对称，问题及时解决，项目高效运转推进。

30周年行庆4月8日结束，童韵与其他几位同事4月9日便飞去了大纽约。“其中有很多小插曲，回想起来有点啼笑皆非，但当时却惊出一身冷汗。”比如，活动开始前，招行特意请

王晶

必须实名点赞，读起其中的细节，偶尔会心一笑，时时感动哽咽，很幸运曾和这样优秀的团队、这样专业、敬业、可爱的你共事过一段时间，贡献绵薄之力。咱大招行这些年的品牌和美誉有目共睹，每每去到他乡，看到那些精致的招行红广告都会充满自豪和感动。说实在话，做品牌看似光鲜、实则必须心细如丝、兢兢业业、锱铢必较，随时在女神和女汉子之间无缝对接，太不容易，其中辛苦冷暖自知。为每一位战斗在或曾经战斗在品宣条线的战友们点赞！

艺术家陈求之先生创作了一幅葵花油画，两幅以“秦汉”为内容的字，然后印制在丝巾上，送给到场客人。然而，没有人知道的是，为了追求品质，丝巾制作工期较长，最终成品4月7日才从杭州工厂运抵深圳，而活动4月12日便要举行，根本来不及快递到美国。前期先行飞到美国的只有丝巾的包装盒以及牛油纸。

“最后这200条丝巾是我们几个人肉扛到美利坚大地的。箱子里塞着满满的丝巾，过海关时我都直冒冷汗，万一被拦下，当成走私货品，活动礼品还能有哪些替代方案？”幸而，这批特制的丝巾最终顺利通关，“几乎每一场活动从策划到执行的过程都是十二分的痛苦。”

谢珺

“几乎每一场活动从策划到执行的过程都是十二分的痛苦”——这句话真是说到了内心深处，但是每一次客户活动或者品牌推广活动的成功落幕，收获到的满足感，完全将这样的痛苦全部抵消，向童姐学习。

类似小插曲不胜枚举，但最后活动的成功举办便是对童韵，以及背后所有辛勤付出工作者的最大回报。“活动现场来了很多大咖：前美国国务卿基辛格博士、中国驻纽约总领事章启月、美国国会众议员马隆尼、前澳大利亚总理陆克文等政商界重量级人物，还有高盛、美银等华尔街金融机构高管出席。同时，我们还从国内邀请了80位超高端私人银行客户过来纽约参与盛会。”谈起这场活动，童韵满脸的自豪感，“当天不仅是征服了嘉宾和客户，大大提升了客户对招行品牌的认同感，进而拉动多笔实际业务的达成。”

让童韵记忆深刻的是：当私人银行客户们乘车经过“世界的十字路口”，看到招行在时代广场投放的广告时，竟纷纷要求停车，在广告下留影；一位女士在时装秀中发现了一件印有金葵花图案的黑色礼服，惊呼：“这不就是你们的定制行服嘛！”毫不犹豫出手买下；一个客户动情道：35年前，我来美国读书，第一次参观大都会博物馆，那时候中国只有人民银行一家银行，真没想到，35年后，有一家中国的银行（招商银行）能在这里举办这样高规格的活动，令人赞叹和感慨……所有的这些，让童韵觉得所有的付出都是值得的。

做品牌就像奔跑在一条不断加速的赛道上

做品牌的人从来都不缺创意，要问这些不同的想法来自哪里？童韵苦笑着，无奈地解释道，“很多时候，创新是被逼出来的。先说一个数据。截至2017年6月，中国网民规模达到7.51亿，其中移动网民规模达7.24亿，使用移动终端上网的中国网民已经高达96.3%。互联网时代，信息爆炸、交互方式的改变、消费者话语权的提升、年轻网络品牌的崛起等等，带来消费者消费决策路径的改变、媒体接触习惯的改变、对传统银行品牌认知的改变。这些都倒逼我们的品牌工作必须跟上这个一日千里的世界，跟上客户感知、体验、需求的变化。从微博到微信，从web2.0到SNS再到自媒体运营，科技改变了受众的聚合生态，也让招行的品牌营销模式产生了深刻的变革。”

比如，以往我们希望在购买的媒体版面里尽可能多的呈现我们的产品、服务，把所有功能、利益点事无巨细向消费者讲清楚，现在，在移动终端的广告环境里，我们常常在考虑的事情是，在广告与消费者视线接触的那一秒钟里，怎样的几个字可以打动他？再比如，以往，我们新品上线的广告里，海报和折页是标配，而现在，H5、落地页面、二维码才是标配。

2016年底，招行赞助的深圳国际马拉松赛的推广中，童韵的团队设计制作了3D全景式的马拉松赛道全程攻略H5，利用高低点位航拍、360全景展现、点击流畅互动等方式，向马拉松参赛者和关注人群提供了一个身临其境式的深圳马拉松赛道全程体验，并在这个过程中，嵌入专业的陪跑提示、体力安排建议等。这一新颖的广告形式，一经微信朋友圈投放，24小时内累计曝光1145万次，视频播放量1646万次，点赞评论1.4万次，用户主动分享占传播总量75%。“也就是说，创新的传播内容，帮助我们撬动了3倍于购买资源的免费传播资源。”童韵总结道，“做品牌真的就像奔跑在一条不断加速的赛道上，必须时时刻刻保持清醒，保持创意的活力。”

刘莉颖

品牌工作事无巨细，高标准高强度，虽有经验可循，但每一项品牌工作又都不一样，所以事事需要创新、用心和精心。童童是一名优秀的品牌创意师，大家有目共睹，同时她还是一个低调又能干事的美女，更是全行品牌工作者的榜样！看了文章颇有感触，这是招行品牌背后的力量！童美女加油。

舞空

看似光鲜、实则高强度，以及标题的爱与痛，都是特别精准的概括。和产品价值不同，品牌价值是无形的，却也是最容易感知的，最能直抵人心的印象。有幸曾入品宣门，相信童姐姐会在这种高强度中绽放更多的精彩。

张友恒

招行红，科技感，一家有温度的银行，一座被玩坏的大楼，从品牌定位、客群细分，到场景探索、事件营销，再到活动策划、广告投放，每一次精准营销的背后，都倾注着大量的心血。

细节之中藏魔鬼，于无声处听惊雷，这篇专访让我们看到更加立体的品牌人，为童韵姐和她的小伙伴们点赞！

大数据的应用彻底改变了广告投放的逻辑

如果说移动互联改变了企业与用户之间的交互方式，那么大数据应用则彻底改变了广告的投放逻辑。以往，广告人常说“我知道有一半费用是浪费的，但是我不知道是哪一半。”现在，通过曝光监测、点击监测、销售或注册数据反馈，招行能够精确衡量出网络媒介资源的投放效果，并不断优化。

“我们从手机银行、生意贷、一网通支付、无卡账户等可以完成线上闭环销售的产品入手，与媒体一起，根据用户搜索行为、用户浏览行为、用户购买行为，给用户贴上不同标签，再结合招行产品的特征、目标人群，选取相应标签的用户，在相应场景、时间推送招行产品广告。”这种基于用户行为分析的精准广告投放模型，为招行获客提供了一种全新的思路。

比如，招行一网通支付和无卡账户推出335元开户大礼包，其中包括了芒果TV会员资格的赠送。在我们精准广告投放期间，搜索“芒果TV会员免费”等类似关键词时，就有可能看到“招商银行无卡账户免费赠送芒果TV会员”这样的广告信息。通过这些大数据精准推送的手段，单次广告点击成本及实际获客成本，相较固定点位投放的形式，均有60%~90%的下降。

面向未来，我们正走在科技化品牌营销转型的路上

随着行内转型下半场“金融科技”的全面推开，品牌营销从推广内容到推广手段也都将向科技化转型。一方面，从推广手段来说，我们将完善广告投放决策以及营销活动决策中，基于大数据应用的用户画像、行为分析、媒体触点分析等一系列工作模块，大大提升传播的指向性和精准性；搭上全行数据一致化的班车，打通广告投放数据与业务销售数据，建立更多线

上推广项目的广告营销效果漏斗分析模型；探索如何将招行"个性化推荐"营销系统在更多自媒体平台，甚至外部媒体平台进行延伸应用，并根据投放结果不断优化推荐模型等等。另一方面，从推广内容来说，未来几年，我们的品牌形象塑造都将围绕"科技感"这一调性，以招行金融科技相关产品、业务为推广重点。

"我们希望自己成为为一家'金融科技银行'，品牌当然也要为这一战略服务，让消费者一看到招行，想到的不仅是'这是一家服务很好的银行''这更是一家金融科技银行'。"对于未来几年的品牌规划，童韵心中已经有了一个清晰的目标。

闫宏

品牌的价值随着技术手段的升级越来越能够精准衡量，借助大数据应用，招行形象的塑造、客户关系的沟通、价值的创造更加直接有效！给品牌团队点赞，让我们的工作向外传播，让我们每个人招行人感到自豪。

周先东:“西湖印象”的文化力量

◎骆晶晶　高雪菲

访谈人物:南昌分行财富管理部总经理　周先东

编者按:36岁本命年,他毅然从国有行离职加入招行。作为一个“没有资源、没有背景、没有客户”的“三无”人员,他以强大的正能量和独特的管理方式,一手打造出了“不是军队胜似军队、不是家庭胜似家庭、不是学校胜似学校”的“西湖印象”和“财富团队”,并因此获得了年度“招商银行企业文化建设先进单位”的荣誉。

周先东不是一个“中规中矩”的领导。第一次见识到他的特别,是在南昌分行财富条线的大会上。他坐在最后一排参会,到了领导讲话环节,他健步如飞地跑到会场中央,拿起话筒,开始慷慨激昂的即兴演讲,台下不时爆发出热烈的掌声。

“八年奋战”

万冬冬

大道至简,简单明了、风正气清,招行正是需要这种中流砥柱的精神偶像,作为我们奋斗的目标,不断提升我们的个人能力与境界,为能在这样的领导身边工作而感恩。

2009年4月21日,36岁的周先东从国有行离职加入招行,至今整整八年,他笑称自己在招行经历了“八年奋战”:历任零售分管行长、公司分管行长、西湖支行负责人、部门一把手四个岗位,而每一次他都出色地完成了使命。

“那个时候,家人和朋友都不理解,说我真傻,居然扔掉国有单位的铁饭碗,跳到股份制银行这个‘大火坑’,不知道图什么。”其实是不是“真傻”,周先东心里明白得很。国有企业的安稳和保障，并不是周先东真正想要的，他心中一直向往着一种简单、纯粹的企业文化，希望能有一个活力、开放、创新的平台可以施展拳脚。

谈到招行，周先东瞬间神采飞扬，“因您而变、因势而变，当我第一次看到招行的广告语，就被深深地吸引住了。这种创新求变、灵活高效的价值观，不正是我所追求的吗？我是一个农村娃，不是“官二代”也不是“富二代”，而招行也是从一家蛇口小银行发展起来，要追寻阳光，只有拼尽全力努力奔跑。这种惺惺相惜的感觉，让我毅然决然地选择成为一名招行人。”

作为一个外地人，周先东在南昌没有资源、没有背景、没有客户，一切等于从零开始，但他没有退缩，“把我扔到垃圾堆里我都要顽强地活下去，还要比别人活得更好。”

没有客户，他拿着名片一家一家地敲开陌生人的门，被门卫拒之千里是常有的事。谈到这些受挫的经历，他的眼神中依然充满阳光，“其实回过头来，你会感谢那个拼命努力的自己。”说着，他神秘一笑，从柜子里拿出一大摞堆积成山的名片。“这些名片可不是别人主动给我的，都是我一家一家上门找来的。”

这一切，正如周先东自创的“十条正能量语录”中所写，成功分五步，第一步是选择，第二步是坚持，第三步是坚持，第四步是坚持，第五步还是坚持。“选择招行，是我一生中最正确的决定；选择了招行，就坚定地与她风雨同行，一起奔跑。”

揭秘“西湖印象”

笔者刚入行那会儿，提到团队建设的典型，大家口中总是冒出一个词：“西湖印象”，这到底是个什么印象，又从何而来呢？

原来，每一个来到西湖支行的人，都会被这个团队激情高昂的风貌所感染，它强烈的文化特质和凝聚力让人不由得为之一振。如果非要用汉字来表述，你又很难找到一个确切的词语来表述这个团队给你带来的不一样的感受，因而产生了“西湖

匿名

用心用情的人带出有情有意的团队，专业至上，情意开路，周总给了我们很好的启示。

印象”这么一个概念。

周先东自己将“西湖印象”总结成“三不是”。

“不是军队胜似军队”，这个团队有军队中严明的纪律、超强的执行力和战斗力。每天早上，周先东会在微信群里发送各种“早餐精神粮食”，使员工在一天的工作中都充满正能量。

“不是家庭胜似家庭”，团队成员时刻能感受到家庭的温暖和开心。周先东常找员工谈心，在生活上给予更多的关心及温暖，当员工对职业生涯感到迷茫的时候，他总会及时给予启示，指引前进道路。

“不是学校胜似学校”，在西湖，每天你都充满着新鲜感，每天都能在工作中得到收获，并因此汲取前进的动力与方向。

一走进西湖支行，你会不自觉地被一面面特色新颖的文化墙所吸引。文化墙上内容丰富多样，荣誉榜、正能量语录、家人宣言、承诺书、心愿墙、服务栏……这些巧妙和细腻的设计不光成为激励员工们的“心灵鸡汤”，更是绘成了支行独特的文化特色。

同时，为了增强支行的凝聚力和向心力，周先东想出了很多新点子：迎新晚会上，支行的每一个老员工以拥抱的方式迎接入行的新人，一下子消除了新员工的陌生感和紧张感；支行春晚一定会邀请员工的家人一同到场，并感谢家人背后的付出；还有感恩节主题晨会、新员工拜师、荣誉之旅、颁奖大会……丰富的企业文化活动营造了一种“充满斗志、充满激情、充满正能量”的“西湖印象”。

“在西湖支行，任务不是分配下去的而是员工抢着干，我们的员工信奉并践行着一句话‘任务就是信任’。”谈到西湖团队，周先东不由得露出自豪的神情。机构效能先进、零售业务综合发展先进支行、年度产能飞跃优秀单位、交叉销售优秀单位…一个个荣誉记载的是这支战队的优秀战绩。

总结起来，周先东从三个维度自上而下打造精兵强将：支行班子凡事以身作则，有责任心、有担当，坚定不移地执行总分行各项决策；中层干部成为中流砥柱。通过读书会、学习会，集中学习管理书籍，提高科学决策能力、贯彻执行能力及改革创新能力；基层员工特别能战斗。周先东从行外多次邀请优秀企业家授课，着重培养员工敢于竞争、敢于开拓、敢于牺牲的精神，同时，通过开展各类PK赛、荣誉宴、荣誉之旅活动，提升员工的荣誉感，形成比业绩、比贡献、比技能的“三比”氛围。

“很多人曾经问过我，为什么西湖的人才不会走。因为，在西湖，我给员工打造的是一个走上坡路的平台。”周先东在西湖支行三年来，实现了人才零流失，先后培养了4名年轻员工走向领导岗位，向分行输送了5名优秀员工，并将支行的外包清算人员成功培育转岗，成为招行营销一线的优秀战士。

在周先东离开西湖支行、赴分行前的离别会上，支行员工泪如雨下，依依不舍。谈到此，周先东声音微微颤抖，动情地说，“西湖支行的员工是我最可爱的家人，也是我引以为傲的团队。”

余国梁

听过周总的演讲，非常慷慨激昂感动人心。为有这样的家长、队长、校长点个赞！

一切为人才让路

2016年，周先东接受分行任命，成为财富管理部负责人。当时的财富条线，存在着两大问题，流失率高、持证率低。“理财队伍需要时间沉淀，需要专业支撑，然而当时的财富条线人员留不住，留下的持证率又低，直接导致理财经理复杂产品销售能力弱的窘况。“俗话说专业的人做专业的事，理财经理连相关证书都没有，如何体现出自身的专业性，如何让客户信任，如何进行配置？”周先东痛下决心，向分行立下军令状，誓将理财经理的流失率降下来，持证率抓上去，把理财经理的专业水平提上去，将南昌分行的理财队伍打造成为“学习型组织”和“专家型团队”。

“快乐生活，认真工作。”这是周先东常说的一句话。在他看来，生活好才能工作好。在这样的团队里，同事间都互称“家人”，员工能时时感受到家的温暖。除了将员工“带回家”，周先东还将员工“带出门”，他带领财富条线员工2次走进北大、4次走进基金公司总部、1次走进保险公司总部，通过“走出去”，去顶级学府深造、与基金经理、保险总公司直接对话，极大地开扩了理财经理的眼界。

周先东到任财富管理部一年时间，条线已形成了浓郁的文化特色。“我们条线要打造的文化，其实并不复杂，可以用四个词来概括‘简单、抢、感恩、分享’。”管理上简单、用人上简单，这样员工能够清晰地看到自己未来的发展路径和通道。通过公开透明、双向选择的机制，财富条线构建了灵活高效的内部人才市场。

同时，作为一线战队，狼性必不可少。周先东有一句名言“抢来的才会珍惜”，因此，他通过打造全方位的竞聘机制，营造出“抢”的氛围：价值岗位要抢、工作室要抢、例会主持人要抢、连会上发言都要抢……员工的危机意识和竞争意识被进一步激发。

郭立君

企业文化为基，狼性竞争发展，人文情怀管理，读后受益良多。

“优秀的文化除了需要有良好的机制托举，更需要宽容的环境，还需要一定的人文关怀为奋斗中的冲锋和贡献做坚实的铺垫，所以，我们在文化打造中还非常注重感恩与分享。懂得感恩和分享的文化才有生命力。”当员工取得成绩时，周先东会打电话告诉员工的家人，表示感谢和鼓励，邀请他们参加表彰大会。员工家属很多是第一次接到单位的电话，小小惊讶之余更多的是感动和激动，有些甚至当场落泪，而这些小的细节慢慢地在团队中升温升华，凝聚成温暖的力量。

经过一年的努力，财富条线从缺编15人到满编，流失率从年初的19.6%锐降到6.5%，员工稳定性大大增强，留不住人的怪圈被完全打破。“往年这个时候，往往是离职的高峰时期。记得去年，离职找我签字的人都排起了队，而现在是想进入财富条线的人排起了长队。”变化的背后，是周先东“一切为人才让路”理念的不断实践。

除了运营条线这一传统来源外，周先东还打通了大堂助理派遣转正、月度社会招聘、后备人才库等多种渠道，条条大道通“财富”。同时，财富条线员工的持证情况得到显著提升，基金从业资格证持证率从41.88%提升到64.1%，财富B和保险代理资格证的持证率达到100%。

队伍的稳定性和专业能力的提升，成功转化为财富条线产能的提升：分行金葵花资产配置实施率稳居系统前十，且复杂类产品提升显著，由全国落后行一跃变身为全国先进行。在五大类资产中，保障类、权益类及另类三大复杂类产品的达标客户占比均实现大幅提升。

“我一直认为，人才是业务的核心。用钱是留不住人的，钱能买到的都不值钱，我们要用发展留人、用荣誉留人、用正能量留人，真正成为一支‘召之即来、来之能战、战之能胜、有尊严、有地位、不缺人、不缺钱’的队伍。”谈到这些转变，周先东眼中是满满的信心和希望。

CXX

放弃国有银行的高位和安逸，选择招商银行的奋斗与激情，本身就是非比寻常。历经八年，岗位日益重要，表明招行与人才是“英雄惜英雄”，学习周总的精气神，感恩招行的大舞台。

在周先东的办公墙上有一幅“大道至简”的墨宝，书架上的工艺瓷盘上也印着“大道至简”，对此他这样解释道，“大道至简，这四个字出自《道德经》，意思就是复杂的事情简单去做，这也是我的座右铭，简单明了、风正气清。”

许建军：扶贫要靠做事做出来

◎汤 杰 胡瑞琳

访谈人物：南宁分行监察保卫部副总经理 许建军

编者按：感动，源于积小爱成大爱的奉献。2012年春寒料峭，南宁分行许建军走进革命老区龙冲村，和贫困户面对面、肩并肩，调查摸底、编制规划，对497户贫困农户进行"包户"帮扶……四年后，他暂别怀孕的妻子、幼子和高堂，用乡音乡情再次走进贫困户的心坎，帮助架龙村97户贫困户脱贫，贫困发生率从35.16%降至6.98%，他被老百姓亲切地称为"第一书记"，践行着"些小吾曹州县吏，一枝一叶总关情"的诤诤誓言。在刚刚结束的30周年行庆典礼上，许建军荣获"2016年感动招行年度人物"奖。

> **戴子波**
> 本人常年参与国内知名记者邓飞联合中国社会福利基金会发起的"免费午餐"活动，但确实只能做到财力上略表心意，无法亲身参与，为这样的扶贫干部点一万个赞！建议向该慈善项目申请经费用于学生改善伙食保证营养，县里的补助用于购买教文具和书籍。

半年不见，许建军多了些抬头纹，皮肤也被右江河谷刺眼的阳光晒得发黑，加上一副高度近视眼镜，他看上去更像是一名乡村教师。

"你有经验，架龙村是自治区交给我们的扶贫点，要完成脱贫任务，需要你这样的干部，你再去一次？"许建军清晰地回想起分管扶贫工作的行领导给他布置任务时的情形。他没有第一时间答应，犹豫是有原因的。妻子刚刚怀上二胎，常年扑在工作上的许建军，想好好陪陪她。然而，许建军终究还是做了这个决定，"老乡穷，不是他们自己的事，哪怕再远，也与我们息息相关。"他放不下的还是山里的那些乡亲。

“亲戚不走不亲，希望你常来，我们是一家人。”

“七分山，三分地”是藏在大山中的架龙村的真实写照。南宁到村里，需要先走两个小时的高速，下了高速还要再走一个多小时的山路。这条路，晴天，尘土飞扬；雨天，满地泥泞，无从下脚，这是个不折不扣的穷乡僻壤。

“年轻人都外出打工了，剩下的就是一些老人和小孩，年轻人读了书、见了世面，也不愿再回来。村支书讲，他儿子外出打工去，除了逢年过节，就很少再露面。”初来乍到的许建军，也曾被这里的情况震惊。

人们常用“家徒四壁”来形容贫困，但对于一些极贫户来说，“家徒四壁”都是个奢侈的词，因为他们的家里连一面严格意义上的墙壁都没有。在一些极贫户家里，房外大雨、房内小雨，门、窗户仅用几块木板挡一下，屋檐水用竹竿引入水柜，缺水时将水柜里的水用药剂过滤后便直接饮用。用辣椒、油盐炒过的小石头，加几颗玉米下酒（没菜了，舔舔油盐味）是这些“极贫户”的家常菜，做饭时放一小块肥猪肉，加上辣椒、盐和青菜，就是一家人改善生活的好伙食了。

这一切，让扶贫工作从一开始就显得举步维艰，但这还不是最难的，“生活上的困难，咬咬牙也就对付过去了。一个城里来的，讲一口普通话的扶贫干部，站在他们中间，光看着就格格不入，怎么能得到信任？”许建军说，“真正难的不是适应，而是融入。”许建军回忆，最初的那段日子，作为一个“城里人”怎么和老乡打成一片是个问题，每次他都要村干部带着去贫困户家里。

山吉文

点点滴滴，造就非凡！许兄，好样的，加油，向你学习。

来到架龙村后，作为第一书记许建军不仅要自己做好帮扶工作，还要带领所有的帮扶干部共同为架龙村出谋划策，为贫困户排忧解难，为了更好的帮助贫困户做好脱贫工作，他和镇里一起想出了“六个一”计划：每个屯安排一名联络员；帮扶干部每月与贫困户见一次面；与贫困户吃一顿“感情饭”；帮贫困户落实一项扶贫政策；帮贫困户解决一个实际困难；每个贫困户和帮扶干部各建立一个档案袋。

“靠脚走，靠耐心磨，靠做事做出来。”这些说起来容易，但做起来有多难，只有许建军心里知道。比如吃一顿“感情饭”，说是吃饭，实际上是拉家常、培养感情。到了老乡家，他们吃什么，他就跟着吃什么。“没有菜，主要是喝酒，喝了酒才好谈事情。”架龙村壮族老乡多，有着“无酒不成席”的风俗，来了客人不让你喝好就是招待不周，老乡把能不能喝酒看作是检验感情的硬指标。滴酒不沾的他，第一次喝老乡自酿的“土茅台”，睡了整整一天。

匿名

真心感动，难的不是高举扶贫旗帜高调公益事业，难的是真真正正融入扶困山区，身体力行平凡做事。一个艰苦的环境就已经让很多人望而却步。感谢招行有这样的领导，是我的榜样。

“哏喽（吃饭）、哏咩（喝酒）”这是许建军学到的第一句本地话。就这样，几杯“土茅台”，几碗玉米粥，许建军吃得津津有味，和老乡们聊得也愈来愈深入。起初，他不知道该跟当地老乡们聊什么，就跟他们拉家常，聊聊风俗习惯，渐渐地，许建军开始留心他们关注的实际问题。

汤杰

每次去架龙村，看到的都是乡亲对许哥的信任，这些都是靠脚走、靠耐心磨，靠踏踏实实做出来的。文化是无形的东西，没办法用文字去做成规则、细则，我们需要更多像许哥这样的榜样，身体力行体现我们的招银文化。

“和他们聊聊怎么帮小孩申请补助、怎么种牧草提供给合作社、怎么在南宁找工作，他们有困难，我就尽最大可能帮助他们，我就跟他们讲政策，讲贷款。”许建军说，“他们问什么，我就答什么，有一说一。”说道这些，许建军自己先咧开嘴笑了。

架龙村有几户贫困户想成立合作社发展养牛，许建军帮助他们从起草章程、拟定协议开始筹建合作社，多次和这些贫困户讨论确定了合作社的发展思路后，许建军又带领他们规划棚舍、办理工商手续，两个多月下来合作社已初具规模。合作社由5户人壮大到30户人，合作社搭建起800平方米的棚舍，养起了60多头肉牛，乡亲们的喜笑颜开也让许建军收获了大家的信任。

这样的真情，感动着这个大山深处的小山村，架龙村把许建军看作了自己人。今年春节前夕，许建军带着前来探望的同事走村串户，老乡们没有丝毫的陌生和防备，贫困户蒙福康老人握住他的手不放，一个劲的念叨着，“亲戚不走不亲，希望你常来，我们是一家人。”

授人以鱼不如授人以渔

与十年前相比，农村贫困面比十年前已经大大缩小，但另一方面“真贫”的攻坚难度非常大，需要攻克的大部分是底子最薄、条件最恶劣、工程最艰巨、离市场最远的贫困堡垒。这些地方要想让百姓脱贫致富，常规扶贫手段难以奏效。

“县里‘以养代补’的政策，意思是让村民先种或者先养，养了以后政府来补贴给你钱。比如说像这里主要是养牛，今年你买一头牛回来养，县里就奖励3000块钱，买两头就奖5000元。”在许建军看来，这些政策都非常惠民，应当被充分利用起来。

明明是稳赚不赔的买卖，村民们却大都不愿意参与。原来是过去村里也试过养殖，结果因为扶贫政策宣传不到位、自然条件差、技术不过关等原因，最终亏了本，损失惨重。有过这种教训，老乡都不敢再冒风险。

为了帮助老乡们打开思路，许建军“把政策嚼碎嚼烂”后，一家一户的上门解释，他还自创了一套生动形象又通俗易懂的比喻，“比如说咱们村支书家有80头牛，你跟支书谈好要两头，这两头牛的价格是8000块钱。你买了两头牛，政府要奖你5000块钱，就相当于你买两头牛只花了3000块，寄存在支书这里养，将来卖了以后，赚的钱都是你的。”为了打消老乡的顾虑，他一方面深入钻研养殖技术，对于愿意参与合作社的老乡，请专人培训和讲解。另一方面，他也鼓励大家众人拾柴火焰高，“咱们家里五兄弟，要是我一个人养牛，成本高还耗精力，可是咱们五个一起养牛，每人买2头，一共就是10头。轮流照应，星期一是你家放牛，星期二是我家放牛，是不是要省心省力不少？”

架龙村分成两个片区，片区之间没有修通水泥路，从村部到另一个片区要走十多公里，而且都是弯弯曲曲的土路，只能徒步，一边是悬崖峭壁，一边是高山深谷。遇上下雨，山路泥泞还有滑坡的危险，可就是这样一条路，他跑了不下上百个来

李尧慈

都是生活在广西，看到这篇文章还是很震惊的。一是对许哥无私奉献、舍小家为大家的精神所感动，二是对贫困的概念有了直观的感受，虽然没有去到现场，但一定要在自己力所能及的情况下为老乡尽自己的一份力。

卢杰俊

做一件好事不难，一直做好事就是不平凡了。那么感人的事迹就发生在我们身边，那么值得敬佩和学习的人物就在我们南宁分行，许哥真棒，是我们的好榜样！

回，就是为了上门帮村户们分析家庭情况，把控投资风险，选准最合适他们的产业。

许建军用分行捐助的10万元作为启动资金入股两个合作社，带动村集体经济发展。两个合作社带动了53户贫困户发展生产，越来越多的老乡开始养牛、养猪，种植芒果、中草药，全村养牛已经达到400头、养猪300头、养鹅3000只，这样的成果，令许建军非常兴奋，“授人以鱼不如授人以渔，把现成的东西送到他们手上，不如教会他们发展生产，才是长久之计。”

黄玉婷

无私的精神配合清晰的思路，勤恳的实干配合细水长流的坚持！为许哥点赞。

脱困的路要怎么走？

“扶贫，你给他们电视机冰箱，甚至建好房子，都不难。但你给他们一台电视机，坏了也就坏了，他们仍然买不起电视机。”许建军意识到，光靠物质上的帮扶还不够，思想上的扶贫不可或缺。只有帮村民们转变封闭守旧的思想，才能真真正正铲除贫穷的根源。外面的难以进来，闭塞的环境很容易带来落后的思想，架龙村就是这样的典型。

“比如说贷款发展生产，县里提出了免息扶贫政策，可很多老乡还是不愿意。”许建军说，架龙村思想上的落后，着重体现在两个方面，一是怕麻烦，懒得“折腾”；一个是怕风险，宁愿守旧。

“一家人，儿子想搞养殖，父亲不愿意。父亲说，5万元贷款拿到手后，你要马上存个三年的定期，这样我们也就可以有3000多元的收入了。”许建军感慨，像这样两代人思想的碰撞，在村里非常多。遇到这种情况，他就和年轻人一起做老人的思想工作，通过细算成本收益、解决养殖技术办法，填平思维的鸿沟。

“教育是关键，最好的房子是学校。”在架龙村已变成现实。许建军发现，凡是家中出过大学生的家庭，思维往往要开明得多，对于政策的理解和接受能力也要强得多。第一次开展扶贫工作时，许建军就利用分行的捐赠款在村里设立了教育基金，

鄢琦

大爱无疆，许哥先后两次参与扶贫，是奉献、也是责任与使命驱使。许哥为人朴实，从未听他说过扶贫的苦与困难，更从未听他夸耀过扶贫成绩，他就像无数招行人一样，用一步一个脚印的踏实与努力，弘扬着招行精神！为许哥点赞，为南宁点赞，为招行点赞！

先后让 106 名高中及以上的学生受益。

“就算让孩子出去打工，也要让他读完初中后去学校学一门职业技术。没有手艺，干体力活，每个月也就 2000 多收入；要是有了技术，收入至少 3000 多。”许建军在日常的交流中给村民们讲教育政策，讲读书获得发展的好榜样。

“县里每天给每个孩子补助 5 块钱，保证一荤一素一个鸡蛋，读书，孩子的伙食绝对有保障。”他到架龙村后，村里没有出现一个因贫辍学的孩子。许建军还帮助 11 名新入学大学生、职业教育新生申请了“雨露计划”，全村符合条件的在校学生均能享受到国家奖励政策。

但教育设施落后、师资缺乏仍是贫困地区的共同难题。架龙村小学由幼儿园和小学混合组成，“从一年级到三年级就 20 多个孩子，老师不好开课，家庭条件好一点的，都送到镇上的中心小学去了。”为此，许建军也希望有更多的支教团队到这里来，帮帮这些小朋友。

韩卓桦

扶贫不是空喊口号，实实在在深入群众，了解群众，带动群众，授人以鱼不如授人以渔；行动，责任与奉献，向许哥学习，给许哥点赞。

从物质脱困到思想脱贫，许建军耗费了数不清的心血，把自己安放在这个他深深爱着的小山村里，错过了不少本能与家人在一起的日子。

要长期自驾车往返于家和架龙村之间，他的安全问题令家人非常担心。“我的心在这里，他们的心都悬在我身上，这些我都知道，也经常打电话给他们，请他们放心。”说到这些，他也只是乐呵呵的。“这是我第二次帮老乡脱贫，要说困难，哪都有，可扶贫工作重在坚持，不脱贫就不脱钩嘛！”这是他的肺腑之言，也是他的承诺。